A Study on the Thought
of Nonverbal Communication
in Western Countries

西方
非言语传播思想研究

王亿本 著

中国社会科学出版社

图书在版编目(CIP)数据

西方非言语传播思想研究 / 王亿本著. -- 北京：中国社会科学出版社, 2024. 9. -- ISBN 978-7-5227-4126-0

Ⅰ．G206

中国国家版本馆 CIP 数据核字第 2024JP4385 号

出 版 人	赵剑英
责任编辑	郭如玥
责任校对	郝阳洋
责任印制	郝美娜

出　　版	中国社会科学出版社
社　　址	北京鼓楼西大街甲 158 号
邮　　编	100720
网　　址	http：//www.csspw.cn
发 行 部	010-84083685
门 市 部	010-84029450
经　　销	新华书店及其他书店

印刷装订	北京君升印刷有限公司
版　　次	2024 年 9 月第 1 版
印　　次	2024 年 9 月第 1 次印刷

开　　本	710×1000　1/16
印　　张	14.25
插　　页	2
字　　数	241 千字
定　　价	88.00 元

凡购买中国社会科学出版社图书，如有质量问题请与本社营销中心联系调换
电话：010-84083683
版权所有　侵权必究

目 录

引 言 …………………………………………………………… (1)

第一章 溯源：西方非言语传播学研究的思想渊源与演进历程 …… (11)
    第一节 西方非言语传播学研究的思想渊源 ………………… (11)
    第二节 西方非言语传播研究的演进历程 …………………… (24)

第二章 辨析：非言语传播的基本内涵与符号类型 ……………… (32)
    第一节 非言语传播的概念界定 ……………………………… (32)
    第二节 非言语符号的类型划分 ……………………………… (42)
    第三节 非言语符号的再分类 ………………………………… (47)

第三章 提炼：非言语传播的表意与解读 ……………………… (58)
    第一节 非言语传播的表意机制研究 ………………………… (58)
    第二节 非言语传播的特征研究 ……………………………… (62)
    第三节 非言语传播的功能研究 ……………………………… (70)
    第四节 非言语传播的解读研究 ……………………………… (76)

第四章 肇始：查尔斯·达尔文进化论视角的表情研究 ………… (94)
    第一节 达尔文表情研究的理论渊源 ………………………… (95)
    第二节 达尔文表情研究的方法探索 ………………………… (97)
    第三节 达尔文表情研究的理论贡献 ………………………… (98)
    第四节 达尔文表情研究的思考 ……………………………… (102)

第五章 奠基：爱德华·霍尔等跨文化传播视角的时空符号研究 … (104)
    第一节 时间作为传播符号的研究 …………………………… (105)
    第二节 空间作为传播符号的研究 …………………………… (108)
    第三节 爱德华·霍尔非言语传播研究的思考 ……………… (114)

第六章 深化：雷·伯德惠斯泰尔等人际传播视角的体态语研究 …… (116)
  第一节 西方体态语研究的理论探索 …… (118)
  第二节 西方体态语研究的现实观照 …… (122)
  第三节 西方体态语研究的反思 …… (128)

第七章 承启：保罗·艾克曼文化人类学视角的微表情研究 …… (130)
  第一节 跨学科的理论借鉴 …… (131)
  第二节 跨文化的案例比较 …… (133)
  第三节 多地域的比较研究 …… (136)
  第四节 多维度的结论检验 …… (138)
  第五节 跨领域的应用探索 …… (141)
  第六节 保罗·艾克曼表情研究的符号学反思 …… (145)

第八章 转向：罗纳德·E. 雷吉奥等非言语传播的应用研究 …… (149)
  第一节 家庭沟通语境的非言语传播研究 …… (150)
  第二节 医患交流领域的非言语传播研究 …… (156)
  第三节 司法审判领域的非言语传播研究 …… (159)
  第四节 商业交流领域的非言语传播研究 …… (163)
  第五节 跨文化传播领域的非言语传播研究 …… (167)
  第六节 教育领域的非言语传播研究 …… (170)
  第七节 政治传播领域的非言语传播研究 …… (175)
  第八节 大众传播领域的非言语传播研究 …… (181)

第九章 借鉴：西方非言语传播研究方法的本土适应 …… (189)
  第一节 西方非言语传播研究方法的借鉴 …… (189)
  第二节 非言语传播研究方法的反思 …… (200)

第十章 本土非言语传播研究的思考 …… (206)

参考文献 …… (212)

后 记 …… (222)

引　言

人类的非言语传播行为与人类的历史一样久远。七千万年前，人类的有声语言还未出现，就开始用非言语传播符号进行交流，经历漫长的进化后才逐渐出现言语传播。媒介技术的发展以及用户需求的刺激带来非言语传播形态的变迁。移动互联技术带来时间符号和空间符号的优势，短视频传播实现非言语符号更大程度的媒介化，社交媒体带来的网络人际传播以及多重非言语符号的协同表意等，丰富多彩的非言语传播实践蕴含丰富的非言语传播经验和规律，急迫需要理论归纳和提炼进而指导传播实践。西方的非言语传播研究理论丰富，但其庞杂的理论体系需要进行系统总结。同时，相关研究思想引入中国，需要适应本土非言语传播实践。这种双重需求都凸显西方非言语传播理论研究具有重要现实意义。

一　研究背景

非言语传播研究的现实背景催生很多学术思考，这些是研究的逻辑起点。

第一，非言语传播现象无处不在，相关研究比较薄弱。罗纳德·E.里吉奥（Ronald E. Riggio）和罗伯特·S. 费尔德曼（Robert S. Feldman）认为："我们每人、每时每刻、在社会的每个角落，无不使用非言语传播符号交流感情、思想以及感受等。非言语传播用来彰显权力和身份，表达爱和亲密，体现认同与建立关系，以及协调沟通等。"[1] 说明非言语传播现象无处不在，以及非言语传播功能多样化，且非常强大。加州大学洛杉矶分校的阿尔伯特·梅拉宾（Albert Mehrabian）博士进行的一项经典研

---

[1] Ronald E. Riggio, Robert S. Feldman, *Applications of Nonverbal Communication*, London: Lawrence Erlbaum Associates, 2005, p. ix.

究发现:"信息的总影响力源自7%的言语、38%的语调、55%的面部表情、手势、身体姿势和其他形式的非言语传播。"① 非言语传播的功能不言而喻,尤其是在人际传播过程中。迪皮卡·普图特拉(Deepika Phutela)在《非言语传播的重要性》(The Importance of Non-Verbal Communication)一文中也强调非言语符号对交流过程中传播主体印象形成的重要影响②。甚至沉默都具有表意功能。比如,马索(Marcel Marceau)强调:"难道我们生活中大部分时间不是在沉默中度过的吗?"③ 梭罗也认为:"人际交流中,悲剧往往不是源于对话语的误解,而是由不能理解沉默所致。"④ 持有这样观点的还有很多,这些学者从不同角度强调非言语传播的重要价值,以及应用领域的广泛性,但相关研究却远远落后于言语传播研究。

布尔(Bull)认为:"早在古代文明时期人类就认识到非言语传播的重要性,而它的科学研究历史相对较短。一项研究认为,非言语传播的特殊重要性在于沟通情感和人际关系。而另一种观点则认为,非言语传播与言语传播紧密同步,因此,应将其视为自然语言的一部分。从后一个角度来看,非言语传播研究最终将消失,取而代之的是一种信息模型,这种模型将整体探索面对面交流的听觉和视觉符号。"⑤ 这种信息模型是整合言语传播与非言语传播,一定程度上是突出容易被忽视的非言语传播功能。很多时候,言语传播与非言语传播的表意机制研究多半是分开讨论,缺乏完整性,将两者统一到一个信息模型进行研究比较有新意。

第二,非言语传播功能强大,而非言语传播学却处于传播学边缘化位置,凸显非言语传播研究的紧迫性。非言语传播行为比言语传播行为早,但相关研究却晚于言语传播研究。直到1872年,达尔文出版了非言语传

---

① Carol Kinsey Goman, *The Nonverbal Advantage Secrets and Science of Body Language at Work*, Wiley-Blackwell, 2010, p. 15.

② Deepika Phutela, "The Importance of Non-Verbal Communication", *The IUP Journal of Soft Skills*, Vol. IX, No. 4, 2015.

③ [美]拉里·A. 萨默瓦、理查德·E. 波特:《跨文化传播》(第四版),闵惠泉、王纬、徐培喜等译,中国人民大学出版社2010年版,第144页。

④ [美]拉里·A. 萨默瓦、理查德·E. 波特:《跨文化传播》(第四版),闵惠泉、王纬、徐培喜等译,中国人民大学出版社2010年版,第144页。

⑤ P. Bull, "State of the Art: Nonverbal Communication", *Psychologist*, Vol. 14, No. 12, 2001, pp. 937-949.

播研究专著《人类和动物的情绪表达》(The Expression of the Emotion in Man and Animals),开启了系统的非言语传播研究。后续的研究学者分别从不同角度探索非言语传播规律,逐步形成系统的研究理论。20世纪70年代,人们开始把非言语传播研究成果与传播实践紧密结合。以英美国家为主的西方学者的非言语传播研究成果丰硕,但在整个传播学研究领域仍处于边缘地位。如《人类传播理论》只简单介绍了博德惠斯特尔的身势学、艾克曼和弗瑞森的身势学,以及霍尔的空间关系学。而且,该书认为,非言语传播是"莫衷一是",学者们对于其内涵"并未达成一致""归纳和分类比较困难"①。同时,《人类传播理论》将非言语传播放置在"传播符号学"部分,作为批判学派的研究,缺乏建设性研究。而《麦奎尔大众传播理论》等一些传播学专著基本上未涉及非言语传播相关内容。非言语传播学在传播学领域处于边缘化位置,这与非言语传播强大的功能不协调,也凸显当前非言语传播研究的重要性。

第三,对非言语传播功能的认知充满偏见,亟须理论回应。如雅克·艾吕尔认为:"口语需要序列结构的、条理清晰的思想,口语有助于抽象和反思;与此相反,形象是直接而强大的实体,形象没有鼓励批判性思维的手段,更不会需要批判性思维。"② 艾吕尔强调"口语需要序列结构的"③,认为非言语传播具有"非序列结构"有一定道理。但是,也隐含非言语传播具有"非条理清晰""没有鼓励批判性思维"等偏见。针对非言语传播的非条理性,也有研究者关注过,威尔伯·施拉姆认为:"尽管非语言符号不容易系统地编制成准确的代码,但是大量而多样的信息正是通过它们传递给我们的。"④ 可见,非结构性与非系统性不影响其强大的传播功能。

又如,尼尔·波兹曼(Neil Postman)在《娱乐至死》中认为:"只

---

① [美]斯蒂芬·李特约翰:《人类传播理论》(第七版),史安斌译,清华大学出版社2004年版,第79—85页。
② 参见[美]林文刚编《媒介环境学:思想沿革与多维视野》,何道宽译,北京大学出版社2007年版,第81页。
③ 参见[美]林文刚编《媒介环境学:思想沿革与多维视野》,何道宽译,北京大学出版社2007年版,第81页。
④ [美]威尔伯·施拉姆、威廉·波特:《传播学概论》,何道宽译,中国人民大学出版社2010年版,第77页。

有口头语言的人在智力上不及有书面文字的人,而'电视文化'里的人比前两者都表现得智力低下。"① 即:波兹曼的"图像—娱乐化"观点与鲍德里亚等人的"图像—审美化"观点相似,但它有其自成体系的理论。波兹曼认为:"第一,图像即感性,因而与真正的审美化或感官的娱乐化息息相通;第二,图像即事物本身,它产生出来就不是为了'指示',而是为了'取代'事物;第三,图像即纯粹之'表象',它仅在'表象'层面作业,所关注的不是'再现'什么,而是如何使'再现'本身更符合视觉或形式美和感性、感官的需求。"② 由此可见,尼尔·波兹曼对于非言语传播的偏见在于,"批判视觉传播的肤浅和非理性,认为视觉传播只是吸引受众的感官刺激。视觉传播是非言语传播的重要组成部分,所以,也可以理解为对非言语传播的批判"③。王亿本、蒋晓丽认为:"电视的非理性传播不是非言语传播本身的先天性不足,是传媒商业化属性等多方面因素导致的,而后者在具体传播过程是可以规避的。认为非言语传播无法传递抽象的内涵,同样是后天传播实务的不足,而不是非言语传播自身的先天性不足。非言语传播完全有能力传递深层次内涵。"④ 简言之,批判非言语传播的非理性是对于非言语传播功能与特征的误读,传播符号只是手段的差异性,而传播特征的差异性还依靠传播主体的媒介素养以及传播目的等的差异性。

第四,中国作为高语境文化,非言语传播应用广泛,相关研究却非常薄弱。中国非言语传播实践丰富多彩,文化的视觉转向,短视频盛行等,值得探索的领域众多,但缺乏系统的非言语传播研究。散落在英语教育、跨文化传播、医患交流等领域的相关研究在理论创新方面落后于西方,在应用探索方面也进展缓慢。语境差异容易产生交际误差,认知高低语境的差异性特征是消除交际误差的第一步。研究者从源头探索高、低语境文化

---

① [美]尼尔·波兹曼:《娱乐至死》,章艳译,广西师范大学出版社2011年第2版,第33页。
② 参见金惠敏《"图像—娱乐化"或"审美—娱乐化"——波兹曼社会"审美化"思想评论》,《外国文学》2010年第6期。
③ 参见王亿本、蒋晓丽《从非言语传播视角反思尼尔·波兹曼的批判理论》,《新闻界》2014年第23期。
④ 王亿本、蒋晓丽:《从非言语传播视角反思尼尔·波兹曼的批判理论》,《新闻界》2014年第23期。

的关联性,认为"中国传统文化中的儒道佛三家文化,尤其是'道'乃是高语境文化的源头;古希腊的'逻各斯'及苏格拉底、柏拉图与亚里士多德的逻辑理性与辩论术则是低语境文化的发源之处"①。中国属于高语境文化确信无疑。路斯迪格(M. W. Lustig)等学者进一步把高语境和低语境文化及交际的特点概括如表0-1。由此可见,高语境文化对于非言语传播的需求更突出。赵胤伶、曾绪建议:"通过了解差异,寻找差异,高语境的交际者能够学会以低语境的方式来回应言词,低语境的交际者能够学会注意语境,并从语境的角度来诠释意义,避免语用失误,从而促进跨文化交际。"② 这里讨论的"语境"在较大程度上涉及非言语传播现象的多寡,也可以理解为通过言语传播与非言语传播的互动促进高语境用户与低语境用户交际的通畅性。

表0-1　　　　　　　　高语境与低语境文化及交际的特点

HC(高语境)	LC(低语境)
内隐,含蓄	外显,明了
暗码信息	明码信息
较多的非言语编码	较多的言语编码
反应很少外露	反应外露
(圈)内(圈)外有别	(圈)内(圈)外灵活
人际关系紧密	人际关系不密切
高承诺	低承诺
时间处理高度灵活	时间高度组织化

资料来源:赵胤伶、曾绪:《高语境文化与低语境文化中的交际差异比较》,《西南科技大学学报》(哲学社会科学版)2009年第2期。

第五,中国非言语传播实践与研究亟须理论指引。一方面,中国国际化趋势需要研究跨文化传播中的非言语传播。另一方面,视觉传播时代需要非言语传播。社交媒体的发展,短视频传播的兴盛等,都凸显视觉非言语传播及其研究的现实需求。中国的非言语传播研究亟须理论与方法的

---

① 胡超:《高语境与低语境交际的文化渊源》,《宁波大学学报》(人文科学版)2009年第4期。

② 赵胤伶、曾绪:《高语境文化与低语境文化中的交际差异比较》,《西南科技大学学报》(哲学社会科学版)2009年第2期。

推动。

非言语传播相关研究却比较少，主要原因是其内涵的模糊性及其类型的混杂性，并由此带来理论体系的混乱和应用领域的盲目性。所以，有必要整理西方非言语传播研究成果，勾勒西方非言语传播研究的大致图景与思想脉络，为中国非言语传播研究提供理论参考与方法借鉴。本书不仅限于指陈史实和描述研究成果，更希望探索不同学者及其学术观点的诞生背景、历史定位、学术特色，及其学术影响。西方非言语传播研究学者众多带来文献众多、观点庞杂、角度多元、方法多样，其研究精髓值得整理，不同研究者的研究成果与研究方法需要进行比较研究。本书行文过程中在遵循非言语传播之"术"的考察中寻求非言语传播之"学"的理论思考。

二 选题意义

从理论意义方面来看，西方非言语传播学研究的一百多年历程中，几代学者从不同理论视角探索其中规律，产生了一大批有价值的研究成果。这些理论成果对于后来的非言语传播学研究与传播实务都具有深远的影响。首先，整理西方非言语传播学研究思想。在丰硕的研究成果中，爱德华·T. 霍尔开创的空间关系学研究，雷·伯德惠斯泰尔（Ray Birdwhistell）开创的身势学研究，朱迪·伯古恩（Judee Burgoon）、保罗·艾克曼和华莱士·弗瑞森（Wallace Friesen）总结出一套比较完善的身势和行为的总体模式，还有其他一大批非言语传播学研究者多角度的探索。限于篇幅，本书遴选主要研究方向及其代表作品，勾勒西方非言语传播学研究的大致图景，并结合当下的传播实际及研究进展进行反思，希望为后续的非言语传播学研究廓清思路。其次，西方非言语传播学研究存在的不足也值得关注，包括研究领域的泛化，符号类型划分、传播特点归纳，以及基本概念界定等方面存在混乱，这些也给后续研究者提供进一步探索的空间。

从实践意义方面来看，西方非言语传播学研究本身就具有明显的实践性特征，非言语传播是人类普遍使用的一种交流方式，总结其中规律以提高传播效果，对于各实践领域都有帮助。首先，非言语传播应用领域广泛，相关研究具有实践指导意义。比如，"人类交流中的许多甚至绝大多数关键的意义是由触摸、眼神、声音的细微差别、手势、说话或无语时的面部表情传达出来的。从认出对方的那一刻起到相互告别，人们利用所有的感官观察对方：倾听话语的停顿、语调的变化，留意着装、仪表，观察眼神、面部表情，乃至注意其遣词造句、话语背景。信号协调与否关系到能否理解对方转瞬即逝的心情或其持久不变的品性。通过对动作、声音、语音等信号的理解，人们做出不同的决定：是争论还是同意，是报之以笑还是面红耳赤，是放松还是抵制，是继续还是中断谈话"①。非言语传播现象比比皆是，相关研究却相对缺乏，值得深入系统分析。后文讨论的多位学者都强调非言语传播影响传播效果的比例，而实际上言语传播研究的关注度更高，产生的学术理论也比较多，非言语传播学研究在语言学、传播学或符号学等领域都处于比较弱势的边缘地位。其次，视觉传播及社交媒体盛行，非言语传播应用领域广泛。如何更有效地进行非言语传播不仅仅是罗斯福的炉边谈话以及肯尼迪的电视竞选那么遥远，生活中随处都是非言语传播。网络表情的使用、社交媒体的自拍以及各种色彩符号、时空符号等，传媒化生存的芸芸众生有效使用非言语传播，对于生活、工作等都具有积极的实践意义。

三 研究方法

学术思想的梳理需要大量阅读学术文献，并对学术文献进行比较，探索不同时期学术思想的承接关系，本书采用的主要方法如下。

第一，历史分析法。历史分析法（historical analysis）就是运用发展、变化的观点分析客观事物和社会现象的方法，是将研究对象在不同发展阶段的特点加以联系和比较，并结合当时的历史条件以探索其发展趋势。非言语传播学研究在西方学术界经过几代人的积累，相关研究已经硕果累累。当然，受限于当时的社会环境，也可能存在不同程度的历史特点。鉴于此，本书将采用历史分析法对众多研究成果进行分析。西方非言语传播学在不同时期的不同学者关注的研究重点存在差异。比如，早期达尔文比较人类和动物的表情，而霍尔关注跨文化传播过程的时空符号，博德·惠斯特尔则关注体态语研究，保罗·艾克曼关注微表情研究。可见，西方非言语传播学研究的不同阶段叫法并不统一，只是不同阶段关注不同的非言语传播类型而已。简言之，历史分析法将有助于梳理非言语传播学研究的

---

① D. C. Barnlund, *Interpersonal Communication: Survey and Studies*, Boston: Houghtonn Mifflin, 1968, pp. 536-537.

历史脉络和历时性思考。

第二，文献分析法。文献分析法是基于相关文献资料进行研究，总结其基本状况，并引出自己观点的分析方法。文献分析法有利于对研究对象作历史的动态把握，还可研究已不可能接触的研究对象，如早已去世的人。本书对西方几代学者非言语传播学研究的文献进行整理，并提供自己的思考。鉴于西方非言语传播学研究历史较长，学科庞杂，层次丰富的特点，本书在充分占有相关研究文献的基础上，将相关文献进行鉴别和分类处理：选择其中具有典型性的文献进行精读，甚至认真推敲其中的深层次含义。而部分文献质量一般，且与新闻传播学相距比较远的文献则采取泛读甚至完全舍弃。这样，既保障较为全面地占有相关研究文献，同时，也确保对于很有价值的文献的慎重阅读与仔细解读。最终实现对于西方非言语传播思想的准确把握。

第三，对比分析法。对比分析法也叫比较分析法，是通过两个研究对象之间的比较，找出异同，并进行解析，已达到对于研究对象的更深入认知。本书中重点关注不同学者非言语传播学研究观点的对比，人际传播中的非言语传播与大众传播中的非言语传播的对比，以及国内外相关研究的对比，通过对比以明辨相关研究观点的科学性，以及不同研究观点的差异性。

四 研究思路

本书的基本结构是：总论—历时性考察—共时性探讨—比较反思与本土启示四个部分，由引言和十章组成。其中第一部分是西方非言语传播学的总体研究。主要内容有：第一章对西方非言语传播学思想渊源与演进进行考察，将西方非言语传播学研究成果做阶段性区分，以期为后面展开的西方非言语传播学研究提供一个宏观的视域和纵横交错的坐标；第二章和第三章分别探讨西方非言语传播的内涵、类型、表意机制、传播功能、符号类型等研究。第二部分是西方非言语传播学研究的典型人物与核心观点研究。主要内容有：第四章至第八章主要针对西方非言语传播学研究的发展脉络进行纵向的梳理和历时性研究，分别以几位关键学者的相关研究为节点，将西方非言语传播学研究进行历史分期。分析各自研究的关注点、主要研究方法、核心观点以及相关反思。第三部分是比较反思与本土启示。主要内容有：第九章和第十章分别从研究方法以及本土价值等方面进行理论反思，探讨相关研究之不足，以及对中国本土研究的启示。

五　研究创新

非言语传播学研究历史悠久，成果丰硕，如何实现创新，具备足够的研究价值有一定难度。但是，能够对众多研究成果进行整体梳理，整理出其研究的思想脉络，不同研究的功过得失，这种历时性的思考本身就是一种创新。其他的具体创新可以从如下角度进行说明。

首先，研究资料的创新。从丰硕的研究成果中梳理学术思想，需要占据足够的研究资料，收集资料并进行分类分析本就是一种创新。本书使用的英文文献资料，基本上是第一手资料，尤其是最新非言语传播学研究资料绝大部分没有中文译本，由作者自己翻译，对这些英文文本的收集整理本身就具有较大的学术价值。

其次，研究路径的创新。本书针对众多学者庞大的研究成果按照非言语传播学的学科体系进行分类整理，建构西方非言语传播学研究的理论体系。同时，不仅止步与整理，更是对这些研究成果进行思考，甄别其中的优劣，总结经验并反思不足。这种学术史的研究路径就是一种创新。

最后，研究观点的创新。本书在非言语传播学研究的学术思想框架下，探索西方非言语传播学研究的基本路径。同时，结合中国本土实际，以及学术研究的现实语境，提供自己对于西方非言语传播学研究的认识，原创的学术观点具有创新性。

本书从西方非言语传播学研究的学术背景和发展趋向入手，对西方非言语传播学研究的百年历史进行历时性的梳理和共时性的观点辨析，理论总结和提升，为本土非言语传播学研究提供借鉴。

六　研究重点

本书力图探索西方非言语传播学研究的总体面貌，而不仅仅局限于微观研究过程的描述与具体观点的整理。鉴于此，本书的重点如下。

首先，厘清西方非言语传播学研究的脉络。西方非言语传播学研究历史较长，前后学者之间具有一定承接关系，厘清这些关系则能准确把握研究的发展脉络与趋势，把握当下及今后相关研究的方向与目标。非言语传播学研究不同时期的相关学者研究的领域不同，探索出的学术观点也存在差异。梳理这些具有创新性的学术观点，则为相关研究者提供理论支撑，也避免重复研究，将非言语传播学推向更深的研究领域。

其次，把握西方非言语传播学研究的重点。不同时期的非言语传播学研究重点不同，总体认知西方非言语传播学研究的学术地图和强势领域，不同时期的优秀学者及可以继续探索的研究领域，为后续研究厘清思路。

再次，提炼西方非言语传播学研究的特点。不同时期，不同学者的非言语传播学研究存在各自特点，归纳这些，以便准确认知各自研究的独特性。

最后，剖析西方非言语传播学研究的不足。西方非言语传播学研究成绩斐然，但是，限于不同时期的历史条件，相关研究也不可避免地存在局限性。剖析这些不足作为前车之鉴，为后续相关研究提供借鉴。

第一章

溯源：西方非言语传播学研究的思想渊源与演进历程

> 凡是面貌、衣着和整个生活都清洁的人，都为我们所喜爱。
> ——［古希腊］亚里士多德《修辞学》

一个研究问题不一定都是单一学科领域的事情，通常是不同学科学者从不同的学科理论、研究方法切入，逐渐形成一个相对独立和完整的研究领域和理论体系，最终形成一个相对完整和独立的学科。非言语传播学同样如此，前期的相关研究多是其他学科的学者受不同学科研究思想启发，共同关注相关问题，逐步积累理论体系，最终形成非言语传播学。本章先梳理人类非言语传播学研究的思想渊源，再厘清非言语传播学研究的历史演进，探索其学科发展轨迹。

第一节　西方非言语传播学研究的思想渊源

人类的思想财富存在自身的历史渊源，罗杰斯在《传播学史》中认为，传播学的欧洲起源包括查尔斯·达尔文的进化论、西格蒙德·弗洛伊德的精神分析理论，以及卡尔·马克思的批判学派。其实，这些大师的思想同样是在前人思想的启发下逐步发展起来的。传播学具有多学科交叉特性，非言语传播学研究作为传播学的一个分支同样借鉴了多个学科的学术思想，也是不同时代多位学者思想积累而成的。早在古希腊时代，雄辩家们已经注意到非言语传播对传播效果的影响。后来，查尔斯·达尔文结合解剖学、人相学、心理学，甚至造型艺术等相关思想，进一步观察分析，构建表情研究的思想体系。继而，西方一批学者从体态语、空间语言、时间语言、色彩符号等不同角度,探索非言语传播的类型、特征、传受心理等,推动非言语传播学研究。霍尔的学术思想来源主要有五个方面:文化人类学、精神分析理论、语言学、信息论和系统论、生物学及动物行为学。体态语研究学者卡罗尔·金西·戈曼(Carol Kinsey Goman)强调,做研究时会关注一些相关学科的最新研究进展,"进化心理学(evolutionary psychology)、神经生物学(neurobiology)、医学(medicine)、社会学(sociology)、犯罪学(criminology)、人类学(anthropology)和传播学(communication)的科学家都把他们的方法和概念带到了非言语交流领域。其结果是深入了解肢体语言强大的程度和强大的原因"[1]。非言语传播学研究是借鉴相关学科的基础理论与研究方法,并聚焦非言语传播现象进行深度探索的结果。当然,非言语传播学研究受不同学科滋养的程度不同,本书只简要列举几类主要学科理论的借鉴,以供参考。

一 修辞学思想的借鉴

早在古希腊时期雄辩家的修辞学研究中虽然没有明确提出非言语传播的概念,但已经注意到非言语传播对传播效果的影响,其中蕴含非言语传播思想。古罗马的哲学家和雄辩家西塞罗等重视演讲过程的眼神、表情以及手势等身体动作对于演讲效果的影响。16 世纪,新教改革家马丁·路德的著名格言"不看人的嘴,而是看他的拳头",也是强调非言语传播的重要性。亚里士多德著的《修辞学》同样包含非言语传播思想,具体体现如下。

首先,古希腊修辞学理论蕴含副语言传播思想。亚里士多德认为:"一个演说者只知道该讲些什么是不够的,还必须知道该怎样讲。他认为朗读是读音问题,就是怎样利用声音来表达各种情感。"[2] 这里的"朗读"主要是演讲的语气、语调、语速、音高等副语言,对于演讲效果有较大影响。亚里士多德认为:"朗读是语音问题,即怎样用声音来表达各种情感,例如什么时候读大声一点,什么时候读小声一点,什么时候不大不小的声音;怎么利用音调,例如读高音、读低音、读不高不低的音;何种节

---

[1] Carol Kinsey Goman, *The Nonverbal Advantage Secrets and Science of Body Language at Work*, Wiley-Blackwell, 2010, p.3.

[2] [古希腊]亚里士多德:《修辞学》,罗念生译,上海人民出版社 2006 年版,第 8 页。

奏适合何种题材。我们要注重的是三种性质，即音量、音高和节奏。"① 同样的内容却可能因为不同的副语言带来传播效果的差异，副语言的传播功能可以强调某些内容、弱化其他内容，可以塑造演讲者的形象，增强说服力、公信力或亲和力等，这些都在不同程度上影响传播效果。

其次，古希腊的修辞学彰显客体语与体态语思想。亚里士多德强调演说者的形象影响演说效果，而演说者的形象怎样才受演说对象的认可呢？亚里士多德认为："凡是面貌、衣着和整个生活都清洁的人，都为我们所喜爱。"② 这里突出表情符号和服饰符号等的传播功能，或者说强调服饰符号对于传播主体形象塑造的积极影响。亚里士多德还讨论过姿势符号、副语言等的传播功能，"借姿势、腔调、衣服以及朗读方式来加强效果的人，一般来说，必然更能引起怜悯之情"③。这是在强调副语言的传播功能与传播特点。亚里士多德的研究还涉及色彩符号，他认为："紫色适合于年轻人穿，至于什么颜色适合于老年人穿，就得斟酌斟酌，因为同一种颜色的衣服并不适合于这两种人穿。"④ 即：服饰的不同色彩传播不同的身份或年龄等信息。亚里士多德没有明确提出客体语或体态语的概念，但在其阐释过程中却饱含对于相关非言语传播思想的深刻认知。其中"必然更能引起怜悯之情"，一定程度上是强调非言语传播具有情感传播的功能，与言语传播的表意功能相互协调，形成完整的传播功能。

再次，古希腊修辞学包含非言语符号的表意机制思想。演讲者不仅是言语表达，更需要非言语符号的参与，并且，不同非言语符号之间，以及言语符号与非言语符号之间的协同表意。如："如果语言很严厉，不必使音调、面孔以及其他一切都和语言一致，否则各种手法就会暴露。但是，如果你采用这一手法，而不同时采用另一手法，你也可以收到同样的效果，而又不至于暴露。当然，如果把温和的话用严厉的口吻表达出来，或者把严厉的话用温和的口吻表达出来，那就没有说服力。"⑤ 这样朴素的

---

① ［古希腊］亚里士多德：《修辞学》，罗念生译，上海人民出版社2006年版，第161—162页。
② ［古希腊］亚里士多德：《修辞学》，罗念生译，上海人民出版社2006年版，第85页。
③ ［古希腊］亚里士多德：《修辞学》，罗念生译，上海人民出版社2006年版，第98页。
④ ［古希腊］亚里士多德：《修辞学》，罗念生译，上海人民出版社2006年版，第165页。
⑤ ［古希腊］亚里士多德：《修辞学》，罗念生译，上海人民出版社2006年版，第181页。

表述精准地展示了言语符号与非言语符号之间的协同表意规律。亚里士多德强调:"既然修辞术的目的在于影响判断,那么演说者不仅必须考虑如何使他的演说能证明论点,使人信服,还必须显示他具有某种品质,懂得怎样使判断者处于某种心情。"① 这里其实在讨论不同非言语符号,以及言语符号与非言语符号之间的协同表意机制,实现言语与非言语符号协同表意的总体效果。

最后,古希腊修辞学注重体态语的情感表达。如亚里士多德强调:"他瞪了我一眼就走了""他嗤之以鼻,挥舞着拳头。"② "此时无声胜有声",体态语可以传递信息,也可以表达情感,具有不同于言语符号的表达功能,凸显非言语传播的情感表达功能。很多时候是言语符号传递信息,而非言语符号传递情感,两者相互协调形成协同表意机制。反之,缺乏相应的体态语,单纯的言语符号则显得传播乏力或有点僵化和怪异。

综上可见,早期修辞学研究较多讨论非言语传播思想,涉及体态语、环境语以及副语言等符号类型,以及言语符号与非言语符号协同表意等理论探索,这些思想观点对于后期非言语传播学研究都有较大影响。

二 进化论思想的借鉴

进化论思想对于非言语传播学研究有较大影响,达尔文认为,除了斯宾塞以外,其他人都没有用进化观点去考察表情的问题。达尔文以前,俄国生理学家谢切诺夫明确认为,动物和人类的表情动作有共同起源。1866年,谢切诺夫在专著《神经系统生理学》的最后一章讨论表情动作的分析方法③。

其实,人的面部和动物的面部都能够受到感觉的影响。"在狗的面部,特别表现出了欢喜与悲伤、害怕与惊奇、愉快与痛苦、温柔与怨恨。""动物和小孩的表情动作,的确是在某种外来的感性刺激影响下发生出来的,也就是在某一种器官受到影响以后发生出来的;换句话说,这

---

① [古希腊]亚里士多德:《修辞学》,罗念生译,上海人民出版社2006年版,第75页。
② [古希腊]亚里士多德:《修辞学》,罗念生译,上海人民出版社2006年版,第221页。
③ [苏联]C. T. 格列尔斯坦:《达尔文的著作人类和动物的表情的历史意义》,参见[英]达尔文《人类和动物的表情》,周邦立译,科学出版社1958年版,第4页。

些动作总是具有反射运动的特性。"① 当然，这些动作并没有像成年人的表情动作那样复杂，但是，它们终究是相同的，双方在神经肌肉的活动方面具有相同情形。

可见，人类和动物的表情是生物条件反射运动的结果，人类和动物的表情具有相似性。同时，人类的表情比动物的表情更加复杂。格列尔斯坦认为："成年人的精神活动的发展条件，比起婴孩与动物更加多样而且复杂；就只是因为这一点，所以研究成年人的表情也比较困难。"② 说明非言语传播不仅具有遗传特征，也具有后天教育的社会属性。

巴甫洛夫认为："对于动物方面来说，差不多专门只有那些直接达到身体的视觉、听觉和其他感受器的特种细胞里来的刺激和这些刺激在大脑两半球里的痕迹，才能够发生信号的作用。这就是我们自己也具有的东西，既有从周围的外界环境这种一般自然环境里来的印象、感觉和观念，也有从我们的社会环境来的印象、感觉和观念，但是除开可以听到的语言和看到的词不算。这就是我们和动物共有的现实的第一信号系统。"③ 这些表述同样在强调人类和动物在非言语传播方面的相似性，即都在使用第一信号系统。

综上所述，巴甫洛夫、谢切诺夫等生物进化论研究思想对于达尔文的表情研究具有深刻的影响，从生物进化论思想的角度比较人类和动物的表情，对于非言语传播，尤其是表情研究具有深远的影响。当然，值得反思的是，上述研究是将人类作为一个整体，探索进化过程中非言语传播与动物相比的特征，却缺乏不同地域、不同种族在非言语传播的差异性特征。也就是说上述研究只关注人类非言语传播的生物特征，却忽视其社会学特征，忽视社会环境对非言语传播带来的影响。

三 生物学思想的借鉴

早期研究者从生物学角度探索非言语传播的特征，从解剖学角度探索

---

① ［苏联］C.T.格列尔斯坦：《达尔文的著作人类和动物的表情的历史意义》，参见［英］达尔文《人类和动物的表情》，周邦立译，科学出版社1958年版，第4页。
② ［苏联］C.T.格列尔斯坦：《达尔文的著作人类和动物的表情的历史意义》，参见［英］达尔文《人类和动物的表情》，周邦立译，科学出版社1958年版，第5页。
③ ［苏联］C.T.格列尔斯坦：《达尔文的著作人类和动物的表情的历史意义》，参见［英］达尔文《人类和动物的表情》，周邦立译，科学出版社1958年版，第17页。

不同非言语符号发出的生理器官参与方式及运行特征。如在 1883—1884 年，别赫且列夫对动物进行试验，把这些动物脑子的各个不同部分摘除或者加以刺激，去观察动物所特有的那些表情动作的变化情形①。别赫且列夫由此认为，表情动作与神经结节的机能有明确的关系，就是与中脑有关系。

1880 年，俄国著名的解剖学家列斯加夫特发表了题为《论表情和那些围绕高级感觉器官的肌肉活动两者间的发生上的联系》的报告，认为表情肌的先天特征和它们所特有的动作较不重要，而以生活条件和教养因素起决定作用。该观点是基于他对面部肌肉解剖学的认知而建构的理论，因为这些肌肉对于表情动作产生作用。列斯加夫特认为表情肌的先天特征和它们所特有的动作较不重要，而生活条件和教养因素具有决定作用。按照列斯加夫特的想法，肌肉结构能够产生各种不同的动作，但是，这些表情动作的性质和运行是由发育和教养的条件来决定的。② 达尔文从先天遗传角度探索肌肉与表情的联系，而列斯加夫特认为遗传是基础，后天的教养会强化某些表情，即表情发展是先天遗传和后天教养结合的产物，这一观点更切合后来的理论研究。

达尔文认为："要去确定一切人种，特别是那些和欧洲民族很少来往的人种，是不是也像大家时常毫无确实证据而去肯定的情形那样，具有相同的表情和姿态。如果那样，则可以断定这些表情是天生的或者本能的表情。"③ 达尔文列举有关表情的 16 个问题④。

（1）吃惊是不是用眼睛和嘴张开来以及用眉毛向上扬起的情形来表达？

（2）在皮肤颜色容许显现出脸红的情形下，羞愧是不是会引起面红？而且特别重要的是：这种脸红现象究竟向身体下部怎样扩展？

（3）当一个人愤慨或者挑战的时候，他是不是皱眉/挺直身体和头部/耸起双肩和握紧拳头？

---

① ［苏联］格列尔斯坦：《达尔文的著作人类和动物的表情的历史意义》，参见 ［英］达尔文《人类和动物的表情》，周邦立译，科学出版社 1958 年版，第 15 页。
② ［苏联］格列尔斯坦：《达尔文的著作人类和动物的表情的历史意义》，参见 ［英］达尔文《人类和动物的表情》，周邦立译，科学出版社 1958 年版，第 15 页。
③ ［英］达尔文：《人类和动物的表情》，周邦立译，科学出版社 1958 年版，第 31—32 页。
④ ［英］达尔文：《人类和动物的表情》，周邦立译，科学出版社 1958 年版，第 31—32 页。

（4）在深思某一个问题或者设法去理解某一个难题的时候，他是不是皱眉，或者使下眼睑下面的皮肤皱缩起来？

（5）在意气消沉的时候，是不是嘴向下压抑/眉毛的内尖依靠一种法国人称为"悲哀肌"（grief musicle）的肌肉所举升起来？眉毛在这种状态的时候就变得略微倾斜，而它的内端也略微膨胀起来；前额在中央部分出现横皱纹。但是并不像在眉毛因惊奇而向上扬起时候那样出现全额的皱纹。

（6）在精神奋发的时候，是不是眼睛闪闪发光，同时眼睛的周围和下面的皮肤略微起皱，而且嘴角稍微向后缩？

（7）在一个人冷笑或者咒骂另一个人的时候，是不是他的上唇角举升到那颗偏向被笑骂的人一边的犬齿或者上犬齿的上面去？

（8）是不是能够辨认出固执或者顽固的表情来？这种表情主要是以嘴紧紧闭住，蹙额和略微皱眉来表示。

（9）轻蔑是不是用嘴唇略微突出，鼻子向上掀起和轻微呼气来表现？

（10）厌恶是不是用下唇降下，上唇略微升起，连带着一种有些像开始呕吐或者嘴里要吐出什么东西时候的急速呼气来表现？

（11）极度的恐惧是不是也用那种和欧洲人相同的一般方式来表现？

（12）笑到极点的时候，是不是也会使泪水流到眼睛里去？

（13）当一个人想要表示出他不能阻止某些事情，或者不会去干某些事情的时候，他是不是把自己的双肩耸起，使肩肘向内弯曲，摊开双手，张开手掌而且扬起眉毛来？

（14）小孩在愠怒的时候，是不是鼓起双颊或者把嘴巴大撅起来？

（15）是不是能够辨认出自觉有罪，或者狡猾，或者妒忌这些表情来？以及我知道怎样去确定出这些表情来。

（16）点头是不是表示肯定，摇头是不是表示否定？

达尔文列举有关表情的 16 个问题，寄往世界各地，通过回收 36 封信，他认为，世界各地都用显著一致性来表达出同样的精神状态，可以作为一切人种的身体构造和精神气质非常相似的证据。[①] 这应该是比较早运用问卷法开展学术研究的典范了，调研涉及较大范围。

达尔文经常将人类和动物的表情结合研究，比如他"去观察几种普

[①]　[英] 达尔文：《人类和动物的表情》，周邦立译，科学出版社 1958 年版，第 33 页。

通动物的几种激情的表达情形……它会提供出最可靠的根据，而使人去对各种不同的表情动作的原因或者起源做出概括"①。早期非言语传播具有实证研究特性是非常难能可贵的，先大胆设想，再广泛开展实证研究，验证研究假设，归纳研究观点。实证研究的结论更能经得起时间的考验，这也是达尔文研究在历经一百多年仍然深受学术界关注的重要原因之一。

达尔文的表情研究较多借用生物学知识解读不同表情产生的原因，以及存在特征。如"婴儿和幼年的小孩在尖叫时候总是靠眼睛周围肌肉的收缩而把双眼紧闭起来，因此眼睛四周的皮肤都起皱"②。

眼神符号的产生机理也有独特的方式，研究发现："眼轮匝肌的收缩动作引起上唇向上提升。因此，如果嘴张开得很大，那么由于降肌的收缩而把嘴角向下牵引。由于上唇向上提升，双颊上的鼻唇沟也随着形成起来。因此，在哭喊的时候，面部的一切主要的表情动作，显然都是由于眼睛周围的肌肉收缩而发生的。"③ 这是从生理学视角探索表情符号的产生机理。

谢切诺夫从肌肉收缩的角度探索不同表情的产生机理，他列出18种不同面部表情的一张表，包括注意、考虑、深思、悲痛、怨恨、普通的哭泣、流泪的恸哭、欢乐、笑、讥笑、轻视、惊奇、因惊恐而呆立、恐惧、大惊、一意的狂怒和满意等表情关联到面部肌肉，肌肉收缩引起这些表情④。当然，这样的分析是将人类的表情作为一种与动物类似的固定表达形式，忽视人类不同的文化语境带来的表情变化。

达尔文的相关研究总体上是从生物学角度的探索，其专著《人类和动物的表情》名称就试图强调人类的表情和动物的表情具有关联性，验证人类是从动物进化而来，包括表情符号的进化。

四 动物行为学的影响

霍尔认为，人类行为的复杂基础就是生物学基础，而文化是具有生物学基础的生物活动。人类是由动物进化而来的，对于动物的比较研究有助

---

① ［英］达尔文：《人类和动物的表情》，周邦立译，科学出版社1958年版，第33页。
② ［英］达尔文：《人类和动物的表情》，周邦立译，科学出版社1958年版，第106页。
③ ［英］达尔文：《人类和动物的表情》，周邦立译，科学出版社1958年版，第108页。
④ ［苏联］格列尔斯坦：《达尔文的著作人类和动物的表情的历史意义》，参见［英］达尔文《人类和动物的表情》，周邦立译，科学出版社1958年版，第5页。

于探究人类的空间需求与环境的关系,以及这种空间关系是如何影响人类交往的。英国鸟类学者亨利·霍华德(Henry Eloit Howard)在《鸟类领地》(Territory in Bird Life)对于鸟类领地研究,以及瑞士动物心理学者黑尼·海第格(Heini Hediger)关于动物"个人空间"机制研究,都与霍尔空间符号研究直接相关。

根据对"领土权"相关研究的回顾,霍尔认为,人类也有领地思维,领土权最重要的功能是维护适当的间距,以防止过度开发一个物种所赖以生存的环境。根据人们在交往中自觉形成的距离感,霍尔提出了人际交往的四种距离,分别是公众距离(public distance)、社交距离(social distance)、个人距离(personal distance)和亲密距离(intimate distance)①。借此,人际交往过程中,我们可以根据双方不同的距离判断双方的关系亲疏程度。

动物行为学对于领地空间的研究思想深度启发非言语传播的空间符号与空间传播。不同文化人群对于空间的理解和接受存在差别,但是,对于空间符号的存在及其功能却都非常认同,这也从另一侧面说明非言语传播具有文化和地域的差异,而不仅仅是先天遗传而来的。

五 社会互动论的借鉴

社会学是人文社会科学的母学科,社会学理论对于其他相关社会学科都具有直接或间接的理论支撑,非言语传播学同样深受社会学理论与研究方法的滋养。非言语传播作为常见社会活动之一,其传播特征及其研究无疑与社会学思想紧密相连。比如,非言语传播的重要功能之一就是塑造传播者的社会形象,而这一思想与米德的符号互动理论契合。符号互动理论认为,社会是由代表心理过程的姿势和语言(符号)的交换构成的,这种符号互动具有自我塑造功能。早期的意见表达以姿势的形式呈现,后来逐渐开始使用语音和语义上都有所分化的语词信号。②

米尔斯著的《社会学的想象力》强调,运用社会学的想象力将环境中的个人困扰与社会结构中的公众论题结合起来思考。同理,研究不同族群的非言语特征,尤其是跨文化传播中的非言语传播特征需要结合其所处

---

① See Edward Hall, *The Hidden Dimension*, N.Y.: Doubleday, 1966.

② 参见[澳]马尔科姆·沃特斯《现代社会学理论》(第2版),杨善华、李康、汪洪波、郭金华、毕向阳译,华夏出版社2000年版,第25—26页。

的社会环境特征,将个体的非言语传播与群体的非言语传播结合思考,归纳具有特定文化族群特征的非言语传播规律才具有启发和指导意义。如果只是孤立个体的非言语传播特征研究,而不是普遍意义的研究,则其社会价值大大降低。

同时,马克斯·韦伯等讨论价值理性与工具理性问题,对于非言语传播研究也具有启发意义。工具理性强调主体对客观事物及其规律的正确认知。而这种认知不是一蹴而就、一劳永逸的,这也凸显非言语传播学探索的复杂性和持续性。价值理性是一种以主体为中心的理性,追求实现社会的公平、正义、忠诚、荣誉等。两者对于非言语传播研究的不同取向及其相互关系具有方向性的指导意义。如非言语传播的应用研究重要关注点在于,阶段性地实现人对自身生活环境中非言语符号认知的开拓,具有工具理性特征。而长远的非言语传播学理论探索则是对自由、真与善的追求,实现价值理性的升华。

社会学者戈夫曼的核心主张是"印象管理"(impression management),他认为,世界就是一个大舞台,每个社会人都是在展演过程中彰显自我形象,包括"身体语言、姿势、服饰、财富展示,物体的摆放、定位等"①,这些与非言语传播学研究直接相关,对于非言语传播研究的影响也更为直接和深远。

上述研究开始关注人类非言语传播的社会属性,社会环境对于人类非言语传播影响深远,非言语传播的社会差异性值得探索的空间还比较大,相关研究还有待继续深入。

六 艺术学思想的借鉴

画家、雕刻家以及演员等的造型艺术思想对于表情研究具有深远影响。这些艺术家很早就重视观察人类与动物的表情,并在画布、石头及舞台上通过这些表情展示人物的情感,这些表情研究成果引发达尔文等学者关于表情研究的关注。

达·芬奇敏锐地观察人类在表达哭、笑等情感时表情动作的细微差别,总结出一套艺术法则,并根据这些法则在画布上展示不同的人物情感

---

① 参见[澳]马尔科姆·沃特斯《现代社会学理论》(第2版),杨善华、李康、汪洪波、郭金华、毕向阳译,华夏出版社2000年版,第30页。

表情。达·芬奇在讲授绘画艺术的时候，就讲述一些法则，"一个在发笑的人，无论在眼睛、嘴部或者头颈方面，都和一个在哭泣的人毫无分别；双方的差别，只不过是在于：哭泣的人的双眉紧锁不动，而发笑的人的双眉向上扬起。除此之外，哭泣的人甚至也会同时用双手去撕破衣服和乱扯头发，并且用指甲抓破面部的皮肤；而发笑的人则不会去做这些动作"①。这些深入细致的观察对于不同表情的特征总结也非常到位，对于表情研究具有启发意义。造型艺术在不使用言语表达的情况下将人物进行艺术展示，其表情、体态、服饰都是重要表达要素与手段。当然，达尔文曾经查看很多有名著作里的照片和雕刻画，但收获不大。达尔文认为：在美术作品里，最主要的对象是美，而剧烈收缩的面部肌肉就破坏了美。这在研究方法方面的价值在于，强调实地观察的重要性。

时至今日，非言语传播学研究者依然在关注造型艺术领域的肢体语言，如访谈英国雕塑家菲利普·杰克逊（Philip Jackson）有关雕塑的肢体语言。建立国家纪念馆和女王伊丽莎白二世的雕塑时，肢体语言的特征等②。类似的研究都试图从造型艺术领域汲取有价值的研究思想，以促进非言语传播学研究。但是，造型艺术领域的非言语传播学研究还只停留在师徒传承的感性模仿阶段，具有理论深度的系统探索还比较缺乏，也给后续研究留下大片创新空间。

七 文化人类学的借鉴

前文讨论认为，非言语传播不仅是先天遗传因素影响，也深受文化氛围与教养的影响，文化人类学理论对于非言语传播研究的影响也就理所当然了。霍尔在大学及研究生期间的主修专业是文化人类学，之后他又作为人类学家在欧洲、中东和亚洲等地区进行实地考察，深厚的理论功底和丰富的人类学考察经历为其理论研究奠定了坚实的基础。正如霍尔在《无声的语言》中提到的："文化不仅仅是习俗，它不是可随意脱换的衣服。我们对之提出建议的那些人虽然不断地用头撞击着一道无形的屏障，但却不知其为何物。我们知道，他们对抗的是一种截然不同的生活、思考，理

---

① ［苏联］格列尔斯坦：《达尔文的著作人类和动物的表情的历史意义》，转引自［英］达尔文《人类和动物的表情》，周邦立译，科学出版社1958年版，第17页。

② Gunzburg, Darrelyn, Philip Jackson, "The Body Language of Sculpture", *Art Book*, No. 17, 2010.

解家庭、国家、经济体系乃至人本身的方式。"① 霍尔受弗朗茨·博厄斯（Fanz Boas）和鲁思·本尼迪克特（Ruth Benediet）的影响较大。博厄斯是杰出的人类学家，他关注的是人类文化和行为模式的差异性②，非言语传播的文化差异性特征。

霍尔提出了"高语境文化"和"低语境文化"理论，他认为，文化或者说"语境"就相当于一个解码系统，起着过滤、感知和阐释信息的功能。处于"高语境文化"环境中的社会成员由于生活经历和文化传统趋同，处于一个共同的"语境"当中，所以，他们更擅长借助共有的"语境"进行交流，在表达方面也更加含蓄隐晦，认为不需多加解释对方就会明白自己所要传达的意义。霍尔认为，历史文化传统相对悠久的中国就属于高语境文化国家，而开放多元的美国则属于低语境文化国家。霍尔借鉴系统论的观点，把文化看作一个交流系统，提出了文化即交流的观点，并将文化系统划分为十大子系统。

非言语传播符号除了少数几类具有人类共同性外，其他大多数都不同程度上烙印有不同文化类型的特征。脱离文化特征进行非言语传播学研究是不现实的。

文化人类学视角探索非言语传播现象与规律更加关注非言语传播的社会差异性，尤其是跨文化传播过程中的非言语传播，对于当下国际传播、跨文化传播、民族文化传播等领域都具有重要意义。超越言语传播的准确性，凸显非言语传播的模糊性特征与含蓄性特征，给相关传播实践带来无限的不确定性和有趣的艺术性，也给相关研究带来丰富的研究话题。

八　精神分析理论的滋养

西格蒙德·弗洛伊德（Sigmund Freud）将人的精神层次分为三种：意识、前意识和潜意识，并且将人格分为本我、自我和超我。弗洛伊德是从心理学角度进行分类，意识和潜意识有着严格的界限，潜意识是指那些人们意识不到的、潜藏在精神结构深层的心理活动。

借鉴精神分析理论，霍尔将文化分为三个层次：正式的、非正式的和

---

① ［美］爱德华·霍尔：《无声的语言》，刘建荣译，上海人民出版社1991年版，第25—26页。

② 李海军：《爱德华·霍尔的跨文化传播思想研究》，硕士学位论文，江西师范大学，2006年。

专门的。这三个层次的文化并不是割裂的,而是共存的,其中以一种为主要。在一定条件下,三者可以相互转化。霍尔的"三分法"打破了传统人类学家二元对立的思维方式,把抽象的文化概念具象化、动态化,更易于理解和研究。

克瑞奇默(Ernst Kretschmer)是德国精神病学家,他在图宾根大学(University of Tübingen)学习哲学和医学。作为精神病学教授和神经病学诊所主任,他关注儿童和青少年体质和精神疾病的研究,试图将体态与精神状态联系起来。他的著作《体格与性格》(Physique and Character, 1921)认为,某些精神障碍在特定身体类型的人中更为常见。① 说明精神分析理论对于非言语传播学研究的理论支撑意义。

非言语传播本身就是复杂心理的外化过程,没有传播主体的精神分析就很难准确探索其非言语传播行为的复杂性。也正因为精神分析的复杂性,带来非言语传播学研究的复杂性和不确定性。

九 语言学理论的支撑

霍尔对于文化的思考借鉴了很多语言学的观点。其中,在与语言学者乔治·特拉革共事过程中,霍尔学习了许多有关语言相对论的观点。霍尔受萨皮尔的影响,萨皮尔的学术思想对其非言语传播研究有很大启发意义。②

萨皮尔与其学生沃尔夫提出的萨皮尔-沃尔夫假说(Sapir Whorf Hypothesis),认为语言在很大程度上会影响人们的思维方式,不同的语言是不同民族观念的反映和体现③。借鉴这个观点,霍尔认为,就像母语会影响人们的思维和行为方式一样,这只是文化影响人类行为的一个方面,在其他文化结构中,也可以找到很多对人们的行为起约束作用的隐匿结构。而霍尔想要做的就是化抽象为具象,将这些隐性的文化模式提升到自觉意

---

① Kretschmer, Ernst, *Physique and Character*: *an Investigation of the Nature of Constitution and of the Theory of Temperament*, London: K. Paul, Trench, Trubner & Co., Ltd., New York: Harcourt, Brace & Company, Inc., 1936.

② 李海军:《爱德华·霍尔的跨文化传播思想研究》,硕士学位论文,江西师范大学,2006年,第10—13页。

③ 刘星:《萨皮尔-沃尔夫语言相对论与语言文化对比研究》,《甘肃科技纵横》2008年第1期。

识的高度，使之更容易被人们察觉。

受语言学的影响，霍尔把讯息和文化分为集合、元素和模式三个层次。集合（词）就是人们最初感知到的东西；元素（声音）是构成集合的成分；模式则是将集合联结起来以便赋予它们以意义的方式①。霍尔认为："模式是潜在的文化规则，而集合是凭模式而组成有意义之物的。"② 可见，模式就是某群体所共有的诸个有意义的排列。

前文所述，非言语传播而不是非语言传播，就是强调非言语传播仍然属于人类的语言，与言语语言同等重要，同样是表意的工具之一。鉴于此，非言语理应作为语言的一部分进行探索。事实也是如此，中国非言语传播学的很多学者都是语言学领域的学者，西方非言语传播学研究也有很多是语言学研究者。而很值得反思的是，很多非言语传播学研究或言语传播研究者容易出现将两者割裂的现象，即研究非言语传播容易忽视言语传播现象，而研究言语传播却忽视非言语传播现象，却很少将两者结合起来作为完整的传播系统进行分析，这也是后续研究需要重视的问题。

第二节 西方非言语传播研究的演进历程

在西方非言语传播学丰硕的研究成果中，霍尔开创的空间关系学研究，雷·伯德惠斯特尔开创的身势学研究，朱迪·伯古恩（Judee Burgoon）、艾克曼和弗瑞森等的"身势—行为"学研究等，一大批非言语传播学研究者从多个角度的探索，逐渐形成比较成熟的非言语传播学理论体系。

一 滥觞期（1872—1900年）：表情进化特征研究

1872年，达尔文在《人类和动物的表情》（*The Expression of Emotions in Man and Animals*）中认为，人与动物的表达和姿势之间存在进化的连

---

① ［美］爱德华·霍尔：《无声的语言》，刘建荣译，上海人民出版社1991年版，第108—150页。

② ［美］爱德华·霍尔：《无声的语言》，刘建荣译，上海人民出版社1991年版，第127页。

续性,开启了非言语传播学研究的先河,深刻影响了现代非言语传播学研究。他利用摄影技术为他的理论研究提供视觉证据,证明情感在人类和动物中进化,并且动物也经历了一系列类似于人类所经历的情感。①

达尔文的经典著作《人类和动物的表情》自出版以来,引发情感表达的起源、性质和功能等方面的激烈辩论。有研究者关注两个基本问题:达尔文到底写了关于情感表达的什么问题,他的描述与现代基本情感描述有多少匹配?科学证据是否特别支持达尔文观点的现代解释,或者是否有其他的假设可以为手头的数据提供好的(甚至更好的)解释?达尔文对自然选择塑造情感及其表现方式的各种正确(和错误)方式②。这些辩论从不同角度推动非言语传播学研究的逐步深入开展。

达尔文在《人类和动物的表情》中认为情感表达是进化和适应的过程,并具有重要的交际功能。达尔文认为,从狗到类人猿(包括黑猩猩和人类),在情感表达上具有同源性,为他提出的原始人进化模型提供了直接的支持。他在情感表达和感知分析方面的早期预设,情感神经科学将出现一个全新的分支学科,催生了20世纪70年代艾克曼及其同事的跨文化传播研究以及潘克沙普(Jaak Panksepp)等神经科学家及许多其他人的相关研究。③

19世纪最后几十年,对动物情感的实验研究被广泛认为是毫无根据的拟人化思想。神经科学家唐纳德·赫布指出"对早期关于动物行为的精神主义铺张浪费有着明显而必要的科学反应"④。把人的复杂的意识过程归因于动物,并用这种术语讨论情绪,没有什么正当理由,也没有什么解释价值。赫布的观点受到达尔文的质疑,达尔文强调情感表达具有进化和适应的过程。达尔文的观点直接挑战了查尔斯·贝尔爵士的

---

① Creed, Barbara, "Films, Gestures, Species", *Journal for Cultural Research*, Vol. 19, Issue 1, Mar. 2015, pp. 43-55.

② Barrett、Lisa Feldman, "Was Darwin Wrong About Emotional Expressions?", *Current Directions in Psychological Science*, Vol. 20, No. 6, Dec. 2011, pp. 400-406.

③ Snyder, PeterJ., Kaufman, Rebecca, Harrison, John, Maruff, Paul, "Charles Darwin's Emotional Expression 'Experiment' and His Contribution to Modern Neuropharmacology", *Journal of the History of the Neurosciences*, Vol. 19, No. 2, Apr.-Jun. 2010, p. 158.

④ Snyder, Peter J., Kaufman, Rebecca, Harrison, John, Maruff, Paul, "Charles Darwin's Emotional Expression 'Experiment' and His Contribution to Modern Neuropharmacology", *Journal of the History of the Neurosciences*, Vol. 19, No. 2, Apr.-Jun. 2010, p. 158.

说法，即人类面部的特定肌肉是为了让我们有一种独特的能力来表达我们的情感①。

杜乡认为，有个别的肌肉群介导了几十种可分离的情绪表达，达尔文怀疑其观点，他想知道是否会有一组核心的情绪，在世界各地和不同文化中表现出极大的稳定性。达尔文在 1869—1875 年，把杜乡模型的影集副本寄给詹姆斯·克莱顿·布朗博士（西骑乞丐精神病院的主管），及其他各种各样的人，并记录了他们的答案，借以验证自己的假想②。

综上所述，达尔文的研究只涉及非言语传播的一个角度，其研究观点也带来诸多争议。但是，其对于非言语传播学研究的启发价值毋庸置疑。

二 萌芽期（1900—1950 年）：身势学初级研究

非言语传播实践涉及多种符号类型，而相关研究却只关注其中部分符号。直到 20 世纪上半叶，非言语传播学研究领域还未成系统，只停留在声音、外表、衣着和面部表情等个别方面。有三部研究体态语的著作比较有影响力，克雷奇默的《体格与个性》《人的体格的变化》和埃弗龙（Efron）的《身势和环境》③。

克瑞奇默是德国精神病学家，他在图宾根大学（University of Tübingen）学习哲学和医学。他关注儿童和青少年体质和精神疾病的研究，试图将体态与精神状态联系起来。克瑞奇默最著名的著作《体格与个性》认为，某些精神障碍在特定身体类型的人中更为常见。他提出三种主要的体质类型：高瘦体弱型（the tall, thin asthenic type）、肌肉发达型（the more muscular athletic type）和圆胖型（the rotund pyknic type）。他认为，瘦弱型和运动型更容易患精神分裂症（schizophrenia），而侏儒

---

① Snyder, Peter J., Kaufman, Rebecca, Harrison, John, Maruff, Paul, "Charles Darwin's Emotional Expression 'Experiment' and His Contribution to Modern Neuropharmacology", *Journal of the History of the Neurosciences*, Vol. 19, No. 2, Apr. -Jun. 2010, p. 158.

② Snyder, Peter J., Kaufman, Rebecca, Harrison, John, Maruff, Paul, "Charles Darwin's Emotional Expression 'Experiment' and His Contribution to Modern Neuropharmacology", *Journal of the History of the Neurosciences*, Vol. 19, No. 2, Apr. -Jun. 2010, p. 158.

③ 毕继万：《跨文化非语言交际》，外语教学与研究出版社 1999 年版，第 1 页。

型更容易患躁郁症（manic-depressive disorders）。① 他的理论受到质疑，因为身体类型的差异与年龄相关，但与精神障碍的关联性受到挑战。尽管如此，克雷奇默的思想很有启发，并推动了心理学研究。

克雷奇默的《人的体格的变化》通过对 4000 名大学男生的正面、背面和侧面照片的详细研究，提出了一种描述人体体格的三维方案。Kretschmer 的体质类型学被抛弃了，取而代之的是基于 3 个一阶变量或成分的体质类型学，即内质、中质和外质，每一个都存在于一个个体的体质中，并由一组 3 个数字中的 1 个表示这些 MORP 的体型或模式。描述和说明了 76 种不同的体型。这些体型命名是在 18 个人体测量指标的基础上客观确定的。

埃弗龙的《身势和环境》（Gesture and Environment）是较早对身势语的研究，对当时的生物学界、心理学界、语言学界、文化学界以及社会学领域都产生了较大影响，也为后续的身势语研究奠定了基础。

总体上看，这一阶段非言语传播学研究还处于萌芽状态，只涉及非言语传播学的某一个方面，并没有对非言语传播的本质规律进行系统探究，相关研究缺乏系统性。

三 发展期（1950—1970 年）：身势学系统研究

20 世纪 50 年代，非言语传播学研究有了突破性发展，雷·伯德惠斯特尔（Ray Birdwhistell）的代表作包括《体语学导论》（Introduction to Kinesics）、《身势与语境》（Kinesics and Context）等，被认为是身势学的创始人。而霍尔的《无声的语言》（The Silent Language）是非言语传播学的奠基之作。而鲁希（Ruesch）和基斯（Kees）的《非言语交际：对人际关系的直观感觉笔记》（Nonverbal Communication: Notes and Visual Perception of Human Relations）是第一次以 "Nonverbal Communication" 命名的专著，旗帜鲜明地聚焦人际传播中的非言语传播。②

霍尔的《无声的语言》关注空间关系学研究，他通过观察美国人与其他文化群的人交流过程中出现的误解现象，分析跨文化传播过程中不同

---

① Kretschmer, Ernst, *Physique and Character: an Investigation of the Nature of Constitution and of the Theory of Temperament*, London: K. Paul, Trench, Trubner & Co., Ltd., New York: Harcourt, Brace & Company, Inc., 1936.

② 毕继万：《跨文化非语言交际》，外语教学与研究出版社 1999 年版，第 1 页。

空间符号的表意机制。他认为，空间关系包括固定特征的空间（如墙壁等不可移动的东西）、半固定特征的空间（如家具）以及非正式的空间（人活动的周围环境）三类。他还总结了影响人们使用个人空间的八大因素：姿态与性别、社会离心—向心轴线、身势的因素、触碰的因素、视觉符码、热量符码、嗅觉符码、音量等。

与此同时，霍尔还关注时间符号、色彩符号、哭泣以及微笑等非言语符号。如霍尔认为："时间会说话。它比有声语言更坦率，它传达的信息响亮而清晰。因为它既不如有声语言那样被意识所控制，也不那样容易使人误解。它往往能揭穿词语所表达的谎言。"① 霍尔还关注非言语符号的表意机制，他认为："言语是最精致的互动形式之一，语调和手势对言语起着强调作用。"②

20世纪60年代，相关研究者开始针对人体各个部位的姿态动作进行研究。埃克曼和弗瑞森研究非言语行为的成因、使用和编码，认为非言语行为具有象征性动作、说明性动作、情绪表露性动作、调节性动作和适应性动作等功能，对于非言语传播学的理论归纳比较系统③。

雷·伯德惠斯特尔被认为是身势学的创始人，其代表作包括《体语学导论》(Introduction to Kinesics)、《身势与语境》(Kinesics and Context)等。他认为，身势与语言具有相似性，其研究观点有：(1) 所有的身体活动在交流的语境下都有潜在的意义。(2) 由于行为具有组织性，所以可以被分析。(3) 不同的社群以不同的方式来使用身势。(4) 人们会受到其他人的行为和动作的影响。(5) 身体活动和行为在交流过程中以何种方式起作用可以通过研究得出。(6) 研究哪种行为，以及采用什么研究方法影响身势学研究结论。(7) 身势的使用受个人因素影响，但受整个社会系统的影响更大。④ 将身势作为符号，突出其潜在性、可分析性、个体差异性、社会差异性、文化差异性、可传授性等特点。

艾克曼和华莱士·弗瑞森经多年探索，总结出一套比较完善的身势和行为的总体模式。从来源、编码和用途三个角度分析非言语行为。将非言

---

① ［美］爱德华·霍尔：《无声的语言》，刘建荣译，上海人民出版社1991年版，第1页。
② ［美］爱德华·霍尔：《无声的语言》，刘建荣译，上海人民出版社1991年版，第41页。
③ 毕继万：《跨文化非言语交际》，外语教学与研究出版社1999年版，第1页。
④ Ray Birdwhistell, *Kinesics and Context*, University of Pennsylvania Press, 1970, pp.183-184.

语行为归纳为五类：象征性的、说明性的、转移性的、规范性的，以及情感的表达①。

四 深化期（1970—1980年）：体态语系统研究

20世纪70年代是非言语传播学研究成果的深化时期。代表人物是朱利叶斯·法斯特（Julius Fast），代表作品是《体态语》（*Body Language*）。朱利叶斯·法斯特系统总结如何解读陌生人、朋友和爱人的身体动作，如何利用身体符号的力量，以及个人内在思想的体态语识别、"封闭"家庭还是"开放"家庭的体态语识别、是否是同性恋及做爱的满意程度等的体态语识别等，广泛涉及身体符号的多领域应用，将前人相关研究做系统总结梳理，理论体系日趋深化。

法斯特提出相关研究观点，如"身体即信息"（the body is the message），准确的叫法是 Kinesics；空间符号包括动物与领地（animal and territory），不同文化领域对于领地等空间的态度，以及当空间被侵犯（when space is invaded）时的非言语表达等；表情研究包括人类的面具（the masks men wear）、眨眼点头（winking blinking and nods）等；触觉符号包括"触摸的精彩之处"（the wonderful world of touch）；沉默作为符号，如"爱的无声表达"（the silent language of love）；以及身势语，对相关体态语研究逐步深化。

朱利叶斯·法斯特的《体态语》行文过程中讨论多位此前的非言语传播学研究学者的核心观点，包括对达尔文表情研究的评价，艾克曼对达尔文表情研究思想的承启价值，对霍尔时空符号的思考，以及伯德惠斯特尔的观点，体态语与口语相互依靠，"单凭口语表达完整意思。同样，单凭体态语也无法表达完整意思"②。此外，相关研究成果还涉及非言语传播学研究方法的总结等。

这一阶段非言语传播学研究主要是整理此前相关研究，深化学术思想体系。

---

① 参见［美］斯蒂芬·李特约翰《人类传播理论》（第七版），史安斌译，清华大学出版社2004年版，第82—84页。

② Julius Fast, *Body Language*, Pan Books Ltd., 1971, p.117.

五　拓展期（1980年至今）：非言语传播总体研究

20世纪80年代以来，非言语传播学研究进一步发展，研究领域开始涉及跨文化传播中的非言语传播学现象研究、非言语传播的应用研究，以及大众传播中的非言语传播学研究等。研究方法日渐丰富多样，研究的精准程度进一步提高。

第一，跨文化传播中的非言语传播学研究。如美国伊利诺伊州立大学莱克·布罗斯纳安在《中国和英语国家非语言交际对比》中聚焦跨文化传播中的非言语传播，认为中英非言语交际行为差异的核心点在于，文化"聚拢型"（togetherness）与"离散型"（apartness）之别[①]。从文化的角度比较非言语传播的特点，是非言语传播学研究的一个比较重要的研究取向。当然，跨文化传播不止中英之间，其他跨文化传播的比较研究同样值得继续探索。如日本人的沉默交流研究强调，对日本人来说，相对于言语，沉默所传递的信息更能体现说话者的意图[②]。同为亚洲的黄种人，中国和日本的沉默符号传递意义也存在差异，类似的系统的跨文化非言语传播的比较研究还有待继续。

第二，跨学科视角的非言语传播研究。意大利的埃斯波西托·安娜（Anna Esposito）、克罗地亚的玛雅（Maja Bratanić）、瑞士的埃里克·凯勒（Eric Keller）、意大利的玛利亚（Maria Marinaro）等合著的《言语和非言语传播的基本原理和生物特征》（*The Fundamentals of Verbal and Nonverbal Communication and the Biometric Issue*）内容包括手势、语音、语调，面部表情，以及言语和非言语交际功能的实现机制问题。

加拿大纽布伦斯威克大学的波亚托斯（Fernando Poyatos）在乔治·A. 特拉格（George A. Trager）、伯德惠斯特尔，以及艾伯特·E. 舍夫兰（Albert E. Scheflen）等关于副语言、体态语等研究成果的基础上，撰写三卷本专著《跨学科的非言语交流》（*Nonverbal Communication across Disciplines*），通过综合性和跨学科的方法探索影响跨文化传播效果的视觉、听觉、沉默、副语言、体态语、人与环境之间的互动等各种因素。诚如作者

[①] ［美］莱杰·布罗斯纳安：《中国和英语国家非语言交际对比》，毕继万译，北京语言学院出版社1991年版。

[②] 李朝辉：《沉默——日本人的非语言交流》，《思想战线》2006年第1期。

序言所言，其三十年研究很难准确归入具体学科，是一种跨文化、跨学科研究。① 这也体现了非言语传播学研究多学科交叉的特点。

第三，非言语传播应用研究也受到关注。非言语传播的应用研究领域也在逐渐拓展，如讨论医患交流、师生交流、政治官员交流、法庭审判、商业谈判、亲子交流的非言语传播情况等。其中，罗纳德·E.里吉奥（Ronald E. Riggio）和罗伯特·S.费尔德曼的《非言语传播应用研究》（*Applications of Nonverbal Communication*）比较系统地分析了多个非言语传播应用领域，这些研究结果在非言语交流和应用研究之间建立一个非常必要的桥梁。研究者从心理学、卫生保健、执法、政治学、社会学、通信、商业和管理等不同学科，探讨医院、诊所、法庭和警察局、工作场所、政府、教室和日常生活等领域的非言语传播应用特点与规律。

第四，大众传播中的非言语传播研究。随着时代的发展，非言语传播学研究开始关注电视竞选、电视主持人等的非言语传播现象，研究领域开始涉入报纸、广播、电视以及网络等大众传播过程。如探索美国三大广播公司针对"9·11"事件报道时，主持人主观情感投入情况，利用统计分析法批判新闻专业主义的可靠性。② 但是，只有部分科研论文研究大众传播中的非言语传播现象，缺乏系统研究的专著。

非言语传播研究从早期的动物与人的比较，探索非言语传播的进化特征，再分别从体型特征、身势特征、体态语等多角度具体探索非言语传播规律，总体上是从非言语传播实践中总结传播规律。而拓展期将前期非言语传播规律应用于传播实践，进行非言语传播的应用研究，是将理论在实践中检验，这也是理论研究的社会价值。理论源自实践，并指导实践，在实践中检验并补充和完善。

总体而言，西方非言语传播研究具有明显的实证研究特征和实践应用价值，是以实践为基础的研究，以实证研究方法的探索，与实践结合的应用研究，在很大程度上规避了空洞理论研究，并将研究成果束之高阁的研究状况，这些对于中国的非言语传播研究也具有启发意义。

---

① Fernando Poyatos, *Nonverbal Communication Across Disciplines*, John Benjamins Publishing Company, 2002, Introduction.

② Renita Coleman and H. Denis Wu, "More Than Words Alone: Incorporating Broadcasters' Nonverbal Communication into the Stages of Crisis Coverage Theory—Evidence From September 11th", *Journal of Broadcasting & Electronic Media*, Vol. 50, No. 1, 2006.

第二章

辨析：非言语传播的基本内涵与符号类型

> 人类的行为可以发出两种信号，即语言信号和非语言信号。我们大概都学过如何寻找和识别语言信号，它们就像位于制高点上的标志，清晰可见。而非语言信号则相反，它们一直存在，却始终不为我们发现，因为我们没有学过如何寻找和识别这种信号。
>
> ——[美]乔·纳瓦罗、马文·卡尔林斯：《FBI教你破解身体语言》，王丽译，吉林文史出版社2009年版，第196页。

明确研究对象是任何科学研究的前提，研究对象的概念化就是"将模糊的、不精确的观念（概念）明确化、精确化的思维过程"[①]。针对"非言语传播"的内涵及研究范围一直比较模糊，如何认识非言语传播的内涵，是该研究存在价值的关键点和研究推进的逻辑起点。同时，随着媒介技术的演变，非言语传播在传播领域、传播主体、传播客体、传播符号等方面的变迁，以及由此带来的传播特征的变化，梳理这些变化才能准确地厘清非言语传播的内涵，而非言语传播的内涵界定也是其符号类型划分的依据。西方学界对非言语传播的界定比较混乱，也带来符号类型的混乱。本章力求界定核心概念，并确定符号类型划分标准。

第一节 非言语传播的概念界定

首先需要说明的是，"非言语传播"不是"非语言传播"。"语言"

---

① [美]艾尔·巴比：《社会研究方法》（第10版），邱泽奇译，华夏出版社2005年版，第120页。

和"言语"在日常生活中经常被交叉使用,实际上两者存在本质差别,"语言是人类用于交际和思维的最重要的符号系统。言语是人类运用语言表达思想进行交际与思维的行为"①。"非言语是语言的一种类型,而非语言则不是语言了。同样,非言语传播属于语言传播,姿势语言、颜色语言、时空语言、服饰语言……的确是语言传播不是非语言传播,因为非语言传播是指人类社会之外的生物界乃至整个自然界的信息传播现象,已经超出了传播学研究的范围"②。综上,应该称为"非言语传播",而不是"非语言传播"。

同时,随着媒介技术的演变,非言语传播在传播领域,传播主体、客体,传播符号等方面的变迁,以及由此带来传播特征的变化。梳理这些变化才能准确地厘清非言语传播的内涵。

非言语传播这一术语已经耳熟能详,尽管它的内涵界定并不总是清楚。因为非言语这个词只排除了通过言语交流,其涵盖的范围仍然是无限的。它可以通过触摸或嗅觉来传达,通过各种各样的人造物品(如面具和衣服等)进行交流。它有时也包括声学特征,如语调、重音、讲话速度、口音和响度,虽然这是更有争议的。此外,它可以指身体运动的不同形式——面部表情、凝视、瞳孔大小、姿势、手势和人际距离,即通过身体运动进行交流③。非言语传播内涵的庞杂性可见一斑,概念界定的紧迫性也就不言而喻。

很多学者都界定过非言语传播的内涵,但缺乏相对统一的观点。究其原因主要是研究领域的庞杂,概念界定的混乱。本书认为,非言语传播包括广义和狭义两种类型。狭义的非言语传播是指人际传播中的非言语传播。广义上的非言语传播是指包括人际传播和大众传播在内的所有传播过程中的非言语传播行为。两种非言语传播在传播的主体、客体、符号、传播特征等方面既有相似之处,又存在诸多差异。做这样的区分,可以更准确地认知不同非言语传播的独有特点。

随着文化的视觉转向,以及图像传播的盛行,非言语传播日益受到关

---

① 刘丽芬、黄忠廉:《"语言""言语"与"话语"三分》,《中国科技语》2008年第5期。

② 宋昭勋:《非言语传播学》(新版),复旦大学出版社2008年版,第7页。

③ P. Bull, "State of the Art: Nonverbal Communication", *Psychologist*, Vol. 14, No. 12, 2001.

注,但是,非言语传播的内涵却不够清晰。该概念的界定不仅涉及"言语传播——非言语传播"的区分,以及言语、语言的区分,还涉及狭义与广义之分,即由人际传播中的非言语传播(狭义)演变到大众传播中的非言语传播(广义),广义层面包括非言语传播的媒介化和媒介的非言语传播。厘清两者在传播领域、传播主体、传播客体、传播符号等方面的变迁,以及由此带来传播特征的变化,更有助于对非言语传播内涵的把握。

一 非言语与非语言之辨

萨姆瓦(Samovar)、波特(Porter)和简恩(Jain)在《跨文化传通》(Communication between Cultures)中认为:"语言可分作两大类:言语语言和非言语语言。我们所使用的,具有口头形式和笔头形式的语言,称为言语语言。我们所有人也都使用没有言语词汇的语言,即所谓非言语传通:使用没有言语词汇的具体行动,诸如面部表情、手势。行为举止、空间的运用和时间的取向等。非言语的语言形式也是人类传通中至关重要的一部分。"① 对非言语传播的内涵界定比较清晰,解释了言语与语言的关系,以及言语和非言语的进一步分类情况。

萨姆瓦等还强调:"任何言语语言和非言语语言都是用符号来代表、象征个体实在放入各种具体和抽象的部分的。这些符号又受着一定规则的约束,而规则则教给我们使用符号的方法,以便恰如其分地描述经验。我们能够运用符号与别人共享经验,达到各种程度的相互理解,至少在使用特定语言的成员之间。"② 简言之,言语语言和非言语语言都遵循相似的语言规律进行表意。

鉴于此,本书探索的话题"Nonverbal Communication"应该是"非言语传播",而不是"非语言传播"。

二 非言语传播的内涵

非言语传播的内涵比较丰富,诚如兰德尔·哈里森(Randall

---

① [美]拉里·A.萨姆瓦、理查德·E.波特、雷米·C.简恩:《跨文化传通》,陈南、龚光明译,生活·读书·新知三联书店1988年版,第172页。
② [美]拉里·A.萨姆瓦、理查德·E.波特、雷米·C.简恩:《跨文化传通》,陈南、龚光明译,生活·读书·新知三联书店1988年版,第172页。

Harrison）所言："从动物之间的空间距离到外交上的礼仪，从面部表情到肌肉痉挛，从内在的、难以表达的情感到户外的标志性公共建筑物，从用按摩传递信息到鼓动某个人重拳出击，从舞蹈和戏剧到音乐和模仿秀，从感情的流动到车辆的流动，从超感官的特异功能到国际各权力集团的经济政策，从时装和生活时尚到建筑和模拟计算机，从玫瑰的香味到牛排的美味，从弗洛伊德谈及的各种象征到星象，从暴力行为到脱衣舞中所包含的修辞手法，凡此种种似乎都可以划入到这个范畴。"[1] 非言语传播涵盖的范围之广可见一斑。广义的非言语传播包括使用言语符号以外的所有符号进行的传播活动，如此毫无边界带来内涵的泛化，也给相关研究带来难度。

广义上讲，非言语符号是指除言语符号以外的其他所有传播符号，包括体态语，副语言，客体语与环境语，它对非言语传播来说，既是一种行为，也是一种手段。除有身体行为发出的信息外，还有个体同环境相结合所发出的信息（空间、时间很沉默）。客体语与环境语通常利用外部设施改变自身发出的信息以达到一定的传播目的。

广义上的非言语传播是指包括人际传播和大众传播在内的所有的非言语传播行为。爱德华·萨丕尔认为，非言语传播是"一种不见诸文字、没有人知道、但大家全都理解的精心设计的代码"，可以归为广义的非言语传播。这样的表述使得非言语传播充满神秘色彩。

比较广泛的定义："非言语交流涵盖了某种交流情境下的所有非言语刺激因素，这些刺激因素是通过信源及其对环境的利用产生的，并且对信源或信宿具有潜在的信息价值。"[2] 这种定义过于宽泛，将所有环境因素都囊括进去，没有排除非语言因素，造成非言语传播的泛化和模糊性。另有学者认为："非言语传播是指不使用词汇的所有形式的传播。"[3] 这种定义只是将非言语传播与言语传播进行区分，却缺乏明晰的范围界定，同样

---

[1] Randall Harrison, *Beyond Word: An Introduction to Nonverbal Communication*, Englewood Cliffs, NJ: Prentice-Hall, 1974, pp. 24-25. 转引自［美］斯蒂芬·李特约翰《人类传播理论》（第七版），史安斌译，清华大学出版社 2004 年版，第 79—80 页。

[2] ［美］拉里·A. 萨默瓦、理查德·E. 波特：《跨文化传播》（第四版），闵惠泉、王纬、徐培喜等译，中国人民大学出版社 2010 年版，第 146 页。

[3] Rogers, E. M., Steinfatt, T. M., *Intercultural Communication*, Prospect Heights, Waveland, 1999.

没有排除非语言因素。爱德华·萨丕尔认为："非言语传播是一种复杂的符号使用，这些符号没有写在任何地方，但却是大家所理解的。"① 类似的定义比较宽泛，只排除言语传播，却没有细化非言语传播涵盖的具体范围。

萨默瓦等认为："在语言交流中，你可以做到在遣词造句上谨小慎微。但有时在日常生活中或者在商场里选件珠宝首饰时，你只是想笑一笑，但这些行为不经意间却已经发出许多其他信息。"② 这里的"笑一笑"其实是非言语符号的表情符号，泄露传播者的真实想法。也有研究认为，非言语传播"包括传统情境中除却言语刺激之外的一切由人类和环境所产生的刺激，这些刺激对于信息发出者和信息接受者具有潜在的信息价值"③。这样的定义也比较宽泛。萨姆瓦、波特、简恩等强调："信息绝不仅仅是言语和姿势。由是，我们将从所有传通者可以附加意义的、面对面的情境中所固有的那些刺激中观察非言语信息。"④ 类似的观点将所有传递信息的符号中除去言语符号以外的所有符号都归为非言语符号，其符号传递过程都归为非言语传播行为，却没有区分意愿的行为与非意愿行为。这样的定义"使得我们能够把那些非意愿的，与意愿的行为一同包括在非言语传通的主要部分当中。实际上，非言语信息的优势是在我们并不知道它们对其他人具有意义的情况下发出的"⑤。这样的界定强调非言语传播的意愿性与非意愿性特征，却忽视了其他特性。

有学者界定非言语传播，"非言语交际是不用言词的交际"⑥，"非言语交际是不用言词表达的、为社会所共知的人的属性或行动，这些属性和

---

① 刘双、于文秀：《跨文化传播——拆解文化的围墙》，黑龙江人民出版社 2000 年版，第 81 页。

② [美] 拉里·A. 萨默瓦、理查德·E. 波特：《跨文化传播》（第四版），闵惠泉、王纬、徐培喜等译，中国人民大学出版社 2010 年版，第 146 页。

③ [美] 拉里·A. 萨姆瓦、理查德·E. 波特、雷米·C. 简恩：《跨文化传通》，陈南、龚光明译，生活·读书·新知三联书店 1988 年版，第 203 页。

④ [美] 拉里·A. 萨姆瓦、理查德·E. 波特、雷米·C. 简恩：《跨文化传通》，陈南、龚光明译，生活·读书·新知三联书店 1988 年版，第 203 页。

⑤ [美] 拉里·A. 萨姆瓦、理查德·E. 波特、雷米·C. 简恩：《跨文化传通》，陈南、龚光明译，生活·读书·新知三联书店 1988 年版，第 203 页。

⑥ Malandro et al., *Nonverbal Communication*, 2nd ed., Newnery Award Records, 1989, p. 5. 参见毕继万《跨文化非语言交际》，外语教学与研究出版社 1999 年版，第 1 页。

行动由发出者有目的地发出或被看成是有目的地发出，由接受者有意识地接受并有可能进行反馈"[1]。非言语交际指的是"在一定交际环境中语言因素以外的，对输出或接受者含有信息价值的那些因素。这些因素即可人为地生成，也可由环境造就"[2]。类似的定义还有很多，分别突出非言语传播的不同特点。

上述定义是将非言语符号与言语符号比较的过程中界定其独特内涵，只是排除不是言语传播，却没有具体说明非言语传播本身的特征，也没有涉及如何与言语传播符号进行协同表意。迪皮卡界定为"与某人或机构进行无声的交流，而不使用任何形式的言语来吸引听众的注意力或获取信息。非言语传播通常用来表达想法，使你的信息对你正在讲话的人更有吸引力和趣味。非言语传播对我们的社会环境和整个传播过程都有很大的影响"[3]。这样，既将两种传播符号进行区分，又强调两种符号之间的协同表意，比较合理。

狭义的非言语传播是指人际传播中的非言语传播现象。如阿盖尔认为，非言语传播是个人有意或无意地用面部表情、音调、气味、手势、身体接触、空间行为、服饰等渠道影响他人[4]。这样的概念界定明显是局限于人际传播领域，不妨称之为"狭义的非言语传播"。在狭义上，非言语符号只包括肢体非言语符号，包括副语言，主要是由身体行为发出的信息（外表、动作、面部表情、目光接触、触摸、味道和副语言），是身体自然发出的一种思想与文化暗号，一般不存在明显的目的性。

综上所述，非言语传播包括广义和狭义两种类型。狭义的非言语传播是指人际传播中的非言语传播，即个人与个人之间利用体态语、副言语，以及体味、体触等非言语符号进行的信息交换活动。广义上的非言语传播是指包括人际传播和大众传播在内的所有传播过程中传播主体借助于非言语符号进行的信息传播活动。两种非言语传播在传播主体、客体、符号、传播特征等方面既有相似之处，又存在诸多差异。做这样的区分可以更准

---

[1] Malandro et al., *Nonverbal Communication*, 2nd ed., Newnery Award Records, 1989, p. 7.

[2] Samovar, L. et al., *Understanding Intercultural Communication*, Wadsworth, 1981, p. 156. 参见毕继万《跨文化非语言交际》，外语教学与研究出版社1999年版，第1页。

[3] Deepika Phutela, "The Importance of Non-Verbal Communication", *The IUP Journal of Soft Skills*, Vol. IX, No. 4, 2015.

[4] 参见宋昭勋《非言语传播学》（新版），复旦大学出版社2008年版，第8页。

确地认知不同非言语传播的独有特点，提高传播效果。

三 传播领域的拓展

早期，达尔文的《人类和动物的表情》聚焦人际传播中的非言语传播。随后，如研究医患交流、司法审判、商业谈判、夫妻沟通等领域的非言语传播也都属于人际非言语传播。

伯贡和赛因认为，非言语传播是有社会共知的含义，被有目的地或被理解为有目的地发出，被有意识地接受并有可能由接收人反馈的，除使用言词本身以外的人类属性或行为。拉里·萨姆瓦认为，非言语传播包括传播情境中除却言语刺激之外的一切由人类和环境所产生的刺激。这样的概念界定比较宽泛，看不出研究领域的边界。

随着时代的发展，非言语传播研究开始关注电视竞选、电视主持人等，以及报纸、广播、电视、网络等大众传播中的非言语传播研究。研究关注焦点已经超越人际传播范畴，涉及大众传播媒介，不仅是人际传播中非言语传播符号的媒介化，更增加了大众传播媒介产生新的非言语传播符号类型。包括音响、音高、拍摄角度、字号大小等诸多非言语符号类型。由此，宋昭勋认为，非言语传播是指"赋予除言语行为（说话和书写）之外的一切社会行为及其语境因素以意义的过程"[①]，这样的概念界定涵盖人际传播领域与大众传播领域，不妨称之为"广义的非言语传播"。

总体上说，此前非言语传播的概念界定忽视了非言语传播领域的拓展带来非言语传播构成要素的变迁，以及人际传播与大众传播中非言语传播的特征差异，导致概念的界定或者限于狭隘，或者游离于两种传播类型之间。接下来比较狭义的非言语传播与广义的非言语传播的具体差异。

四 传播主客体的变迁

狭义的非言语传播主要是指面对面人际传播中的非言语传播，传播主体与传播客体随时交替，互为主客体关系。进入大众传播时代，非言语传播的主体、客体出现明显变化。

首先，传播主体的变迁。狭义的非言语传播主体主要是指面对面人际传播的传播者。而广义的非言语传播主体开始延伸到摄影记者、广播、电

---

① 宋昭勋：《非言语传播学》（新版），复旦大学出版社2008年版，第8—9页。

视的连线记者以及主持人等。这三个延伸主体的非言语传播也存在差异：第一类，广播、电视媒体主持人及特邀嘉宾直接面对大众，其举手投足都是非言语传播，只是借助大众媒介拓展了传播的时空范围。第二类，摄影摄像记者、连线记者、电视出镜记者的非言语传播。广播连线记者是通过采访现场的副语言及实况音响传递信息；电视连线记者可以通过采访现场的体态语、副语言、现场实况视听觉背景等多重非言语符号传递信息；摄影记者只能通过拍摄距离、高度、角度等影响非言语传播符号。第三类，各类媒体的编辑。编辑巧妙地使用编辑语言，通过对新闻作品的编辑和展示形式，实现非言语传播功能。

其次，传播客体的变迁。进入大众传播时代，大众传播的受众仍然可以接受很多大众传播主体传递的非言语符号，成为非言语传播的受众。但是，这时候的传、受者不同时在场。一定程度上，不同的时空情境也可以作为非言语符号，传递相关信息。同时，由于时空隔离也导致传、受者之间类似于体触、体味等人际传播中的非言语符号无法使用。还有一点差别在于，狭义的非言语传播中，传者与受众是"一对一"的非言语传播，互动频繁、反馈及时。而广义的非言语传播是"一对多"模式，传播者是针对假想的多个受众进行非言语传播，隐匿的受众也给传播者的非言语传播的真实感造成影响。

五　传播符号的变迁

由于非言语传播概念界定的模糊，导致非言语传播领域划分不清晰，也造成非言语符号的分类标准不统一，以及符号类型的不统一。比如，康登归纳出 24 种非言语符号，毕继万归纳为体态语、副语言、客体语、环境语四大类[1]。纳普（M. Knapp）把非言语交际划分为体姿语（Kinesics）、目视行为（visual behaviors or eye contact）、面部表情（facial expressions）、体距处理（proxemics）、伴随语言（para language）五种。关世杰将其分为人体语、时间语、空间语、颜色语、艺术语、图画语、环境语和其他语[2]。张国良认为："身体动作或运动行为，类语言（又称附

---

[1] 毕继万：《跨文化非语言交际》，外语教学与研究出版社 1999 年版，第 1 页。
[2] 徐小明：《跨文化非言语交际论析》，《贵州师范大学学报》（社会科学版）2010 年第 4 期。

属语言),环境空间,嗅觉,触觉,衣服和化妆品等人工制品的利用及其感知。"[①] 其实这些符号类型都可以归为狭义的非言语传播符号。

伴随传播媒介的技术演变,广义的非言语传播符号大致包括两部分:一部分是大众传媒延伸人际传播中的非言语符号;另一部分是大众传媒创新的,具有大众传播媒介特征的非言语传播符号。

第一类,延伸人际传播中的非言语传播符号。大众传播媒介提高了非言语传播信息的"复制"水平和传播速度,延伸了非言语传播的时空范围。广播媒介延伸了口语传播中语音、语调、语速、语顿、音质、音量、停顿等听觉非言语符号。电视、网络媒介延伸了包括体态语,语音、语调等类语言以及空间距离等视听非言语传播符号。电视主持人的表情语、手势语、体态语、仪表语和距离空间语,说话的抑扬顿挫等都可以借助电视拓展其传播的时空范围。

第二类,大众媒介创新非言语传播符号。大众传媒结合不同大众媒介特性,创新非言语传播符号,以补救对人际传播中的非言语传播符号的遮蔽。如印刷传播阶段演变出包括版面语言(如版面编排手段和版面布局结构)、照片、绘画以及字体、字形、色彩等非言语符号;广播媒介增加了音乐、音响等非言语传播符号,并调整音量的大小改变传播效果。电视媒介演化出包括景别、色彩、镜头、构图、蒙太奇手法、线条、光线、动画、图表、虚拟、画面的淡入淡出和叠加等非言语传播符号。互联网传播创造出包括表情状态类、声音语气类、动作类以及个人形象四大类丰富的非言语传播符号[②],甚至大众传播的时效性和区域性也体现出一种时间和空间的非言语信息。

鉴于此,区分广义的非言语传播与狭义的非言语传播,才能更清晰地划分非言语符号的类型。

六 传播特征的变迁

一般认为,非言语传播具有模糊性、遗传性、全人类性、真实性、立体性和持续性等特征[③]。但是,这些传播特点主要讨论狭义的非言语传

[①] 张国良主编:《传播学原理》(第二版),复旦大学出版社2009年版,第191页。

[②] 黄春平、彭铁祥:《当前网络人际传播研究述略——从网络言语传播与非言语传播谈起》,《辽东学院学报》(社会科学版)2005年第6期。

[③] 刘小霞、吴小君:《纪录片的非语言运用及其传播》,《中国电视》2009年第4期。

播，广义的非言语传播特性与之有相似之处，也有很多不同。具体如下。

第一，从自发表意到有意表意的变迁。研究者认为，非言语传播"最能反映一个人的真实态度、心理活动和价值观念"①，也有研究者认为，非言语传播是"发出者有目的地发出或被看成有目的地发出"②。这两种观点似乎存在矛盾，其实并不矛盾。前者主要是指狭义的非言语传播特点，是不经意间表现出的，你很难控制你的感情。但是，大众传播中的非言语传播可以摆脱即时性的限制，有充分的时间进行有意传播，充分实施自己的传播意图，甚至进行隐喻性表达。如体态语可以通过慢镜头/快镜头等处理，照片有选择的瞬间永久，视频有选择的蒙太奇衔接，碎片化地反映人际传播的视觉形象，以及利用不同拍摄角度表达不同的传播效果等都具有"有意为之"特征。传媒"有意"借助非言语传播符号隐喻表意，让受众混淆符号与对象，传播功能更强。

第二，从真实性传播到可信度降低的变迁。研究者认为，语言信息可能会"言不由衷"，可能存在虚假性，而非言语信息常常是"真情流露"。所以，非言语传播具有可信性优势。一般认为，非言语传播"是其整体性格的表现，以及个人人格特性的反映，更多的是一种对外界刺激的直接反应，很难掩饰和压抑"③。因为"身体语言多数是人们在无意识或半意识状态下运用的，例如瞳孔变化、出汗、心跳加快等往往不是完全用意识可以控制的，因而，身体语言常常是人们内心状态的真实反映"④。所以，人们一般比较容易相信非言语传播内容。但是，大众非言语传播受传媒技术影响，真实性程度削减。如体态语通过慢镜头/快镜头等处理，音量大小以及电脑合成不同声音效果等改变传播效果；照片有选择地瞬间永久，蒙太奇手法有选择地衔接碎片化视频，镜头的不同拍摄角度体现传播效果。借此附加了更多大众传媒的技术特征，掺入传者的意图和观点，其真实性因此而降低。

第三，从真实情境到虚拟情境的变迁。通常，各种非言语符号在传播中协同表意，互为情境。同一符号在不同的情境中传播的意义可能相去甚

---

① 毕继万：《跨文化非言语交际》，外语教学与研究出版社1999年版，第10页。
② Malandro, Barker, et al., *Nonverbal Communication*, 2nd ed., Newbery Award Records, 1989, p.7.
③ 张国良主编：《传播学原理》（第二版），复旦大学出版社2009年版，第193页。
④ 彭敏：《大众传播中非言语符号的特点与运用》，《传媒》2011年第11期。

远。但是，大众传播中非言语传播的情境不一定是人际传播的真实情境，可能是蒙太奇手法拼接的、设计的虚拟情境。同一非言语符号在不同的传播情境中，表达的意义可能迥然不同。

第四，不一样的相似性与同义性特征。研究者认为非言语传播具有通义性，因为非言语符号与其指代的对象相似，这主要局限于人际传播中的非言语符号，如不同国家的笑脸一般都表示高兴。大众传播中的非言语符号同样具有国际通用的特征。如借助激烈的音乐衬托热闹的场面，报纸头版头条突出内容的重要性等。但是，仍然存在不同文化背景下的差异性，跨文化传播过程中非言语符号的差异性仍然存在。

第五，试图回归并超越人际传播中的非言语传播。大众传播媒介限制了一些非言语符号的传播，于是，试图模仿人际传播中的非言语传播。如电子表情、图像传播，甚至是现场直播等，力图真实、全面地还原客观世界。同时，大众传播媒介从不同方面延伸人际传播中非言语符号传播的时空范围。如印刷媒介可以批量复制静态视觉非言语符号（如新闻图片等）的传播时空范围。广播媒介拓展了口语传播中语音、语调、语速、语顿、音质、音高、音量、停顿等听觉非言语符号。电视、网络媒介能够延伸了包括体态语、语音、语调等类语言以及空间距离等视听非言语传播功能。电视新闻发言人讲话时的表情举止，说话的抑扬顿挫等都可以借助电视拓展其传播的时空范围。

可见，大众传播与人际传播具有很多联系与相似性，但也存在很多差异性。区分这样两类非言语传播，才能更准确地把握两者的内涵和特点。

第二节　非言语符号的类型划分

非言语传播定义的不同带来符号类型的混乱。本书对上述内涵的梳理，为本章的类型划分奠定了基础。人类传播不仅仅是言语传播，非言语传播也是一个重要的组成部分。而非言语传播使用的符号更是被认为是人际传播的主要信息源。探讨西方非言语符号类型及其使用环境的差异，可在与西方各国进行跨文化交流进程中做出切实有效的指导作用，增强非言语传播的效果。因此，本书尝试从传播学的角度，以非言语符号在狭义与广义上的定义为划分依据，分析非言语符号的类型。

一　非言语符号的两分法

跨文化传播研究学者对于非言语传播的学术敏感度比较高，较早关注非言语传播现象，他们认为："在所有各类型的非言语信息的讨论中，我们将考察那些由身体所产生的信息，和那些从我们对空间、时间和静默的使用中所生发出来的信息。"① 鉴于此，跨文化传播研究学者把非言语符号分为两大类：一类是主要由身体行为发出的符号，包括外表、动作、面部表情、目光接触、触摸、气味和副语言等；另一类是个体同环境相结合所发出的信息，包括空间、时间和沉默等。② 这是一种比较粗放的类型划分，不容易出现不同类型之间的交叉，但是，过于笼统，需要进一步细化两大领域的符号类型。同时，身体行为发出的信息可以理解为狭义的非言语传播，而个体同环境相结合所发出的信息则可以理解为广义的非言语传播。这样的划分对于诸多类型划分的混乱有一定的启发意义。

（一）身体行为发出的符号

身体发出的符号信息属于非言语传播研究的核心部分，包括外表和服装、身体动作：动力学（姿势、手势、面部表情）、目光接触和凝视、触摸、气味、副语言（音量、口音和方言）等。

首先，目光接触。研究者关注群体传播认为："我们用30%—60%的时间跟别人眼目传情。估计有10%—30%的目光占有大约一秒钟的时间。使用眼睛与别人传神的频率，说明眼目传神对我们多么重要。"③

其次，触觉符号。萨姆瓦等从生理学角度认为："触觉是最早成熟的感觉。它在胚胎的后期阶段就表现出来，并在眼睛、耳朵和高级大脑神经中枢开始工作以前很久就形成了。出世后不久，婴儿用他的各种感觉作为译读现实的途径。"④ 触觉符号是感知世界的手段，也是传递信息的方式。

---

① ［美］拉里·A.萨姆瓦、理查德·E.波特、雷米·C.简恩：《跨文化传通》，陈南、龚光明译，生活·读书·新知三联书店1988年版，第214页。
② ［美］拉里·A.萨默瓦、理查德·E.波特：《跨文化传播》（第四版），闵惠泉、王纬、徐培喜等译，中国人民大学出版社2010年版，第150页。
③ ［美］拉里·A.萨姆瓦、理查德·E.波特、雷米·C.简恩：《跨文化传通》，陈南、龚光明译，生活·读书·新知三联书店1988年版，第226页。
④ ［美］拉里·A.萨姆瓦、理查德·E.波特、雷米·C.简恩：《跨文化传通》，陈南、龚光明译，生活·读书·新知三联书店1988年版，第229页。

再次，体态语。英语中体态语的称呼比较多，如 body language，body movements，gesture，body behavior，kinesics。汉语则有体态语、身体语言、态势语、手势语、体语、体语学、身势学等。统计表明，"人体可以做出 27 万种姿势和动作，这么多人体姿势和动作，它们所表示的含义是复杂的。有的含义明确具体，有的却笼统模糊；有的用于交际，有的则只是自我表达；有的表达的是情感信息，有的则反映出个性特点或态度"①。

最后，副语言。副语言（Paralanguage）又称类语言、伴随语言、副语言特征或伴随语言特征，是"伴随话语而发出的无固定语义的声音。副语言的范围有狭义和广义之分。狭义范围只包括伴随言语的某些声音现象，广义的范围除言语的声音现象以外，还将体态动作、面部表情、甚至某些书写符号及言语交际情境都包括在内"②。副语言和言语符号共同表意，具有伴随表意功能。

(二) 个体同环境相结合所发出的符号

环境发出的符号包括：(1) 空间和距离。包括个人空间、座位安排、家具摆放等。(2) 时间符号。包括非正式时间，正式时间等。(3) 沉默。沉默是思考的表征，是反馈的手段，"沉默可释义为同意、缺乏兴趣、感情受到伤害或者轻蔑"③。不同的传播环境，沉默表达的意义则千差万别，这也说明非言语传播的情境性特征。

个体同环境相结合所发出的符号，个体利用环境的时空变化，向其他个体传递相关信息。这里需要说明的是，单纯自然环境的空间不属于本书的范畴，这里涉及的时间符号或空间符号具有人为因素，是人有意为之，通过影响时间或空间变化，借以传播信息。

二 非言语符号的三分法

鲁希（Jurgen Ruesch）和基斯（Weldon Kees）根据非言语传播的基本成分将非言语符号分为三类④：(1) 手势语言（Sign Language）。包括

---

① 毕继万：《跨文化非语言交际》，外语教学与研究出版社 1999 年版，第 15 页。
② 毕继万：《跨文化非语言交际》，外语教学与研究出版社 1999 年版，第 45 页。
③ [美] 拉里·A. 萨默瓦、理查德·E. 波特：《跨文化传播》（第四版），闵惠泉、王纬、徐培喜等译，中国人民大学出版社 2010 年版，第 164—165 页。
④ Ruesch, J. and Kees, W. Berkeley, *Nonverbal Communication: Notes on the Visual Perception of Human Relations*, University of California Press, 1956.

表示词义、数字和标点符号的手势，包括单个手势到完整的哑语体系。(2) 动作语言 (Action Language)。包括不单纯表示某种信号的各种动作；这种分类过于泛化，并不是所有动作都表达意义。应该只局限于表达意义的，具有传播主体主观意图的动作。(3) 客体语言 (Object Language)。包括各种有意和无意设置的物件，如工具、机器、艺术品、建筑结构和人体服饰等。客体语言的界定也比较宽泛，一些没有表达意义功能的客体环境符号研究意义不大。未将有意发出的符号与无意发出的符号进行区分，未涉及副语言等有声非言语符号，不够系统和完整。

美国社会心理学家克特·巴克将非言语交际分成三类：动态无声的、静态无声的和有声的。其中，动态无声的非言语符号包括点头、姿势、面部表情、手势以及拍打、拥抱、眼神等；静态无声的非言语符号包括静止无声的姿势，交流双方的身体空间距离，以及服饰语言等；有声的非言语符号主要是指沉默和类语言等①。同样是三分法，两者分类标准有些差异，其类型特征略有不同。

三 非言语符号的四分法

印度坦蒂亚大学 (Tantia University) 的迪皮卡·帕度柯妮 (Deepika Phutela) 讨论副语言 (paralanguage)、身体运动 (body movement)、面部表情 (facial expression)、眼部信息 (eye message)、吸引力 (attractiveness)、衣着 (clothing/body adornment)、空间 (space) 和距离 (distance)、触觉 (touch)、时间 (time)、气味 (smell) 以及行为举止 (manners) 等非言语符号，并将其分为四类：(1) 审美符号 (Aesthetic)。包括音乐、舞蹈、戏剧、手工制作、艺术、绘画、雕塑等艺术形式。芭蕾舞就只有舞蹈和音乐，却没有言语和歌词。甚至歌剧之类的有歌词，但是也有面部表情、化妆、造型、手势等；(2) 身体符号 (physical)。包括微笑、皱眉、眨眼、触碰、嗅觉、姿势、敬礼及其他身体动作；(3) 信号 (sign)。包括信号旗帜或信号灯、礼炮、飞机队列、号角及汽笛等；(4) 象征符号 (symbols)。用以塑造自我形象。包括珠宝、汽车、衣着，及其他传递社会地位、经济状况、社会影响及

---

① [美] 克特·W. 巴克：《社会心理学》，南开大学社会学系译，南开大学出版社1984年版，第317页。

宗教信仰等的符号①。

詹森（Jensen）也将非言语符号分为四类：身体动作和姿势（body motion and gestures）、对时间的态度（attitudes toward time）、对空间的态度（attitudes toward space）和一般交际习惯（general habits in communication）②。

四 非言语符号的七分法

纳普（M. Knapp）将非言语符号分为七类：身势动作和体态行为（body motion and kinesic behavior）、身体特征（physical characteristics）、体触行为（touching behavior）、副语言（paralanguage）、近体距离（proxemmics）、化妆用品（artifacts）和环境因素（environmental factors）③。这样的分法有些笼统，不同类型之间的区别也存在一定的模糊性。

五 非言语符号的多分法

康登（John Condon）将跨文化传播中涉及的非言语符号分为24种：手势、面部表情、姿势、服装和发式、行走姿势、体距、体触、目光交流、建筑及室内设计、装饰用品（如胸针、手杖、珠宝首饰）、标示图、艺术和修饰形式（包括婚礼舞会和政治游行）、体型、气味、副语言、颜色象征、言语与动作的配合、口味嗜好、气温适应、化妆用品（如香粉、口红、文身）、各种信号（如鼓声、烟雾、工厂汽笛、警用警报器）、时间观念、语言行为中的时间调节与停顿和沉默。④ 这种分法过于庞杂，很多类型可以合并，一定意义上是前面类型划分的进一步细化。还有许多类型的非言语交流：副语言、身体运动、面部表情、眼睛信息、吸引力、服装、身体装饰、空间和距离、触摸、时间、气味和举止⑤。

---

① Deepika Phutela, "The Importence of Non-Verbal Communication", *The IUP Journal of Soft Skills*, Vol. 9, No. 4, 2015.

② 毕继万：《跨文化非语言交际》，外语教学与研究出版社1999年版，第6页。

③ M. L. Knapp, J. A. Hall, *Nonverbal Communication in Human Interaction* (8 Edition), Wadsworth Publishing, 2013.

④ Condon. Join, *An Introduction to Intercultural Communication*, Bobbs-Merrill, 1975, pp. 123-125.

⑤ Deepika Phutela, "The Importence of Non-Verbal Communication", *The IUP Journal of Soft Skills*, Vol. 9, No. 4, 2015.

笔者认为，上述分类过于细碎和庞杂，缺少科学的分类标准，也不利于相关研究的分类讨论，不利于非言语传播研究的有效开展。

第三节 非言语符号的再分类

由于非言语符号分类标准不同，带来类型划分的庞杂。不同的分类都有一定的合理性，也存在各自的局限性。两分法过于笼统，多分法过于琐碎，适当细分则比较可行。本书结合不同分类方法的特点，用四分法涵盖所有非言语符号，且不存在交叉。其中体态语是身体本身动作发出的符号，副语言是与语言伴随而生的传播符号，客体语是人体延伸部分发出的符号，而环境语则是与人体分离，却又包围人体的时空符号。

一 身体发出的体态语

身体符号（Physical Communication）是最常用的非言语传播形式，大致包括如下类型：首先，站立的方式和你在一群人中的位置都可以传递信息。面对面站立可以显示合作，而面对面的姿势可以显示竞争。其次，站立的姿势可以传递信息。无论你是抱着胳膊、无精打采、交叉着双腿，还是站着或坐直的。最后，触碰都可以传达吸引力或亲密程度。如，握手、拍背、拥抱、推动或其他类型的触碰[1]。可见，体态语涵盖丰富的传播符号，且广泛应用于诸多场合。

体态语主要是身体发出的符号，传递信息，涉及的符号类型也比较多，还可以细分，包括"面部表情、手势和眼神交流。当某人在说话时，他们注意到面部表情的变化并做出相应的反应。包括扬眉、打哈欠、嘲笑、转动眼睛、张大嘴巴和点头。这些运动的含义在所有文化中几乎是一样的。然而，手势常常是个人交流的方式，因为大多数人在说话时都是用手势。目光接触在非言语传播形式中非常重要。你可以从他/她的眼睛里读出某人的情绪，而且很多时候，他们的言语与试图传

---

[1] Deepika Phutela, "The Importence of Non-Verbal Communication", *The IUP Journal of Soft Skills*, Vol. 9, No. 4, 2015

达的情绪并不相同"①。

总结学者们对体态语的分类方法后,体态语可以分为以下几个类别。

(1) 姿势语(posture)。姿势指的是身体呈现的样子,包括立、坐、卧、蹲、跪、跑、走等。受不同文化的影响,独特的姿势具有不同的传播意义。

(2) 头部语(Head language)。头部语一般都表示明确的意义,如头部上昂表示自信与兴奋,头部下垂表示抑郁苦恼与消极。头部有三种基本的姿势:抬头,低头与头部倾斜。当对谈话内容保持中立的态度时人们往往采用抬头的头部姿势,谈话期间通过点头摇头等动作表达自己的意见,当头部高昂,同时下巴向下突出时则表示为一种强势或傲慢的态度。如果一个人采用低头的头部姿势,那就表明对方的态度是否定或者具有攻击性的。

(3) 目光语(oculesics)。眼睛对于表达内在情感和精神世界有独特作用。根据戴尔·莱斯的研究,目光语至少承担六种传播功能:表明专注、感兴趣或兴奋的程度;影响态度的变化与说服;调节人与人之间的互动;传递感情;确定权利和身份关系;为"印象处置"确定一个核心角色②。目光语在日常交际中占有很大分量,目光语在不同的文化氛围中也存在较大差异。目光语言使用比较频繁,而且传播力很强大,"眼神交流在我们的文化中是如此强大,以至于人们可以用它来召唤一个女服务员,斥责一个下属或安静的嘈杂的房间。知道你的身体如何说话。仅仅听却未看到的信息只实现一半的传播效果"③。

(4) 手势语(Hand Gestures)。手势语是利用手和手指甚至手臂的动作和形态进行交流表达思想的交际手段。因为手部动作最多也最细腻生动,因此,它在人际交流中有着重要的作用,它在日常生活中的运用也不胜枚举。

(5) 体触语(Physical Communication)。体触语是利用身体接触传达或交流信息,是人类一种重要的非言语传播方式,也是人与人之间建立关

---

① Deepika Phutela, "The Importence of Non-Verbal Communication", *The IUP Journal of Soft Skills*, Vol. 9, No. 4, 2015.

② Dale Leathers, *Successful Nonverbal Communication*, New York: Macmillan, 1986, p. 42.

③ Booher, Dianna, "Body Talk: A Message Heard, Not Seen is Only Half Communicated", *Business Press*, Vol. 11, No. 25, October 1998, p. 15.

系的直接方式，包括拥抱、亲吻、握手、拍肩膀等。不同文化语境中体触频繁不同，西方学者据此将世界文化分为体触文化与非体触文化。

身体接触有时候会造成交流的误解，因此，研究建议慎重触碰（Touch with caution），研究认为："别人可能会因为被触碰而生气。工作场所每天都会发生拍打、挤压、刷子、抚摸和拥抱。有些时候成为性骚扰指控的对象；另一些则在朋友或同事去世时表达哀伤和安慰。触碰强调了我们想要传达的很多东西：友好、同情、安慰、兴奋、承诺、真诚、善意和敌意。但是，判断什么情况下需要身体接触却比较困难。"[1] 尤其是在跨文化传播过程中，应谨慎使用身体接触，避免因触碰别人而引发误解。

体触语的解读比较困难，却比较重要，"知道别人非言语暗示的人能更好地理解别人。甚至你站立的方式和你在一群人中的位置都可以传递信息。你和别人的距离也在传递信息，并且你所处的文化背景不同，所表达的意义也会不同。它既可以表示吸引力，也可以表示信号强度。面对面站立可以表示合作，而面对面的姿势可以传递竞争。你的姿势可以是非言语传播，无论你是抱着胳膊，无精打采，交叉着双腿，还是站着和坐直的。最后，任何实际的触摸都可以传达吸引力或亲密程度。例如，握手、拍背、拥抱、推动或其他类型的触摸"[2]。正是因为这些极重要，却又很难辨析的体触语，才引发非言语传播的研究者和实践者的关注，也引发不同研究方法的尝试，以探索其深层内涵。

（6）表情语（facial expression）。表情语是通过眼部肌肉、颜面肌肉和口部肌肉的变化来表现各种情绪状态的一种体态语。它是精神的直观表现，人类通过面部肌肉动作可直接表现出恐惧、微笑、伤心等诸多感情谱系。社会学家亚当·肯顿对此解释：表情能以极快的速度建立或确认共同的期望，研究认为："如果没有表情这样的手段，互动中的协调性远不会这么灵巧、快捷。假如没有表情，曲解他人行为的可能性就会大得多。"[3] 面部表情既有普适性，也存在独特性，正如博德惠斯特尔与拉马

---

[1] Booher, Dianna, "Body Talk: A Message Heard, Not Seen is Only Half Communicated", *Business Press*, Vol. 11, No. 25, October 1998, p. 15.

[2] Deepika Phutela, "The Importence of Non-Verbal Communication", *The IUP Journal of Soft Skills*, Vol. 9, No. 4, 2015.

[3] ［英］亚当·肯顿：《行为互动：小范围相遇中的行为模式》，张凯译，社会科学文献出版社2001年版，第160页。

雷的观点，面部表情是"受文化约束的"。

表情符号也是非常常用的表达形式，当某人在说话时，其面部表情会做出相应的反应，"包括扬眉、打哈欠、嘲笑、转动眼睛、张大嘴巴和点头。在所有文化中，这些符号的意义几乎是相同的……你可以从他/她的眼睛里解读其情绪，而且很多时候，这些情绪与他们的言语传播并不相同"①。当然，表情符号稍纵即逝，微妙变化都可能表达多种不同的意义，准确解读难度比较大。

（7）腿部动作（Leg movements）。腿部动作通常的目的是走向自己想要的东西或者远离自己讨厌的东西，所以，人们的双腿可以在一定程度上显示他们的内心动向。皮斯认为："不相互交叉或者叉开的双腿展现一种开放的姿态，或是处于一种支配的地位；而交叉的双腿则显示出一种保守的姿态，或是没有把握的态度。"② 立正是一个表现中立态度的腿部动作，不表示任何去与留的倾向。双腿叉开与稍息的姿势则是一种具有指示性的腿部动作，前者是一个传达支配意味的动作，是典型的男性语言，后者则是较为舒适的身体语言，伸出的脚尖指明了其内心向往的方向。交叉腿是一个信号，表明可能出现否定或者防御的态度。交叉腿有站式与坐式之分。女人常喜欢使用剪刀型站姿与单腿交叉站姿（一条腿直立，另一条弯曲与直立腿交叉），这两个站姿传递的信息是：她会继续待在原地，以及抱有拒绝的态度。

二 伴随言语的副语言

新不伦瑞克大学（University of New Brunswick）的费尔南多·波亚托斯（Fernando Poyatos）定义副语言（paralanguage）："在声门上腔（从嘴唇和鼻子到咽）、喉腔和声门下腔（肺和食管）覆盖的区域，直到腹部肌肉产生或调节的非言语语音特性、语音修饰语和独立符号，以及介入的瞬间沉默，有意识或无意识地通过运动、化学反应（chemical）、接触或非接触（dermal and thermal）的空间关系信息（proxemic messages），与言语

---

① Deepika Phutela, "The Importence of Non-Verbal Communication", *The IUP Journal of Soft Skills*, Vol. 9, No. 4, 2015.

② [澳] 亚伦·皮斯、芭芭拉·皮斯：《身体语言密码》，王甜甜、黄佼译，中国城市出版社2007年版，第181页。

符号同时或交替、互动或非互动等方式支持或反驳言语信息。"① 副就是"起辅助作用的",辅助言语符号实现更好的传播效果。

田华认为:"副语言是运用特殊的发音效果来表达交谈中的伴随意思。作为言语交际的重要补充形式。副语言交际能传递言语交际难以表达的事物、意念和情感。副语言交际系统是整个交际中不可缺少的重要组成部分。副语言主要指音强（intensity）、音速（velocity）、音高起伏（pitch fluctuation）的程度、持续时间（duration）、话语片段（duration of utterance segments）以及缄默（silence）的作用等方面。"②

副语言又称类语言或伴随语言,也可称为副语言特征或者伴随性语言特征。大多数学者把副语言只限制在无语义声音（包括沉默）范围之内,萨莫瓦认为,副语言是"伴随、打断或临时代替言语的有声行为。它通过音调、音速、语速、音质、清晰度与语调起到言语的伴随作用"③。副语言分为三类：沉默、话轮转接和各种非言语声音。

（1）谈话中的沉默。沉默是一种可传递多种信息的非言语符号。当一个人沉默不语时,表示的意义可能是：思考、反对、无动于衷、蔑视、赞成、原谅、沉着、悲伤或其他,沉默是一种依靠语境文化进行解读的非言语符号。直到20世纪80年代后期,西方传播学者开始对沉默进行实用性研究。陆续有研究指出,沉默是一种"混合的语言""话语没有停顿是不可理解的。沉默不是一种间隔……而是与声音联系的桥梁"④。哈维·萨克斯等在研究中还总结了谈话过程中沉默的三种样式：空白：当没有人继续谈话时,或是没有人愿意或能够阶梯谈话之时,此时出现的空白往往给人一种不舒服或者难堪的感觉；空档：一个讲话者结束了谈话,人们也知道下一个是谁,可这个人还没开始上场。这种沉默属于在传播中的停顿和间歇行为,如果持续时间较长,也会令人感到难受；停顿：主要发生在

---

① Fernando Poyatos, *Nonverbal Communication across Disciplines*: Volume Ⅱ: *Paralanguage, Kinesics, Silence, Personal and Environmental Interaction*, John Benjamins Publishing Company, 2001, p. 2.

② 田华：《副语言交际概述》,《东北师范大学学报》（哲学社会科学版）2007年第1期。

③ Samovar L. et al., *Understanding Intercultural Communication*, Wadsworth, 1981, pp. 177-178.

④ John Stewart, *Bridges Not Walls A Book about Interpersonal Communication*, New York: McGraw-Hill Education, 2011, p. 78.

一个人说话的过程中，属于比较自然的沉默范围，是谈话者停下来，用于思考或用于谈话内容的改变。一般来说，此类沉默可以避免语言表达的平铺直叙，反映了传播者的心理活动过程[1]。虽然沉默在各民族文化中的意义有所差异，但可以肯定的是，时至今日，越来越多人正在改变了对沉默的态度，沉默已经成为一种传播方式。

（2）避免沉默的话轮转接。英语国家的人在谈话时会尽量避免沉默，认为任何情况下都以有声反应为好，这有声的反应指的就是谈话中的话轮转接。邓肯（Duncan）将对话中的话轮转接分为三类：话轮放弃提示（turn-yielding）、话轮回归提示（back-channeling cues）和话轮维持提示（turn-maintaining cues）[2]。威曼和纳普又加上话轮请求提示（Turn-requesting cues）。话轮放弃提示的非言语传播特点包括语调变慢、拖腔、缓冲词、音量变小和采用询问语调等。听话人由此判断对方说话的意愿变弱，该轮到自己讲话了。话轮回归提示是听话者希望继续听下去的一种信号，常见的非言语传播技巧是点头、"嗯""啊"等，鼓励说话者继续说；话轮维持提示的非言语传播特征是通过提高音量、加快语速等方法去抑制听话者的发言需求；话轮请求提示最常见的技巧就是不等别人讲完就插话或者采用缓冲词与强调词，目光接触或加入手势等，示意自己有话说。伯德惠斯特尔认为："每一次陈述结束时，头部移动是提醒听者开始回答的信号。这是引导我们交流的一种方式。它保障传受角色的交换，而不需要说'你说完了吗？现在我开始说了哈'。"[3] 这就是话轮转换的典型做法。日常交流中，有些人会抢话，或者冷场。而有些人交流过程中比较默契，相互衔接通畅，其实就是准确解读彼此非言语符号交流，较好实现了话轮转换。交流双方通过非言语符号相互协调，保持交流双方有序交换传受角色。

（3）非言语声音。非言语声音是一种无固定语义却可以传递信息的声音，包括发音器官非语言声音和非发音器官非语言声音。发音器官非语言声音常伴言语出现但不构成言语的一部分，包括谈话的音量控制，无词

---

[1] John Stewart and Carole Logan, *Together: Communicating Interpersonally*, New York: McGraw-Hill, 1998, p. 89.

[2] Duncan, S., "Nonverbal Communication", *Psychological Bulletin*, No. 72, 1969, pp. 118-137.

[3] Julius Fast, *Body Language*, Pan Books Ltd., 1971, p. 122.

义音与半词义音和拟声音,体内发出的其他声音也可以归入其类。美国沟通训练专家布荷(Dianna Booher)认为身体会说话,"嗓音高的人给人的印象是紧张、不成熟或缺乏自信,而嗓音低的人听起来自信、有能力"①。同样,"缓慢的语音意味着精心挑选的词语,并强调信息的重要性。演讲速度较快会产生兴趣并引起人们的注意"②。可见,同样的言语符号,附带不同的声音符号却可以传递具有较大差异性的信息,非言语符号在潜移默化地影响言语符号的表意效果。

三 人体延伸的客体语

客体语指的是人工用品,包括服装、修饰物、衣饰、化妆品、家具及其他耐用与非耐用物品。这些东西在交际中有双重的功能:实用性与交际性。客体语是与我们生活息息相关的非言语符号,依据其重要性与文化的差异性,可以分为以下几类进行阐述。

(1)服饰。服饰包括服装、发型、头饰、胸饰、手饰、耳饰、化妆品、鞋帽与眼镜等。这些物品往往在细节方面体现各民族间的文化差异,在非言语传播中占有重要地位。符号创始人巴特就将"衣着系统"划分为符号学的五大情景之一。施拉姆也认为"服装会说话"。服饰在特定的时代,特定的群体中有着明显的文化特征。一方面,服饰反映了人类的审美观念与精神文化内容,反映了特定时代人们的社会习俗与道德风尚。另一方面,服饰也是一种区分社会等级与社会阶层的非言语符号,可以表明着装者的职业、社会等级、审美情趣、文化修养、民族风俗与生活习惯等。

(2)饰品与妆容。饰品本身是不存在意义的,但在交际中它却成了非言语传播的一个工具。如耳环,妇女佩戴耳环是一种交际习惯,有些男士也喜欢佩戴耳环,这种情况常出现在青年之中。

(3)个人物品。这里说的个人物品主要指的是西方交际中起作用的眼镜、香烟、手提包与烟斗等。此外,家具与汽车的选择也是展示一个人审美观念、地位、价值观、个性特征与文化差异的物品。

---

① Booher, Dianna, "Body Talk: A Message Heard, not Seen is only Half Communicated", *Business Press*, Vol. 11, No. 25, October 1998, p. 15.

② Booher, Dianna, "Body Talk: A Message Heard, not Seen is only Half Communicated", *Business Press*, Vol. 11, No. 25, October 1998, p. 15.

（4）气味。气味是通过嗅觉获得信息的一种非言语符号，人们通过掩饰或者释放自身的气味在交际中传递信息。嗅觉的交际作用体现在它可以传播有关种族、文化和家庭的习惯特征的信息。

（5）体毛。体毛是人体的一部分，体毛的清除与修饰是人工的产物，因此将体毛作为客体语的一部分。体毛一般包括头发、胡子、汗毛等。指甲不属于体毛的一部分，而是与体毛同为身体的一部分，指甲的修饰也可作为客体语的一部分。长指甲被认为是生活悠闲的标志。

（6）皮肤颜色。自身的肤色是可以利用一定的手段进行改变。日光浴是英语国家的人改变自身肤色的一种方法。在英语国家人看来，白皮肤并不是美丽的象征，把皮肤晒得黝黑才是健康美丽的标志。而中国人更偏好追求美白，两种审美观念形成鲜明的对比。

四　环绕人体的环境语

交流的环境可以影响交流效果，环境语也是非言语传播的重要形式之一。环境语也比较丰富，范围界定有一定难度。一般而言，环境语包括时间、空间、颜色、声音、信号和建筑等。

（一）时间符号（chronemics）

人类的交际活动喜欢选在特定的时间里，时间影响着人们对外界的感知，是影响人们交际活动的因素之一。爱德华·霍尔认为："时间会说话。它比有声语言坦率，它传达的信息响亮而清晰。因为它既不如有声声音那样被意识所控制，也不那样容易误解。它往往能拆穿语词所表达的谎言。"[①] 各地方的文化对于时间的期求和处理规则不同。根据霍尔理论，可将文化时间分为三类：技术时间、正式时间与非正式时间。

技术时间是指用科学方法准确测量出时、分、秒等，技术时间是靠物理手段界定的，是"无感情"和"遵守逻辑"的，因此与跨文化交际无太大关系。

正式时间则是由历史沉淀而来，直接影响着人们在跨文化传播中的感知能力。正式时间，简单来说，是某一文化的人看待时间的习惯，在一定程度上展现不同文化对于时间观念的差异性，也反映人们在宗教上与哲学上的观念差异。比如，人们把时间分为世纪、年代、年、季、月、周、

---

① ［美］爱德华·霍尔：《无声的语言》，刘建荣译，上海人民出版社1991年版，第1页。

日、时、分与秒。但是，有的文化却将时间与月亮圆缺和庄稼生长联系等自然事件联系起来。

非正式时间是最为复杂的。霍尔认为，非正式时间的基本词汇是简单的，美国人只有8—9种细分类型：最短的时间被称为"即刻发生的事件"，最长的事件为"永远"，在两者之间还插入下述区别："极短的延伸""短的延伸""中等的延伸""长的时延伸""非常长的延伸""长得不可思议的延伸"①。但是非正式时间极其模糊，因为它的特征是因文化而异。比如美国人认为"长期"可以指任何时间，可以是几天，也可以是十几二十年；在南亚人看来，把"长期"理解为几千年甚至无止境的时期也是现实的。根据时间文化的观念差异，霍尔将非正式时间划分为两种文化模式："时间的单一性"和"时间的多样性"。单一性时间文化要求做任何事都要严格按照日常安排进行，时间到了，无论在做什么都要立即停止去进行下一件事。多样性时间文化观念则有随机性与随意性，没有具体的日程安排。霍尔认为单一性时间文化普遍存在于西方国家，多样性时间文化观念多在亚非拉地区国家。

（二）空间符号（proxemics）

霍尔认为："空间的变化赋予交流一种语调，加重它的语气，有时甚至会超过口头词语所表达的意思。"②"空间语言"成为学术术语并作为一门研究学科。霍尔研究的空间非言语符号主要指的是"领土性"，即要求捍卫和获得领土的行为。人的空间观念是后天习得的，因此人们对于领地要求和与空间的交际规会因文化的不同而存在明显的差异。在跨文化交际中，人们对于空间关系的处理规则不同会大大增加交际活动的矛盾。

霍尔在专著《隐藏的维度》（*The Hidden Dimension*）中将空间范围分为三类：固定空间（Fixed‑Feature Space）、半固定空间（Semifixed‑Feature Space）与非正式空间（Informal Space）。固定空间指的是由固定的墙栏与物体构成的空间；半固定空间指的是桌椅板凳之类较大物件构成的空间；非正式空间指的是人们在交往过程中随自身移动的个人领地，又

---

① [美]爱德华·霍尔：《无声的语言》，刘建荣译，上海人民出版社1991年版，第161页。

② [美]爱德华·霍尔：《无声的语言》，刘建荣译，上海人民出版社1991年版，第180页。

可称为人际空间。固定与半固定空间在一定程度上反映了不同文化的价值观，生活习惯与交往方式等，但是在实际空间语言的使用中，使用频率最高的是非正式空间。非正式空间分为近体距离、领地性、拥挤、座位安排及空间取向等①。其中，近体距离是指在交际过程中与他人保持的距离，这与文化差异以及双方关系有关；领地性是人或动物都具有的领地意识；对拥挤的态度是人们觉得空间受到限制时产生的一种心理感受，拥挤感源于个人空间受到他人的侵犯，个人行动自由受到了妨碍②。不同文化里，人们对拥挤的感受不同，处理拥挤的态度也存在差异；座位的选择在很多场合能够显示一个人的地位与人际关系。在跨文化交际中，会出现因为座位安排的意见分歧导致的谈判障碍。

奥尔特曼（Altman）将领地分为三类：（1）主要领地。这是明确的个人领地和日常活动的中心，比如自己的卧室。人们对其非常重视，严加防范未允许的人侵犯，也包括个人的衣物；（2）次要领地。人们对于这类领地比主要领地的警惕意识要低，一般指的是临时享有的杂志、电视机、餐具等，这一类物品的公私界限不分明，所以常是矛盾的高发地；（3）公共领地。指所有人都能享有的临时领地，比如公园，公交车等一些公共场合。不同的文化环境下，人们对于领地被侵犯的反应不同③。

(三) 色彩符号（colour symbol）

颜色是一种带联想意义的非言语符号，是人们对于客观世界的感官描述。经过研究与生活的实践，人们发现颜色可以影响情绪。比如，红色能激发人们的情绪，蓝色则给人一种安静的感觉。不同作用的颜色不断地被运用到我们的生活中。小学校的教室喜欢用热烈的红色，大中学校则是喜欢用沉静的蓝色。红色的食物比其他颜色的食物更容易引起食欲，用绿色更有利于蔬菜的销售。受到文化背景的影响，颜色被赋予了不同的象征意义与联想空间。在古希腊，人们喜爱蓝色与紫色，古希腊人民认为这两种颜色是最高贵的颜色，是神的专享颜色。而古代中国则认为黄色是最为高贵的颜色。在中国，红色往往象征着热情、成功、喜庆与吉利，是重大节日的常用色彩；而在许多英语国家，红色代表的是愤怒与血腥，在古希

---

① Edward T. Hall, *The Hidden Dimension*, Anchor, 1988, pp. 101-111.
② 毕继万：《跨文化非言语交际》，外语教学与研究出版社1999年版，第74页。
③ 胡文仲主编：《英美文化辞典》，外语教学与研究出版社1995年版，第306页。

腊、埃及与古印度，红色甚至是死亡之色。可见，色彩符号具有文化差异性。

非言语符号影响受众的心理体验，是因为不同非言语符号可能引起受众的相关联想，从而影响受众的情感体验。如色彩的冷暖，实际上不同色彩本身并不具有温度特征，只是引起受众的心理感受的变化，而心理感受的变化是由于不同色彩使人联想到不同的物体，这些物体曾经给人某种温度的感觉，即色彩的冷暖是受众联想带来的一种情感体验。各种色彩给人的轻重感迥然有异，也是这个道理，如"浅色的西服给人明朗、轻快的感觉；深色西服则给人沉着、稳重的感觉"①。其他一些颜色也分别具有不同的象征意义。具体如表 2-1 所示：

表 2-1　　　　　　　　　不同色彩的象征意义

色调	象征含义
白色	欢喜、明快、洁白、纯真、神圣、素朴、清楚、纯洁、清净、信仰
黑色	寂静、悲哀、绝望、沉默、罪恶、坚实、不正、严肃、沉默、黑暗
红色	喜悦、热情、爱情、革命、热心、活泼、诚心、幼稚、野蛮、卑俗
橙色	快活、华贵、积极、跃动、喜悦、温情、任性、精力旺盛
黄色	希望、快活、愉快、发展、光明、欢喜、明快、和平、轻薄、冷淡
绿色	安息、安慰、平静、智慧、亲爱、稳健、公平、理想、纯情、柔和
蓝色	沉静、沉着、深远、消极、悠久、冥想、真实、冷静、冷冷清清
紫色	优美、神秘、不安、永远、高贵、温厚、温柔、优雅、轻率

资料来源：[日] 滝本孝雄、藤沢英昭：《色彩心理学》，成同社译，科学技术文献出版社1989 年版，第 44 页。

---

① [日] 滝本孝雄、藤沢英昭：《色彩心理学》，成同社译，科学技术文献出版社1989 年版，第 39 页。

第三章

提炼：非言语传播的表意与解读

单凭口语无法表达完整意思。同样，单凭体态语也无法表达完整意思。

——伯德·惠斯特尔

第一节 非言语传播的表意机制研究

非言语符号如何表达意义一直是学界和业界关注的焦点，找出其表意机制才是有效使用非言语符号的关键点。相关探索的观点却并不一致，如跨文化研究学者萨姆瓦等认为，"非言语行为是言语行为的替代物"[1]，强调用非言语行为加强言语行为，并赋予情感意义，补充言语表达之不足。[2] 说明非言语符号具有较好的情感表达功能。这样的表述将言语符号与非言语符号进行比较，强调两者表意的差异性特征。当然，有研究者试图探索言语符号与非言语符号之间的关联性，认为非言语符号是一种多维活动（multidimensional activity）。非言语符号很少单独表意，而是与言语符号协同表意[3]。研究强调："非言语行为和言语行为是可区分的，但却不可分割。"[4] 强调言语传播符号与非言语符号之间的有机结合，形成系

---

[1] Samovar, L. A., et al., *Communication between Cultures*, 7rd Edition, Cengage Learning, 2009, p. 244.

[2] Samovar, L. A., et al., *Communication between Cultures*, 7rd Edition, Cengage Learning, 2009, p. 244.

[3] Samovar, L. A., et al., *Communication between Cultures*, 7rd Edition, Cengage Learning, 2009, p. 246.

[4] Ronald E. Riggio, Robert S. Feldman, *Applications of Nonverbal Communication*, Lawrence Erlbaum Associates, Mahwah, New Jersey London, 2005, p. 99.

统的表意机制。鉴于上述两种研究取向，探索出非言语符号的两种主要表意机制：非言语符号的独立表意，以及非言语符号与言语符号的协同表意。同时，不同非言语符号之间也存在协同表意现象。

一 非言语符号替代言语符号独立表意

虽然艾克曼等学者认为，面部表情等非言语符号是情感表达的主要方式，但是，非言语符号的独立表意依然存在一定的争议性。我们强调非言语符号的传播功能。但是，不一定就能够实现独立表意。研究认为，非言语行为的优势在于"情感和人际关系的交流"[1]。还有另一种观点："鉴于非言语符号与言语符号密切联系，它们的分离看起来是高度人为的；尤其是手和面部姿势可以被看作有意义的有形行为，并且有争议地应该被当作自然语言的一部分。"[2]

（一）非言语符号的独立表意

布荷（Booher）咨询公司是一家总部设在科利维尔的沟通咨询公司，该公司提供有效写作、口头陈述、人际交往技巧和客户服务沟通等培训。其首席执行官布荷出版包括《充满自信的交流》（*Communicate with Confidence*）等 35 本书。布荷在《身体谈话：只听不看，信息传递只有一半》（*Body Talk：A Message Heard, Not Seen is Only Half Communicated*）中强调，"你接听一个电话，尽管她可能正在促进一个示范性的事业，但她的语气或语速使你谨慎地犹豫；你听到一个有组织的推销介绍，但因缺乏个性而阻碍你做决定。你的老板对你的新项目表示'恭喜'，但你却看到了他在皱眉"[3]。这里虽然强调非言语符号的表意功能，却也是与言语符号协同表意的结果[4]。

---

[1] P. Bull, "State of the Art: Nonverbal Communication", *Psychologist*, Vol. 14, No. 12, 2001, pp. 937-949.

[2] P. Bull, "State of the Art: Nonverbal Communication", *Psychologist*, Vol. 14, No. 12, 2001, pp. 937-949.

[3] Booher, Dianna, "Body Talk: A Message Heard, not Seen is only Half Communicated", *Business Press*, Vol. 11, Issue 25, October 1998, p. 15.

[4] Booher, Dianna, "Body Talk: A Message Heard, not Seen is only Half Communicated", Business Press, Vol. 11 Issue 25, October 1998, p. 15.

表 3-1　　　　　　　　　　非言语符号的解读技巧①

目光接触 (Eye Contact)	有目光接触吗？如果是，是过于紧张还是恰到好处？
面部表情 (Facial Expression)	他们脸上有什么表情？是面具般的，没有表现力的，还是情绪化的，充满兴趣的？
语调（Tone of Voice）	他们的嗓音是表达温暖、自信和兴趣，还是紧张和阻塞？
姿势（Posture and Gesture）	他们的身体是放松的还是僵硬的？肩膀是绷紧和抬起的，还是稍微倾斜的？
身体接触（Touch）	有身体接触吗？这种情况合适吗？这会让你感到不舒服吗？
紧张（Intensity）	他们看起来平淡、冷静、无私，还是过于夸饰和夸张？
时间和节奏 (Timing and Pace)	是否存在来回的简单信息流？非语言反应来得太快还是太慢？
音响（Sounds）	你听到表示关心或关切的语气了吗？

(二) 不同非言语符号之间的协同表意

我们都听过各种姿势的典型解释：双臂交叉在胸前表示保守的姿态，向前倾表示兴趣，耸肩表示冷漠，眯起眼睛或下巴下垂表示蔑视，微笑和点头表示同意②。但很少有手势单独表意的现象，而是与其他非言语符号一起进行解读。真正的意义只有在语境和特定个体所表现出来的时候才会出现。在你决定冒险去解读对方的肢体语言之前，需要先熟悉其常态环境下的非言语传播状况。在你试图解释他们对有争议事物的反应之前，先和他们聊聊中性话题，了解一下他们的正常举止。不仅凭借其一时的非言语行为就能够判断其表意功能，还应结合其与正常非言语行为的变化，从变化中解读其表达的意义。也不能凭借单一的非言语行为判断其表意特征，还应该与其他非言语符号异同进行意义解读。

二　非言语符号与言语符号的协同表意

研究认为："不管你说什么，非言语传播（尤其是肢体语言）都能发出强烈的信息。甚至你声音的语气、音调、音量、音质和语速都会影响言

---

① Deepika Phutela, "The Importance of Non-Verbal Communication", *The IUP Journal of Soft Skills*, Vol. IX, No. 4, 2015.

② Booher, Dianna, *Body Talk: A Message Heard, not Seen is only Half Communicated*, Business Press, Vol. 11, Issue 25, October 1998, p. 15.

语传播效果。"① 可见，传播效果不仅受传播内容的影响，还受到诸多非言语符号的影响。传播效果是言语符号与非言语符号协同表意的结果。另有研究者强调体态语具有重复言语传播内容、否定言语传播内容、代替言语传播内容、补充言语传播内容的功能②。言语符号与非言语符号之间的协同表意特征比较明显。

印度坦蒂亚大学（Tantia University）的迪皮卡（Deepika Phutela）认为，交流是人们通过言语或非言语交流信息和思想的过程。非言语交际最好被定义为与某人或当事人进行无声的交流，而不使用任何形式的言语来吸引听众的注意力或利用信息。非言语交际对我们的社会环境和整个交际过程有很大的影响，可以补充、调节、替代或强调言语传播功能。这样的概括比较清晰，凸显言语符号与非言语符号的协同表意特征。当然，非言语符号的功能还可以拓展，具体功能如下。

（1）重复（Repeating）。非言语传播经常重复言语符号信息。比如演讲时，表达高兴时眉开眼笑，表达愤怒时则振臂高呼，表达生气时则捶头顿足，这些非言语符号都在重复言语符号的信息。

（2）补充（Complementing）。非言语传播也可能是用来匹配一般的语气或态度传达言语信息。例如，讲述一个幽默故事时微笑，或皱眉或摇头。这些线索补充言语信息，并提高其影响力。

（3）强调（Accentuating）。有时候，非言语符号不仅是重复或补充言语消息，而是强调言语信息。例如，拳头捶在桌子上表达强调。

（4）否定（Contradicting）。虽然非言语符号经常重复和补充言语消息，也可能与言语符号抵触。有人可能会说"我很高兴"，但却无动于衷的语音语调。同样，嘴巴说"高兴见到你"，却没有眼神接触。有时是故意的矛盾。例如，使了个眼色，虽这么说，是骗人的。

（5）代替（Substituting）。非言语沟通也可以不使用言语符号。例如，点头来表示"是"，或摇头表示"不"，或盘旋食指和拇指传达"好"。

（6）调节（Regulating）。非言语线索往往是用来控制，塑造和改变口头流消息。例如，我们可能表明谁是下一个发言，通过简单地转身朝向

---

① Deepika Phutela, "The Importance of Non-Verbal Communication", *The IUP Journal of Soft Skills*, Vol. IX, No. 4, 2015.

② Deepika Phutela, "The Importance of Non-Verbal Communication", *The IUP Journal of Soft Skills*, Vol. IX, No. 4, 2015.

发言者。点头鼓励别人继续。一个简单的手势可能会停止或防止做某些事情。

伯德·惠斯特尔博士强调，体态语与口语相互依靠，"单凭口语无法表达完整意思。同样，单凭体态语也无法表达完整意思"①。言语符号与非言语符号之间的协同表意机制得到多位非言语传播学者的认可。

第二节　非言语传播的特征研究

非言语传播甚至比言语传播更久远，但是，对于非言语传播研究的历史却较短。非言语传播的功能与特征研究的成果值得借鉴思考。很多学者都归纳过非言语传播的特点，但是，各有千秋。如朱迪·伯古恩（Judee Burgoon）归纳非言语符号的特点：（1）非言语符号具有模糊性，而非数字化；（2）一部分非言语符号具有图像的特征，或者说形似性；（3）某些非言语符号具有普遍意义；（4）非言语符号使多个不同信息的同时传播成为可能；（5）非言语符号可以引发不受思维控制的无意识反应。（6）非言语符号具有自发性②。其中，后两点比较相似，非言语传播有时候是不受思维控制的，也就具有自发性特征。

本书拟结合相关学者的概括进行整理，力求较为全面地呈现非言语传播的特点。

一　非言语传播具有共同性

研究者提出神经文化模型（neurocultural model），"也得到了广泛的跨文化证据的支持，这些证据基于一些实验，要求观察者从拍摄的面部表情中识别出情绪类别。至少有六种情绪（幸福、悲伤、愤怒、恐惧、厌恶、惊讶）被识字和不识字的成员以同样的方式解读"③。也可能有第七

---

① Julius Fast, *Body Language*, Pan Books Ltd., 1971, p.117.

② 参见［美］斯蒂芬·李特约翰《人类传播理论》（第七版），史安斌译，清华大学出版社2004年版，第80页。

③ Ekman, P. (1972), "Universal and Cultural Differences in Facial Expressions of Emotion", In J. R. Cole (Ed.), *Nebraska Symposium on Motivation*, Lincoln, NE: University of Nebraska Press, 1971, pp.207-283.

种普遍的情绪,那就是轻蔑①。

萨姆瓦等研究认为,"许多非言语行为是由生物性的需要所制约着的"②,"非言语传播能够作为国际的、文化间的和种族间的语言"③。跨文化传播学者认为非言语传播"是后天学得的,是代代相传的,并且包含着共同的理解"④。也就是非言语符号具有人类的共同性。正是这种共同性特征,才使得非言语符号作为跨文化传播以及国际传播等场合的常用传播手段。

这里的观点是强调不同文化、不同民族之间在非言语传播方面具有共同性特征,当然,还应注意跨文化传播的差异性特征。同时,还可以理解其共同性特征,就是非言语符号与言语符号之间具有共同性特征。如萨姆瓦认为:"言语传通与非言语传通之间最明显的类似点,是这两种传通都使用一种符号标记系统。"⑤ 与此相似,它们都是个人的产物。研究认为,"不论是讲话、用手指点,触摸还是移动,我们都在发出其他人可作为信息接受的行为"⑥。其实是强调非言语符号与言语符号的共同性特征,即都隶属于传播符号的大范畴,都具有表意功能。

二 非言语传播具有自发性

布尔(P. Bull)认为:"传播也可以在没有意识的情况下进行,也就是说,无论编码者还是解码者都不能指定通过哪些非言语线索来传播消息。人们可能会感到某人心烦意乱或生气,而不能准确判断是什么线索导

---

① Ekman, P. & Friesen, W. V, "A New Pan‐cultural Facial Expression of Emotion", *Motivation and Emotion*, No. 10, 1986, pp. 159‐168.
② [美] 拉里·A. 萨姆瓦、理查德·E. 波特、雷米·C. 简恩:《跨文化传通》,陈南、龚光明译,生活·读书·新知三联书店1988年版,第209页。
③ [美] 拉里·A. 萨姆瓦、理查德·E. 波特、雷米·C. 简恩:《跨文化传通》,陈南、龚光明译,生活·读书·新知三联书店1988年版,第209页。
④ [美] 拉里·A. 萨姆瓦、理查德·E. 波特、雷米·C. 简恩:《跨文化传通》,陈南、龚光明译,生活·读书·新知三联书店1988年版,第211页。
⑤ [美] 拉里·A. 萨姆瓦、理查德·E. 波特、雷米·C. 简恩:《跨文化传通》,陈南、龚光明译,生活·读书·新知三联书店1988年版,第208页。
⑥ [美] 拉里·A. 萨姆瓦、理查德·E. 波特、雷米·C. 简恩:《跨文化传通》,陈南、龚光明译,生活·读书·新知三联书店1988年版,第208页。

致了这种印象。"① 这种没有意识的情况下产生的非言语行为具有自发性，也更具有可信度。朱迪·伯古恩（Judee Burgoon）归纳非言语符号引发不受思维控制的无意识反应。②

研究认为："许多非言语行为很难有意识地加以控制。你可以因为偶尔说出你感到很内疚的话而很快道歉，用恰当的语言表达你的歉意。然而，非言语行为中，你很难控制你的感情。尴尬时，你难免要脸红；生气时，你会咬牙切齿；紧张时，你会口吃，语不成句。这些行为很难控制，它们和其他行为一样，通常都是自发的，潜意识的。"③ 也正是因为其具有自发的、不受控制的特征才更具有可信度。

另有研究认为："非言语传播的无声信号往往揭示了潜在的动机和情感——恐惧、诚实、快乐、优柔寡断、挫折等。"④ 这种内在的动机和情感很多时候是无法掩盖的，总是透过各种非言语符号暴露出来，而你可能还没有意识到，"比如你的同事站立或进入房间的方式等最细微的姿势，常常能充分地说明他们的自信、自我价值感和信誉。你坐着、站着，或看别人的方式揭示了你更多真实的意图"⑤。也正是因为非言语符号的无意识性，才将其作为测谎的一个重要因素，才使得读懂他人的非言语符号具有重要的社会意义。当然，解读非言语传播有难度，很多时候无法准确判断非言语符号发出者的主观意图。

三　非言语传播具有模糊性

非言语传播解读的难度源自其模糊性，伍德（J. T. Wood）强调："我们永远也无法确保他人能够理解我们用非言语行为所表达

---

① P. Bull, "State of the Art：Nonverbal Communication", *Psychologist*, Vol. 14, No. 12, 2001, pp. 937-949.

② 参见［美］斯蒂芬·李特约翰《人类传播理论》（第七版），史安斌译，清华大学出版社 2004 年版，第 80 页。

③ ［美］拉里·A. 萨默瓦、理查德·E. 波特：《跨文化传播》（第四版），闵惠泉、王纬、徐培喜等译，中国人民大学出版社 2010 年版，第 146 页。

④ Carol Kinsey Goman, *The Nonverbal Advantage Secrets and Science of Body Language at Work*, Wiley-Blackwell, 2010, p. 2.

⑤ Carol Kinsey Goman, *The Nonverbal Advantage Secrets and Science of Body Language at Work*, Wiley-Blackwell, 2010, p. 2.

的意思。"① 奥斯本和莫特利认为，"非言语行为的含义和诠释总是摇摆不定"②。朱迪·伯古恩归纳非言语符号具有模糊性③。这些都是在强调非言语传播具有模糊性和不确定性特征，很多时候是"只可意会不可言传"，而且是不同非言语符号之间的协同表意，甚至是非言语符号与言语符号之间的协同表意。这样，单一的非言语符号的表意就具有捉摸不定的特点。

研究认为，非言语传播是一个相对不可靠的系统。没有一本字典能清楚而明确地定义一个特定非言语行为的准确含义④。当然，这种模糊性也不完全是缺点，马努索夫（Manusov）指出："非言语传播中最有趣的方面之一就是它能够以多种方式被解释。"⑤ 正是这种微妙的传播特征才赋予人际交往过程中的诸多变数和想象空间，也增加了人际交往的艺术性。借助非言语符号婉拒别人而不伤害和气，含蓄指出别人之不足而不伤害对方尊严等，就是一种交往的艺术。

四　非言语传播具有整体性

非言语传播可以传递关系信息。"关系信息往往涉及多个而不是孤立的线索。由于这个原因，任何给定的线索都需要在可能存在的其他非言语线索的背景下理解。"⑥ 解读非言语符号需要与其他非言语符号，以及言语符号一起进行，以准确解读信息的真实意义。有研究者提出五种交际模态：视觉模态（visual modality）、听觉模态（auditive modality）、触觉模

---

① J. T. Wood, *Communication Mosaics: A New Introduction to the Field of Communication*, Belmont, CA: Wadsworth, 1998, p. 105.

② S. Osborn & M. T. Motley, *Improving Communication*, Boston, MA: Houghton Mifflin, 1999, p. 50.

③ 参见［美］斯蒂芬·李特约翰《人类传播理论》（第七版），史安斌译，清华大学出版社 2004 年版，第 80 页。

④ Patricia Noller, Judith A. Feeney, Nigel Roberts Andrew Christensen, "Nonverbal Behavior in Couple Relationships", In Ronald E. Riggio, Robert S. Feldman, *Applications of Nonverbal Communication*, Lawrence Erlbaum Associates, Mahwah, New Jersey London, 2005, p. 196.

⑤ Manusov, V., "Thought and Action, Connecting Attributions to Behaviors in Married Couples' Interactions", In E Noller & J. A. Feeney (Eds.), *Understanding Marriage: Developments in the Study of Couple Interaction*, New York: Cambridge University Press, 2002, p. 15.

⑥ Burgoon, J. K., Dillman, L., "Gender, Immediacy and Nonverbal Communication", In P J. Kalbfleisch & M. J. Cody (Eds.), *Gender, Power and Communication in Human Relationships*, Hillsdale, NJ: Lawrence Erlbaum Associates, 1995, pp. 63-81.

态（tactile modality）、嗅觉模态（olfacotry modality）和味觉模态（gustatory modality）①。以这种交际方式产生的话语就是多模态话语，包括视觉、听觉、触觉、嗅觉和味觉等多种非言语符号同时进行，也体现出非言语传播的整体性特征，是由多种符号协同表意。

同时，言语传播与非言语传播之间也应该建立整体传播模式，实现两者协同表意的效果。如艾吕尔看来："视觉和'现实'相关，也就是和直接的视觉和情感语境相联系。然而，语词和'真实'相关，是达到真正理解的抽象和逻辑的必要条件。"② 艾吕尔笔下的"现实"可以理解为现象真实，"真实"则主要还是本质真实。其传播思想强调言语传播与非言语传播各有优势，各具特色。而实际传播过程既需要现象真实的生动呈现，也需要本质真实的概括总结。言语传播与非言语传播的整体性不言而喻。尼尔·波斯曼也强调，媒介环境构成成分是"语言、数字、形象、全息图，还包括一切符号、技术和机器"③。这些符号作为媒介环境的构成要素，相互协调，形成整体表意机制，塑造媒介环境。

五 非言语传播具有习得性

研究表明，准确解读面部表情的能力是一种获得性技能，发展到青春期才基本掌握。此外，这项技能是儿童以及成人必备社会技能之一④。萨姆瓦等研究认为，非言语传播在人的生命初期就开始学习，文化与非言语传播都是后天学得的，并且包含着共同的理解⑤。这些都说明非言语传播可以通过学习掌握。非言语传播的编码与解码能力是从婴儿初期直至青年时期才逐渐习得，需要一段漫长的过程。这也凸显非言语传播的复杂性和不确定性特征。而如果掌握这一项技能的状况也将影响其精神状态和社会交往效果，比如，无法准确解读交流对方的非言语信息，则可能制约

---

① 朱永生：《多模态话语分析的理论基础与研究方法》，《外语学刊》2007年第5期。
② ［美］林文刚编：《媒介环境学：思想沿革与多维视野》，何道宽译，北京大学出版社2007年版，第78页。
③ ［美］林文刚编：《媒介环境学：思想沿革与多维视野》，何道宽译，北京大学出版社2007年版，第44页。
④ Ronald E. Riggio, Robert S. Feldman, *Applications of Nonverbal Communication*, Lawrence Erlbaum Associates, Mahwah, New Jersey London, 2005, pp.17-18.
⑤ ［美］拉里·A.萨姆瓦、理查德·E.波特、雷米·C.简恩：《跨文化传通》，陈南、龚光明译，生活·读书·新知三联书店1988年版，第211页。

交流效果，导致自己的负面情绪，甚至是精神抑郁。

六 非言语传播具有隐蔽性

霍尔《隐藏的维度》（*The Hidden Dimension*）一书中很注重解释非言语传播的隐蔽性（invisible aspect），认为非言语传播常常捉摸不定，难以觉察。但是，非言语传播最能反映一个人的真实态度、心理活动和价值观念①。布荷认为："当你第一次和某人见面时，在很短的空间内收集众多信息，借此塑造形象或打破很好的印象。我们通常知道该说些什么，但怎么说又是另外一回事。非言语传播随处可见，即使一言不发（有时没有意识到这一点），你的身体语言可以揭示你的感受和思考。"② 鉴于此，非言语传播不是旗帜鲜明地表明观点或立场，而是含蓄地泄露内在的真实信息。隐蔽性不代表无法解读，但是却需要掌握非言语传播规律。比如，"当我们说直觉或本能告诉我们某人撒了谎，其实，我们的本意是说，对方的肢体语言和他的话自相矛盾"③。正是因为非言语传播具有隐蔽性，言语符号的谎言才会成功。而能够解读对方非言语传播的本意，则会测谎成功。

七 非言语传播具有直观性

霍尔强调："时间会说话。它比有声语言更坦率，它传达的信息响亮而清晰。因为它既不如有声语言那样被意识所控制，也不那样容易使人误解。它往往能揭穿词语所表达的谎言。"④ 其实也是强调非言语传播不受思维控制的特征，具有真实性特征。德国精神分析家西格蒙德·弗洛伊德："我们可能口出谎言，但我们身上的每一个毛孔都渗出背叛的信号。"⑤ 这些都在强调非言语传播的真实性特征。也正因如此，非言语传

---

① 毕继万：《跨文化非言语交际》，外语教学与研究出版社1999年版，第10页。

② Booher, Dianna, *Body Talk: A Message Heard, not Seen is only Half Communicated*, Business Press, Vol. 11, No. 25, p. 15.

③ [澳] 亚伦·皮斯、芭芭拉·皮斯：《身体语言密码》，王甜甜、黄佼译，中国城市出版社2007年版，第6页。

④ [美] 爱德华·霍尔：《无声的语言》，刘建荣译，上海人民出版社1991年版，第1页。

⑤ [美] 拉里·A. 萨默瓦、理查德·E. 波特：《跨文化传播》（第四版），闵惠泉、王纬、徐培喜等译，中国人民大学出版社2010年版，第148页。

播作为测谎的一种手段和依据。

当然，也有不同的观点，如艾吕尔认为："语词（语言）的力量和形象（包括图片、电影和图示）的力量根本不一样。……视觉倚重视觉图像，所以视觉是现实的王国，也就是环绕我们的直接经验；与此相反，耳闻（和阅读）是真实的王国。举个例子，一张图片可以传递情感的力量，可是只有解释图片的语词，才能够使它的力量有指向的目标。"[①] 可以理解为，非言语传播传递的现象真实，而言语传播传递的是本质真实。但是，言语符号更多主观概括，毋宁认为，非言语传播是客观呈现，而言语传播是主观概括。

总体而言，非言语传播具有客观呈现，而言语传播是主观概括。非言语传播有其可以控制的一面，又有其不可控制的一面。其不可控的传播特征赋予其更强的真实性和可信度。

八　非言语传播具有性别差异性

非言语传播还具有性别差异性特征。研究认为："女性在使用非言语传播时更具有表达能力，她们比男性更倾向于微笑，更倾向于用手势。男人不太可能像女人那样进行眼神交流。男人看起来更放松，而女人看起来更紧张。男性更喜欢接近女性，而女性更喜欢接近其他女性。在解读非言语符号方面，女性比男性强。"[②]

霍尔在《无声的语言》涉及非言语传播的性别差异性特征。他认为："伊朗的男人爱读诗歌，多愁善感，敏于直觉。他们常常显得不那么有逻辑头脑。男人们见面时热烈拥抱，热情握手。然而妇女却冷静面对实际。"[③] 这里不仅是性别差异，也存在不同人群之间的差异性。

研究表明："无论是在社交还是职场交往中，女性微笑的频率远高于男性，而这就在无形中使微笑的女性在面对不苟言笑的男性时居于弱势或下属地位。有人认为，正是因为女性笑得更多，所以长久以来，他们才会一直被置于男性之下的从属地位。不过有研究显示，早在出生八周之时，

---

① ［美］林文刚编：《媒介环境学：思想沿革与多维视野》，何道宽译，北京大学出版社2007年版，第78页。

② Deepika Phutela, "The Importance of Non-Verbal Communication", *The IUP Journal of Soft Skills*, Vol. IX, No. 4, 2015.

③ ［美］爱德华·霍尔：《无声的语言》，刘建荣译，上海人民出版社1991年版，第46页。

女婴笑的次数就远远多于男婴。"① 南加州大学洛杉矶分校的南希博士研究发现:"社会交往中,女性微笑的时间占总活动时间的87%,而男性的比例只有67%,而且面对异性的笑脸,女性回之以微笑的比例比男性高出26个百分点。"② 女性比男性更爱微笑,不仅是先天因素,也具有后天影响因素。同时,女性的微笑所表达的意义也因传播环境存在较大的差异性。微笑可以是友好、关心等正面情感的表达,也可能是无奈、尴尬等负面情感的表达。

又如,研究表明:"当男人们观看色情电影时,瞳孔会扩大到原始尺寸的三倍。而女人们则是在看到婴儿和妈妈嬉戏的图片时,瞳孔扩大最为明显。"③ 这里其实强调男性与女性关注的兴趣点不同,从而引发非言语传播行为性别的差异性。其他非言语传播研究也涉及性别因素的差异,非言语传播解读也应考虑性别差异性,以避免解读的误差。

九 非言语传播具有文化差异性

前文讨论非言语传播具有共通性,说明有些非言语传播具有这样的特征。同时,有些非言语传播具有文化差异性,这也是跨文化传播研究的重点问题。如霍尔在《无声的语言》中贯穿始终的就是强调,时间符号和空间符号在不同文化语境下的差异性特征。比如,普韦布洛村落参加印第安人圣诞舞会的例子,前一年是晚上十点钟开始的,后一年确实子夜一点以后才举行。"当事情准备好了,它就开始了。"④ 类似的文化差异性的案例很多,时间符号、空间符号,以及其他非言语符号等,都具有文化差异性。这样给跨文化传播带来很多不确定性,也丰富了非言语传播研究的议题。

阿克斯特尔的专著《身势语:可行与禁忌的身体符号》总结了七万

---

① [澳]亚伦·皮斯、芭芭拉·皮斯:《身体语言密码》,王甜甜、黄佼译,中国城市出版社2007年版,第65页。
② [澳]亚伦·皮斯、芭芭拉·皮斯:《身体语言密码》,王甜甜、黄佼译,中国城市出版社2007年版,第66页。
③ [澳]亚伦·皮斯、芭芭拉·皮斯:《身体语言密码》,王甜甜、黄佼译,中国城市出版社2007年版,第134页。
④ [美]爱德华·霍尔:《无声的语言》,刘建荣译,上海人民出版社1991年版,第10—11页。

种不同的肢体动作和各地的风俗文化①。握手、噘嘴唇、擤鼻涕、手势、接触等多种具有跨文化差异性的非言语传播手段。可见，我们在认识到人类一些基本的非言语传播具有共同性，也应该注意还有一些非言语传播存在跨文化的差异性，以避免造成跨文化交流的障碍与误解。

第三节 非言语传播的功能研究

帕特森（Patterson）将非言语传播区分五个重要功能：提供信息（providing information）、调节互动（regulating interaction）、表达亲密（expressing intimacy）、行使社会控制（exercising social control）、促进任务或服务目标（facilitating task or service goals）②。这种概括比较多样，但还不够全面。

萨姆瓦也将非言语传播区分五大功能：在人际传播中塑造传播主体形象；人们相互传送的非言语线索有助于解释他们彼此的关系；传递传播主体的情感或情绪状态；利用非言语因素向别人表现自己的一种方法；有意识地或无意识地使用非言语符号去改变别人的思想和行为③。这里的第四点与第一点相似，都是传播主体形象塑造功能。

印度坦蒂亚大学（Tantia University）的迪皮卡探讨非言语传播的功能分类：分享信息和观念的过程，使信息更有吸引力和更有趣。其他还有补充（complement a verbal message）、调节（regulate a verbal message）、代替口头信息（substitute for a verbal message）、显示言语的口音（accent a verbal message）等多种功能④。

综合上述观点，非言语传播具有如下功能。

---

① ［澳］亚伦·皮斯、芭芭拉·皮斯：《身体语言密码》，王甜甜、黄俊译，中国城市出版社 2007 年版，第 82—98 页。

② Ronald E. Riggio, Robert S. Feldman, *Applications of Nonverbal Communication*, Lawrence Erlbaum Associates, Mahwah, New Jersey London, 2005, p. 196.

③ ［美］拉里·A. 萨姆瓦、理查德·E. 波特、雷米·C. 简恩：《跨文化传通》，陈南、龚光明译，生活·读书·新知三联书店 1988 年版，第 206—207 页。

④ Deepika Phutela, "The Importance of Non-Verbal Communication", *The IUP Journal of Soft Skills*, Vol. Ⅸ, No. 4, 2015.

一 传递信息功能

言语符号出现以前,人们交流全部依靠非言语符号传递信息。而言语符号出现以后,更多的是通过言语符号与非言语符号协同表意。即使这样,非言语符号单独表意的机会依然存在。

研究认为,非言语传播具有诸多作用:(1)根据非言语行为判断彼此关系的性质。研究认为:"我们有意识地和下意识地,有意和无意地发出和接受非言语信息,此外,还根据这些信息作出重要的判断。还部分地根据人们的非言语行为对存在于彼此之间的关系性质作出判断。"[①](2)通过非言语行为判断人们的情绪。(3)借助于伴随的非言语线索,判断言语信息[②]。笼统地说,非言语符号传递的是关系的信息、个人的情绪信息,以及言语信息的真实性信息。再根据这些信息产生形象建构、情感识别、建立关系,以及调节互动等功能。

二 形象建构功能

跨文化传播学者认为:"因为非语言交流常常使人形成第一印象,所以在人类交流中它非常重要。事实上,在多数情况下,非语言信息的传达早于语言信息。"[③] 该论述表明,在言语传播行为开始以前,已经通过非言语符号实现印象形成功能。当然,这边非言语传播也可能存在误读的可能性。研究者强调:"误解他人的行为和对我们的态度,包括误解他们与我们互动时的面部表情,可能导致不准确的自我社会形象建构,并最终导致对我们自己的偏见。"[④] 很多情况下,交流的障碍不仅是因为言语交流的问题,更有可能是非言语交流的失效。例如,当一个人错误地解码对方交往时人脸上的蔑视,就会做出错误的判断。因此,"解码面部表情的缺

---

① [美]拉里·A. 萨姆瓦、理查德·E. 波特、雷米·C. 简恩:《跨文化传通》,陈南、龚光明译,生活·读书·新知三联书店1988年版,第202页。

② [美]拉里·A. 萨姆瓦、理查德·E. 波特、雷米·C. 简恩:《跨文化传通》,陈南、龚光明译,生活·读书·新知三联书店1988年版,第202页。

③ [美]拉里·A. 萨默瓦、理查德·E. 波特:《跨文化传播》(第四版),闵惠泉、王纬、徐培喜等译,中国人民大学出版社2010年版,第145页。

④ Ronald E. Riggio, Robert S. Feldman, *Applications of Nonverbal Communication*, Lawrence Erlbaum Associates, Mahwah, New Jersey London, 2005, p. 18.

陷或系统偏差可能导致人内传播与人际传播困难"①。其中，"非言语符号在帮助我们快速形成印象方面起着关键作用。这种能力是我们基本的生存本能之一。但是，正如天生的能力一样，并非所有的第一印象都是准确的"②。

面部表情的解码非常重要，现实环境中却存在一定的解读困难。研究认为，这个领域存在一个基本的理论层面的局限性："我们迫切需要一个模型来具体说明面部表情的解码过程。尽管三十多年专注面部情感解码研究，我们不能确定面部情绪感知过程，因为我们忽略了情感意义是如何与面部建立关联性的。"③ 事实上，准确解码面部表情并非易事，也很难找到一成不变的模型，因为面部表情的微弱变化都可能产生千差万别的含义。

需要说明一点，此处讨论非言语符号的形象建构功能并非要否定言语符号的形象建构功能。而是应该将言语符号与非言语符号相互结合，探讨两类符号的形象建构功能的异同及各自优缺点。研究发现："有时目标人物的言语内容和非言语传播是一致的（既有积极的，也有中立的，或两者都是消极的），有时也不一致（言语内容是积极的，非言语交际是消极的，等等）。"④ 基于一系列实验，梅拉宾（Mehrabian）认为："非言语传播对形成他人印象的影响远大于言语内容。"⑤ 即非言语符号比言语符号的形象建构功能更加具有优势，并提炼出梅拉宾法则（The Rule of Mehrabian）：一个人对他人的印象，约有7%取决于谈话的内容，辅助表达的方法如手势、语气等则占38%，肢体动作所占的比例则高达55%⑥。该

---

① Carol Kinsey Goman, *The Nonverbal Advantage Secrets and Science of Body Language at Work*, Wiley-Blackwell, 2010, p. 12.

② Carol Kinsey Goman, *The Nonverbal Advantage Secrets and Science of Body Language at Work*, Wiley-Blackwell, 2010, p. 12.

③ Ronald E. Riggio, Robert S. Feldman, *Applications of Nonverbal Communication*, Lawrence Erlbaum Associates, Mahwah, New Jersey London, 2005, p. 18.

④ Ronald E. Riggio, Robert S. Feldman, *Applications of Nonverbal Communication*, Lawrence Erlbaum Associates, Mahwah, New Jersey London, 2005, p. 65.

⑤ Ronald E. Riggio, Robert S. Feldman, *Applications of Nonverbal Communication*, Lawrence Erlbaum Associates, Mahwah, New Jersey London, 2005, p. 65.

⑥ Carol Kinsey Goman, *The Nonverbal Advantage Secrets and Science of Body Language at Work*, Wiley-Blackwell, 2010, p. 15.

法则强调非言语传播的独特价值。

非言语传播的形象塑造功能在社会学领域早有探索。比如，米德的符号互动理论认为，社会是由代表心理过程的姿势和语言（符号）的交换构成的，这种符号互动具有自我塑造功能。早期的意见表达以姿势的形式呈现，后来逐渐开始使用语音和语义上都有所分化的语词信号①。戈夫曼的"印象管理"（Impression management）认为，世界就是一个大舞台，每个社会人通过包括"身体语言、姿势、服饰、财富展示、物体的摆放、定位等"②，展演过程中彰显自我形象。

三 情感识别功能

能够准确地识别非言语符号的情感表达功能的好处是"情感表达往往通过非言语渠道，如面部表情、语音、语调和姿势，而不是通过口头渠道"③。然而，每个人的非言语情感识别能力并不相同。事实上，多达十分之一的儿童被认为能力严重不足，导致关系恶劣，学习成绩较差，以及其他问题④。成年人的非言语情感识别能力也有很大的不同，影响他们准确地识别别人的非言语情感表达⑤。

在情感表达方面，言语符号与非言语符号存在一定的差异性。研究认为："非言语交流是表达你对他人感情和亲情的有力工具。"⑥ 萨默瓦认为："你的感情，不论是恐惧，还是快乐，无论是气愤，还是悲哀，都无声地反映在你的举止中，写在你的脸上，闪

---

① 参见 [澳] 马尔科姆·沃特斯《现代社会学理论》（第 2 版），杨善华、李康、汪洪波、郭金华、毕向阳译，华夏出版社 2000 年版，第 25—26 页。

② 参见 [澳] 马尔科姆·沃特斯《现代社会学理论》（第 2 版），杨善华、李康、汪洪波、郭金华、毕向阳译，华夏出版社 2000 年版，第 30 页。

③ Ekman, P. & Friesen, W. V., *Unmasking the Face: A Guide to Recognizing Emotions from Facial Clues*, Englewood Cliffs, NJ: Prentice Hall, 1975.

④ Nowicki, S., Jr., Duke, M. P., *Helping the Child Who doesn't fit in*, Atlanta, GA: Peachtree, 1992.

⑤ Ekman, P., Friesen, W. V., *Unmasking the Face: A Guide to Recognizing Emotions from Eacial Clues*, Englewood Cliffs, NJ: Prentice Hall, 1975.

⑥ M. P. Keeley, A. J. Hart, "Nonverbal Behavior in Dyadic Interaction, in Understanding Relationship Processes", *Dynamics of Relationships*, S. W. Duck, Ed., Thousand Oaks, CA: Sage, 1994, pp. 135-161.

现在你的眼里。"① 可见，非言语符号的情感识别功能比言语符号更加明显和外显，这些研究发现对于非言语传播的功能认知具有重要的启发意义。

四 建立关系功能

伯贡（Burgoon）和迪尔曼（Dillman）认为："非言语符号表达交流双方如何看待彼此？以及交流双方在交流过程中的自我形象。"② 同样，瓦兹拉威克（Watzlawick）和他的同事（Watzlawick, Beavin & Jackson）也认为，交流包括两个层面的含义：传递内容和建立关系。"内容层面包括言语信息。……这种关系信息一般是依靠非言语传播，可以改变言语表达的意义。"③ 可见，非言语传播在建立关系方面具有独特功能。也说明传播过程中言语符号与非言语符号协作，共同完成传播信息和建立关系的两大主要传播功能。

建立关系不一定需要传递多少信息，在此过程中言语符号的功能具有一定的实质价值。但是，非言语符号的独特功能不容忽视。研究认为："人际关系在很大程度上取决于非言语传播，以便他们保持牢固和持久。如果你能熟练地阅读别人并理解他们言辞背后的情感，就能提高人际关系的质量。当一方收到混合信号时，信任可能不复存在，从而破坏关系。在一段关系中，通过发送与你的话语相符的非言语线索，可以建立信任。你对某人非言语的回应方式可以表明你理解和关心他们，并且这种关系会不断发展并满足于两者。"④ 综上可见，非言语符号含蓄却深远地影响传受双方的关系建立。

研究认为，人际关系在很大程度上取决于非言语传播，"如果你能熟练地研究别人并理解他们言辞背后的情感，人际关系的质量就能得到提

---

① [美]拉里·A. 萨默瓦、理查德·E. 波特：《跨文化传播》（第四版），闵惠泉、王纬、徐培喜等译，中国人民大学出版社2010年版，第145页。

② Burgoon, J. K., Dillman, L. Gender, "Immediacy and Nonverbal Communication", In P J. Kalbfleisch & M. J. Cody (Eds.), *Gender, Power and Communication in Human Relationships*, Hillsdale, NJ: Lawrence Erlbaum Associates, 1995, pp. 63–81.

③ Ronald E. Riggio, Robert S. Feldman, *Applications of Nonverbal Communication*, Lawrence Erlbaum Associates, Mahwah, New Jersey London, 2005, p. 195.

④ Deepika Phutela, "The Importance of Non-Verbal Communication", *The IUP Journal of Soft Skills*, Vol. IX, No. 4, 2015.

高。当一方收到信号比较混乱时,就可能失去信任,从而破坏关系"①。可见,非言语符号的关系建立与关系保持具有重要功能。人际交往过程,不仅要注意言语交流的准确性,同时要注意非言语符号表意的统一性,避免给对方造成混乱,从而导致对方对于你的关系信息造成误判,最终破坏关系质量。

五 调节互动功能

非言语符号在人际传播中不一定具有直接准确的意义,而是调节互动的一种功能。尤其是交谈双方传受角色转换时候的眼神,手势的提醒。这时候的非言语传播就是互动功能。帕特森认为,非言语传播具有五个重要功能:"提供信息(providing information)、调节互动(regulating interaction)、表达亲密(expressing intimacy)、行使社会控制(exercising social control)、促进任务或服务目标(facilitating task or service goals)。"②

简言之,很多场合非言语传播不具有实质性意义,就是传受双方互动的调节符号,帮助传播活动的有序开展。

六 说服传播功能

萨姆瓦等认为,我们有意识地或无意识地使用非言语符号去改变别人的思想和行为③。这里强调的是说服传播功能。销售人员遇到潜在顾客时,顾客被他们的外表和所做的事情所左右。这个印象持续过程需要大约七秒。销售成功与否往往取决于最初接触时的非言语信号。服装、身体姿势、表情、面部动作和眼神交流都是成功销售人员需要理解和管理的因素④。

拉奥(Rao)认为,体态语可以更好地向观众展示演讲者个人的特

---

① Deepika Phutela, "The Importance of Non-Verbal Communication", *The IUP Journal of Soft Skills*, Vol. IX, No. 4, 2015.

② Ronald E. Riggio, Robert S. Feldman, *Applications of Nonverbal Communication*, Lawrence Erlbaum Associates, Mahwah, New Jersey London, 2005, p. 196.

③ [美]拉里·A. 萨姆瓦、理查德·E. 波特、雷米·C. 简恩:《跨文化传通》,陈南、龚光明译,生活·读书·新知三联书店1988年版,第206—207页。

④ Carol Kinsey Goman, *The Nonverbal Advantage Secrets and Science of Body Language at Work*, Wiley-Blackwell, 2010, p. 5.

性，让观众乐于接受演讲者所传达的内容①。也有研究者指出在辩论的过程中，辩论者很容易受到主席体态语的影响②。也就是说，演讲者利用非言语符号提高自己言语内容的说服效果。演讲者在准备过程中不仅要设计演讲内容，更应该设计非言语传播行为。

综上可见，在销售领域、演讲过程中，或者政治传播等多种场合，使用非言语传播都可能在较大程度上提高说服传播效果。

第四节 非言语传播的解读研究

非言语传播不像言语传播那样意义明确，因为"没有一本字典能清楚而明确地定义一个特定的非言语行为的含义"③。但是，并不能因此就放弃对于非言语传播的解读。恰恰相反，马努索夫指出："非言语传播中最有趣的方面之一就是它能够以多种方式被解释。"④ 所以，非言语传播意义的多变性更说明其解读的重要性，能够解读复杂的、隐蔽的非言语传播，则对于实际的价值更加巨大。

非言语符号解读准确与否在较大程度上影响交流的通畅性，如"工作场所的障碍"（Barriers at Workplace）就是由于非言语传播的解读失败引起的，"一些非言语传播的障碍包括文化差异、欺骗的手势、不适当的触摸、消极的非言语传播和感知过滤。文化差异包括民族中心主义、刻板印象、偏见和歧视，以及手势、触摸和面部表情"⑤。非言语传播解读失败就会导致传播失效，以至于出现"工作场所的障碍"或交流障碍，影

---

① Rao, M. S., "Tools and Techniques to Boost the Eloquence of Your Body Language in Public Speaking", *Industrial & Commercial Training*, No. 2, 2017, pp. 75-79.

② N. Caliskan, "The Body Language Behaviours of The Charis of The Disputes According to The Disputes", *Education*, No. 3, 2009, pp. 479-482.

③ Ronald E. Riggio, Robert S. Feldman, *Applications of Nonverbal Communication*, Lawrence Erlbaum Associates, Mahwah, New Jersey London, 2005, p. 215.

④ Manusov, V., "Thought and Action: Connecting Attributions to Behaviors in Married Couples' Interactions", In E. Noller & J. A. Feeney (Eds.), *Understanding Marriage: Developments in the Study of Couple Interaction*, New York: Cambridge University Press, 2002, p. 15.

⑤ Deepika Phutela, "The Importance of Non-Verbal Communication", *The IUP Journal of Soft Skills*, Vol. IX, No. 4, 2015.

响工作和生活质量。

刻板印象就是一种交流的障碍，而导致刻板印象的原因至少一定程度上是由于非言语符号解读的误差所致。研究指出："刻板印象显示了不同种族文化的扭曲或过于简化的观点。当一种文化对其他文化或群体有偏见时，基于很少或没有经验而表现出消极的态度。为了避免出现另一种文化歧视。"[1] 这些阐释过程中隐含着丰富的非言语传播符号及其隐性影响。

一 非言语传播的解读方法

旧金山大学（University of San Francisco）的莫琳·奥沙利文（Maureen O'Sullivan）认为，非言语传播涉及"阅读"他人，正如商界书籍《读懂他人》（*Reading People*，Dimitrius & Mazzarella）推测的那样，以及利伯曼（Lieberman）《千万别撒谎》（*Never be lied to again*，1998）和《征服欺骗》（*Conquering Deception*，Nance）等都表明，理解欺骗中的非言语线索和学习母语一样简单和自然[2]。研究者和不同行业的实践者都在尝试读懂别人的非言语传播，为不同行业服务，满足不同的目的。如何读懂别人就需要非言语传播的解读方法。

1872年，达尔文描述人类与动物的情感表达过程的非言语传播现象不仅是最早的，也是最有影响力的非言语传播研究。早于其他早期的心理学角度描述非言语传播现象。如詹姆斯强调身体的中心地位（the centrality of the body）[3]。达尔文在非言语传播研究方法方面也做过很多尝试和探索。

（一）实地观察法

达尔文、霍尔等都是采用观察法，如观察婴儿的非言语传播现象及跨文化传播的非言语传播现象等。但是，早期观察就是用人眼直接观察，精确程度不够。如，1839年12月27日，达尔文的长子出生，他马上开始记录他所表现的各种表情的开端，并随时去进行关于人类和动物的表情研

---

[1] Deepika Phutela, "The Importance of Non-Verbal Communication", *The IUP Journal of Soft Skills*, Vol. IX, No. 4, 2015.

[2] Ronald E. Riggio, Robert S. Feldman, *Applications of Nonverbal Communication*, Lawrence Erlbaum Associates, Mahwah, New Jersey London, 2005, p. 215.

[3] Ronald E. Riggio, Robert S. Feldman, *Applications of Nonverbal Communication*, Lawrence Erlbaum Associates, Mahwah, New Jersey London, 2005, p. 216.

究工作。如火车上观察老年妇女哭泣表情。还多次书信采访专家，分别派人观察多地、不同人群的非言语传播状况。当然，观察法存在一定的局限性。

第一，表情不易察觉。研究发现："因为表情动作时常极其细微，而且具有一种迅速消失的性质，所以就很难去研究表情。"① 后来的研究者对观察法进行改进，"影片用有声放映机放出来，先用正常速度，再用每秒 16 格的低速度，反复看"②。这样的观察比动态画面更细致，但也存在不足，如"我们主要集中分析头、躯干、胳膊和手的动作、表情的变化和细节，如眼睛的动作，在大多数情况下就忽略了，因为影片质量不允许我们做精确的转写"③。进一步精确的研究方法可以尝试眼动仪等精密器材。

第二，很难探究各种表情表征的深层次原因。比如，"可以清楚地看出表情差异的事情本身；可是，却不能够去确定这种差异是由于什么原因而来"④。非言语传播现象的解读不仅仅是现象层面的观察，更需要透过现象探索产生这一现象的复杂心理过程及相关影响因素，解读的专业性与学理性成为重要影响因素。

第三，受观察者情绪影响，限制观察效果。研究认为："当我们亲自遇到某一种深刻的情绪时候，我们的同情心就这样强烈地激发起来，以致使我们当时或者完全不能够去精密地观察，或者几乎不可能去作这种观察；我已经获得了很多关于这个事实方面的有趣的证据。"⑤

第四，容易掺入观察者的想象。研究认为，另外一个更加重大的错误来源是我们的想象，"因为如果我们盼望要从环境的性质方面去看出一定的表情来，那么我们就会容易把它当做好像是存在的"⑥。个人想象容易误导我们对非言语信息的判断，其实是一种带着观点去审视各种非言语符

---

① ［英］达尔文：《人类和动物的表情》，周邦立译，科学出版社 1958 年版，第 30 页。
② ［英］亚当·肯顿：《行为互动：小范围相遇中的行为模式》，张凯译，社会科学文献出版社 2001 年版，第 99 页。
③ ［英］亚当·肯顿：《行为互动：小范围相遇中的行为模式》，张凯译，社会科学文献出版社 2001 年版，第 101 页。
④ ［英］达尔文：《人类和动物的表情》，周邦立译，科学出版社 1958 年版，第 30 页。
⑤ ［英］达尔文：《人类和动物的表情》，周邦立译，科学出版社 1958 年版，第 30 页。
⑥ ［英］达尔文：《人类和动物的表情》，周邦立译，科学出版社 1958 年版，第 30 页。

号。如达尔文认为,虽然杜乡博士经验丰富,但是,"他曾经长期以为,在某些情绪发生的时候,就有几种肌肉收缩;最后他方才完全相信,这种动作只限于一种肌肉参加"①。观察法的局限性或风险性可见一斑,如何规避观察者掺入主观想象成为后来研究者探索改善的目标。

达尔文建议研究者采用下面的研究方法。

第一,观察婴孩的非言语传播特征。达尔文研究认为:"为了要尽可能获得更加牢固的基础,而且不顾一般流行的意见,要去确定面部特点和姿态的特定动作实际上表现出一定的精神状态到怎样的程度,我认为,第一是去观察婴儿,因为像贝尔爵士所指出的,婴儿表现出很多'具有特殊力量'的情绪来;可是在以后的年龄里,我们有几种表情就'丧失它们在婴孩时代所涌现出来的那种纯粹而单纯的泉源'。"②

第二,研究精神病患者的非言语传播特征。研究精神病患者的非言语传播具有独特优势,"因为他们很容易发生最强烈的激情,并且使它们毫无控制地暴露出来"③。他们毫无控制的非言语传播更能真实地反映其内心的真实想法。

第三,将观察对象固化成照片进行研究。比如,杜乡博士曾经把电流通到一个老年人的面部的某些肌肉上去,他的皮肤不太敏感;杜乡博士就用这个方法引起了各种不同的表情,同时还把这些表情拍摄成放大的照片。达尔文则把他的几张最好的照片拿去交给二十多位年龄不同的有学识的男女察看,而且没有写上说明文字,询问他们照片的情绪特征。结果发现,受访者的判断基本一致④。这里其实也有实验法的思想。

第四,观察著名照片和雕刻画。当然,达尔文认为,收获不大,原因在于:"在美术作品里,最主要的对象是美,而剧烈收缩的面部肌肉就破坏了美。美术作品的构想,通常是靠了巧妙选取附属景物的方法而用惊人的力量和真实性被传达出来的。"⑤ 照片和雕刻画只能反映具有美的特征的信息,不能完整展示非言语符号(尤其是不具有美感的非言语传播画面),制约观察的完整性和结论的科学性。

---

① [英]达尔文:《人类和动物的表情》,周邦立译,科学出版社1958年版,第30页。
② [英]达尔文:《人类和动物的表情》,周邦立译,科学出版社1958年版,第30页。
③ [英]达尔文:《人类和动物的表情》,周邦立译,科学出版社1958年版,第30页。
④ [英]达尔文:《人类和动物的表情》,周邦立译,科学出版社1958年版,第31页。
⑤ [英]达尔文:《人类和动物的表情》,周邦立译,科学出版社1958年版,第31页。

第五，观察不同人种的表情，增强观察结果的信度。研究者重点观察社会化程度较低的族群，"特别是那些和欧洲民族很少来往的人种，是不是也像大家时常毫无确实证据而去肯定的情形那样，具有相同的表情和姿态"①。借此证实表情是天生的或者本能的。

第六，察看几种普通动物不同激情的表达情形，探索非言语传播特征。"当然这并不是因为它会使人去解决关于人的某些表情能够成为一定的精神状态的特征到怎样程度的问题，而是因为它曾经提出最可靠的根据，而使人去对各种不同的表情动作的原因或者起源作出概括来。"② 我们观察动物的表情，先要解决路径的合理性问题。人类和动物的表情是否存在相通性？或者在多大程度上具有相通性？如何检验这种观察的结论具有科学依据？这些问题都有待思考。

针对非言语传播转瞬即逝的特点，很多非言语传播学者都尝试不同的方法，以求更慢速度地、仔细地观察相关非言语传播符号。肯顿在60年代就利用电影拍摄技术探索人际交往过程中神态和视线的作用，由此提出了F-组合系统等概念。研究强调："这种研究手段本来只在心理学领域得到运用，经过肯顿等人的推广，在其他社会学科也产生了巨大的影响。……目前在社会科学的很多领域利用音像技术研究非言语交际成为一种趋势。"③

研究认为，博德·惠斯特尔是训练有素的文化人类学家，在实地观察方面具有较强的优势。当然，拍摄记录下来的材料有些时候不一定就客观真实，哈里斯（Harris）及其他多人指出，"照片和影片并不能提供如贝特森和米德所相信的那样客观的记录，不仅拍下来的材料是需要解释的，就是拍照或摄影本身，也是一种解释性的活动，因为这种活动必定是有选择的。当把行为记录到胶片上时，由于研究者一定要确定拍摄些什么及什么时候开始拍，无论他意识到与否，他的理论偏见不可避免地会进入他所创造的行为标本里去"④。这样的表述提醒研究者客观理性对待影像记录

---

① ［英］达尔文：《人类和动物的表情》，周邦立译，科学出版社1958年版，第31页。
② ［英］达尔文：《人类和动物的表情》，周邦立译，科学出版社1958年版，第32页。
③ ［英］亚当·肯顿：《行为互动：小范围相遇中的行为模式》，张凯译，社会科学文献出版社2001年版，第5页。
④ ［英］亚当·肯顿：《行为互动：小范围相遇中的行为模式》，张凯译，社会科学文献出版社2001年版，第33页。

的非言语传播符号，也说明非言语传播现象与非言语传播研究的复杂性。

在用电影摄影技术改善实地观察法的局限性，其实，"电影摄影技术有其局限，也有主观性……拍摄的高度随意性是明显可见的"①。由于电影摄影技术拍摄的角度、光线等也会制约其选择样本的质量，收集到的研究样本本身也存在主观性，削弱了研究样本的客观性和真实性。

（二）控制实验法

20世纪上半叶，许多心理学家试图通过非言语行为来理解和衡量理解他人的能力。如心理学家桑代克（E. L. Thorndike）认为，"人们拥有不同数量的不同智力"。他区分了其中三种能力：抽象（语言和符号）智能、机械智能和社会智能，或理解他人、管理他人智能……"他的文章包含一个女人摆出各种表情的照片，尽管他注意到这种刺激的局限性，并强调了现实生活和交互式刺激在社会智力测验中的重要性。"② 通过观看照片识别各种表情，并借以评价不同人非言语传播的解读能力。

非言语符号的解读不仅是从符号学角度的阐释，而是需要结合传受心理，结合社会场景进行阐释。许多当时的心理学家加入相关研究，试图衡量理解他人非言语传播的能力。博林（Boring）和蒂奇纳（Titchener）设计了一个非言语传播示意图，虽然后来证明并不成功，但却是一种尝试。吉尔福德（Guilford）研究了个体在识别面部表情能力上的差异，而弗洛里斯-威特曼（Frois-Wittmann）则制作了一系列他自己的照片，摆出各种面部表情供其他人解读。

阿切尔（Archer）和阿克特（Akert）设计了人际知觉测验（the Interpersonal Perception Test，IPT），产生了许多有益的探索成果。比如，一个项目显示两个大人在和一个孩子玩耍。猜测实验：哪个成年人是父母？另一个项目显示两个人谈话：哪个是主管？③ 这种实验法研究非言语传播现象，进一步提高了研究的科学性，也增强了研究结论的可信度。相关实验的共同目的就是衡量其非言语传播的信息解读能力。

---

① [英] 亚当·肯顿：《行为互动：小范围相遇中的行为模式》，张凯译，社会科学文献出版社2001年版，第34页。

② Ronald E. Riggio, Robert S. Feldman, *Applications of Nonverbal Communication*, Lawrence Erlbaum Associates, Mahwah, New Jersey London, 2005, p. 217.

③ Ronald E. Riggio, Robert S. Feldman, *Applications of Nonverbal Communication*, Lawrence Erlbaum Associates, Mahwah, New Jersey London, 2005, p. 218.

从 20 世纪 30 年代到 60 年代，关于表达或非言语行为个体差异的研究很少。一个例外是韦德克在 1947 发表的论文。他基于非言语行为对于他所谓的"心理能力"是必不可少的假设，设计了一系列测试。比较遗憾的是，他没有从事这项研究，因此，他的工作从未得到应有的重视。然而，人们对非言语行为的兴趣从未完全消失。一些研究人员仍然对面部、声音和手势感兴趣。埃夫隆（EFRon）研究了两组纽约移民的手势传递。他描述的徽章，非言语手势代替文字，仍然使用。恩根（Engen）、利维（Levy）和施洛斯贝格（Schlosberg）研究了玛琼莉（Marjorie）、莱特福特（Lightfoot）系列照片，该系列照片用于许多早期的情感识别研究。

（三）影像观察法

随着摄影和录像技术的日益普及，20 世纪 60 年代和 70 年代，尝试测量社交/情绪智力显著增加，而且主要是凭借非言语传播符号进行测量。吉尔福德（Guilford）在其智力结构模型的基础上进行了一系列研究。1975 年，奥沙利文（O'Sullivan）和吉尔福德（Guilford）基于吉尔福德的智力模型和早期相关研究成果，设计了 23 种不同的"认知行为智力"（cognitive behavioral intelligence）测量维度。他们设计的测试除了口头上的指示，其他完全是非言语的[①]。

相关探索比较成功的是《非言语敏感度简介》（*Profile of Nonverbal Sensitivity*）（PONS; Rosenthal, Hall, DiMatteo, Rogers & Archer），该项目用 90 个录像展示了一个年轻妇女摆出各种社会情境，如指路、安慰迷路的孩子、祈祷和愤怒。对非言语敏感度研究具有创造性，体现了编制效度（construct validity）；区分效度（discriminant validity）证明与智商缺乏相关性。聚合效度（convergent validity）得出预测与外交服务官员、尚未开口说话儿童的母亲和其他同样有趣的标准措施的表现具有相关性；聚合效度（convergent validity）与其他非言语敏感性有关，但比较有限[②]。类似通过实证研究探索研究观点，具有较高的可信度。

---

① Ronald E. Riggio, Robert S. Feldman, *Applications of Nonverbal Communication*, Lawrence Erlbaum Associates, Mahwah, New Jersey London, 2005, p. 218.

② Ronald E. Riggio, Robert S. Feldman, *Applications of Nonverbal Communication*, Lawrence Erlbaum Associates, Mahwah, New Jersey London, 2005, p. 218.

巴克（Buck）开发了情感接收能力交流测试（the Communication of Affect Receiving Ability Test），其中男人和女人被录制观看中性或情绪激动的幻灯片（neutral or emotionally arousing slides）。考虑到在实验室中唤起情绪的困难和道德约束，所显示的大多数面部表情是微妙的或者模糊的，因此评分的意义并不清楚①。这一研究同样是用实验法探索男性与女性观看不同录像的心理变化及外化的非言语符号特征，同时，也强调该实验的局限性：实验室中唤起情绪的困难和道德约束。这样的结果对于其他相关非言语传播研究具有重要的启发和借鉴意义。

1975年，艾克曼和皮尔森开发了一个简短情感识别测试（Brief Affect Recognition Test，BART），其中原型面部表情的照片显示1/15或1/30秒。几乎每个人都可以准确地识别基本或原型情感（如幸福、恐惧或愤怒）的面部表情，如果这些照片呈现时长为一秒钟或更长时间。随着曝光时间的缩短，精度分数几乎正常分布②。艾克曼通过静态照片的观察改进实地观察受现场环境变化因素，以及现场观察时间的限制，以提高观察的准确性。

最近，艾克曼对于非言语传播研究历史较长且研究成果丰富，其研究方法也有很多创新性探索。艾克曼开发了两个测量方法，它们是组合训练工具和微表情识别精度测量。测量情绪表达工具，包含56张彩色照片，其中中性面孔是背景，然后以1/15或1/30秒的速度闪烁同一人的原型面部表情，供测试对象"阅读"。微妙的情感表达工具，包含一个年轻女子的黑白照片，她摆出许多不同面部表情的微妙变化，让测试对象猜测其表情信息。该工具允许用户以各种速度进行自我测试③。

艾克曼还开发了检测欺骗能力的几种措施。他的第一次测试（Ekman，Friesen，O'Sullivan & Scherer，1980），是让护士看一部令人愉悦的自然电影，和一部可怕的外科电影，检验她们是在说谎或说真话？其他两个欺骗检测措施（Frank & Ekman，1997）询问年轻人是否偷了50美

---

① Ronald E. Riggio, Robert S. Feldman, *Applications of Nonverbal Communication*, Lawrence Erlbaum Associates, Mahwah, New Jersey London, 2005, p.218.

② Ronald E. Riggio, Robert S. Feldman, *Applications of Nonverbal Communication*, Lawrence Erlbaum Associates, Mahwah, New Jersey London, 2005, p.219.

③ Ronald E. Riggio, Robert S. Feldman, *Applications of Nonverbal Communication*, Lawrence Erlbaum Associates, Mahwah, New Jersey London, 2005, p.219.

元，或谈谈对一件有争议事件的看法。观察说谎者的非言语线索暴露情况。①

研究者对三盘磁带的行为测量表明，"在准确评估真实性或欺骗性时，存在显著的非言语线索。奥沙利文和艾克曼开发了情感混合测试（Affect Blend Test，ABT），其中不同年龄的人们摆出面部表情，其中将两种或多种不同的情绪合起来。这些照片是根据面部动作编码系统开发的标准制作的"②。

研究者认为，"情感混合测试之所以引起人们的兴趣，是因为它和埃克曼和他的同事们在过去三十年里所做的关于欺骗的工作有关，其中情感的泄露很重要。也就是说，当试图描绘一种情绪状态时，'真正的'情绪（害怕恐惧，或内疚，或对欺骗面试官的喜悦）将会'泄露'说谎者无法完全控制的面部表情片段。情感混合测试通过显示复杂的混合情绪来模拟这种现象，其中组成部分易于识别"③。解读非言语传播符号就是试图抓住传播者不经意间"泄露"的信息，当然，这样的解读难度较大，这些符号转瞬即逝，且不易察觉。

认知心理学对于非言语传播符号的解读也有较大的理论和研究方法的支持，人类智能的两个主要理论家，斯特恩伯格（Sternberg）和加德纳（Gardner）"将理解自我与他人描述为人类认知能力的一个方面，其中存在显著的个体差异"④。

（四）系统分析法

非言语符号的解读是结合非言语传播特点，以及传播的实际环境进行传播意义的猜想过程。比如，非言语传播具有整体性特征，特定非言语符号需要与其他相关非言语符号结合起来更容易解读。"非言语行为是每个人自我表述和连贯性的一个完整而显著的特征。因此，每个人在撒谎、困

---

① Ronald E. Riggio, Robert S. Feldman, *Applications of Nonverbal Communication*, Lawrence Erlbaum Associates, Mahwah, New Jersey London, 2005, p.219.

② Ronald E. Riggio, Robert S. Feldman, *Applications of Nonverbal Communication*, Lawrence Erlbaum Associates, Mahwah, New Jersey London, 2005, p.219.

③ Ronald E. Riggio, Robert S. Feldman, *Applications of Nonverbal Communication*, Lawrence Erlbaum Associates, Mahwah, New Jersey London, 2005, p.219.

④ Ronald E. Riggio, Robert S. Feldman, *Applications of Nonverbal Communication*, Lawrence Erlbaum Associates, Mahwah, New Jersey London, 2005, p.220.

惑或焦虑时的行为方式各不相同。研究者们已经确认了一些非言语行为可以区分说谎和诚实的交流，但是这些行为并不是在任何情况下都发生，并且它们必须总是在显示谎言的独特个体的背景下被解释。"① 这些困境也给非言语传播研究带来更多挑战，促进非言语传播研究方法的不断创新，以解决研究过程中遇到的困难，从而提高研究质量。

表 3-2　　　　　　　　　　非言语符号的解读技巧

目光接触（Eye Contact）	有目光接触吗？如果是，是过于紧张还是恰到好处？
面部表情（Facial Expression）	他们脸上有什么表情？是面具般的，没有表现力的，还是情绪化的，充满兴趣的？
语气语调（Tone of Voice）	他们的嗓音是表达温暖、自信和兴趣，还是紧张和阻塞？
体态姿势（Posture and Gesture）	他们的身体是放松的还是僵硬的？肩膀是绷紧和抬起的，还是稍微倾斜的？
身体接触（Touch）	有身体接触吗？这种情况合适吗？这会让你感到不舒服吗？
情绪强度（Intensity）	他们看起来平淡、冷静、无私，还是过于夸张？
时间间距（Timing and Pace）	是否存在来回的简单信息流？非语言反应来得太快还是太慢？
音响效果（Sounds）	你听到表示关心或关切的语气了吗？

资料来源：Deepika Phutela, "The Importance of Non-Verbal Communication", *The IUP Journal of Soft Skills*, Vol. IX, No. 4, 2015。

迪皮卡认为："学习非言语传播是一个非常困难的任务，需要花费大量的时间和大量的练习。……不是每个人都能很好地进行言语传播，但是每个人都能学习如何解读他人的非言语传播。"② 非言语传播能力的学习比较困难，但比较重要，不仅是商业领域，人际交往相关的领域都需要非言语传播，准确解读他人的非言语传播行为是很多人际交往融洽的重要保障。

比如，非言语传播结合其他传播符号进行系统解读。非言语传播的重要性毋庸置疑，"不管你说什么，非言语传播，尤其是肢体语言，都能发出强烈的信息。甚至你的语调、音调、音量、质量和速度都会影响你言语

---

① Ronald E. Riggio, Robert S. Feldman, *Applications of Nonverbal Communication*, Lawrence Erlbaum Associates, Mahwah, New Jersey London, 2005, p. 221.

② Deepika Phutela, "The Importance of Non-Verbal Communication", *The IUP Journal of Soft Skills*, Vol. IX, No. 4, 2015.

表达效果"①。甚至有研究者强调："人际关系在很大程度上取决于非言语传播，以便保持牢固和持久。如果你能熟练地认知别人并理解他们言辞背后的情感，人际关系的质量就能得到提高。"② 相关学者强调非言语符号在人际传播中的重要意义。图3-1显示，人际交流过程中印象形成的影响因素，非言语符号占据重要地位。

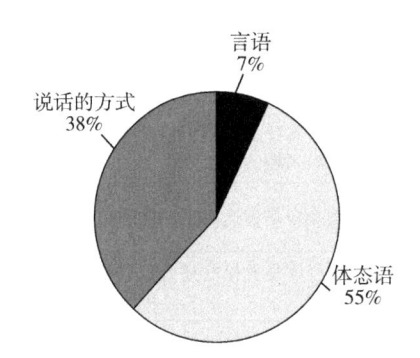

图3-1 人际交流过程中印象形成的影响因素

资料来源：Deepika Phutela, "The Importance of Non-Verbal Communication", *The IUP Journal of Soft Skills*, Vol. IX, No. 4, 2015。

另外，非言语传播的解读可以结合社会语境进行系统分析。纳普和霍尔认为："人们处理和解释言语和非言语信息的方式受到'社会语境'的广泛因素的重要影响。"③ 同时，"尽管非言语表达在权力和亲密度方面起着关键性的关系作用，但认识到非言语传播是一个相对不可靠的系统是很重要的。也就是说，没有一本字典能清楚而明确地定义一个特定的非言语行为的含义"④。事实上，马努索夫指出："非言语传播中最有趣的方面之一就是它能够以多种方式被解释。"⑤ 首先，关系信息往往涉及多个而不

---

① Deepika Phutela, "The Importance of Non-Verbal Communication", *The IUP Journal of Soft Skills*, Vol. IX, No. 4, 2015.

② Deepika Phutela, "The Importance of Non-Verbal Communication", *The IUP Journal of Soft Skills*, Vol. IX, No. 4, 2015.

③ Ronald E. Riggio, Robert S. Feldman, *Applications of Nonverbal Communication*, Lawrence Erlbaum Associates, Mahwah, New Jersey London, 2005, p. 42.

④ Ronald E. Riggio, Robert S. Feldman, *Applications of Nonverbal Communication*, Lawrence Erlbaum Associates, Mahwah, New Jersey London, 2005, p. 196.

⑤ Ronald E. Riggio, Robert S. Feldman, *Applications of Nonverbal Communication*, Lawrence Erlbaum Associates, Mahwah, New Jersey London, 2005, p. 15.

是孤立的线索。由于这个原因,任何给定的线索都需要在可能存在的其他非言语线索的背景下被理解①。这也符合非言语传播过程中,言语符号与非言语符号之间,以及不同非言语符号之间协同表意机制特征。唯其如此,对于非言语传播的解读才更趋准确。

二 非言语传播的解读原则

非言语符号的解读非常有价值,也具有可行性。研究认为:"普通人虽然不知道什么是体态语,但是却能够很好地熟悉体态语,理解这些姿势的含义,通过这种方式比其他人更早地理解你交往对象的情感状态。人们可以通过学习掌握这种艺术,前提是在你知道体态语存在的条件下,进行仔细观察。"② 高曼(Carol Kinsey Goman)提出解读身体语言的五个"结合"(五个"C")原则:结合语言环境(context)、结合其他姿势(clusters)、结合言语表达(congruence)、结合常态行为(consistency)、结合文化背景(culture)③。这与达尔文等早期研究比较,将人类的非言语传播与动物的原始表情区别开来。

第一,结合特定语言环境(context)解读非言语符号。研究认为,非言语符号表意很少独立表意,而多数是与特定语境紧密结合,"非言语传播的意义随着语境的变化而变化。就像房地产一样,地段也很重要。我们不能在不考虑行为发生的情况下开始了解某人的行为"④。同样的,非言语符号在不同的语境下,所赋予的意义往往会大相径庭,鉴于此,对于非言语符号的解读务必结合传播语境。

第二,结合其他非言语符号(clusters)解读非言语符号。非言语符号一般是集群化地表达意义。研究认为:"一个手势可以具有多种含义,或者没有任何意义(有时雪茄只是一支雪茄),但当你把这个手势与其

---

① Burgoon, J. K. & Dillman, L., "Gender, Immediacy and Nonverbal Communication", In P J. Kalbfleisch & M. J. Cody (Eds.), *Gender, Power and Communication in Human Relationships*, Hillsdale, NJ: Lawrence Erlbaum Associates, 1995, pp. 63-81.

② Julius Fast, *Body Language*, Pan Books Ltd., 1971, p. 126.

③ Carol Kinsey Goman, *The Nonverbal Advantage Secrets and Science of Body Language at Work*, Wiley-Blackwell, 2010, p. 13.

④ Carol Kinsey Goman, *The Nonverbal Advantage Secrets and Science of Body Language at Work*, Wiley-Blackwell, 2010, p. 13.

非言语信号结合起来时，意思就变得更加清晰了。"① 不同非言语符号之间的协同表意机制决定了非言语符号的解读需要结合与其相关的非言语符号，进行意义解读。

第三，结合言语表达（congruence）解读非言语符号。有些时候存在这样的现象，"不一致指手势与词语相矛盾：一边摇头一边说'是'，或者某人皱着眉头盯着地面，一边告诉你她很开心。不协调不是故意欺骗的标志，而是一个人的想法和他/她说话之间的内在冲突"②。这时候一般是结合言语传播信息，解读非言语传播的真实内涵。

第四，结合常态行为（consistency）解读非言语符号。孤立地看待一个非言语符号很难进行准确解读，因为每个人的非言语传播习惯不同，在特定情况下的非言语符号所传递的真实信息也存在差异。比较可行的办法是和他以往的非言语传播进行对比，尤其是不同情况下的非言语符号进行比较，才能准确地解读特定非言语符号所传递的真实信息。鉴于此，研究者强调："你需要知道一个人在放松或者通常没有压力的情况下的基本行为，以便你能够与其在压力下出现的表情和手势进行比较。什么是他正常的四处张望、坐着、放松时站着的方式？他在讨论一些不具威胁性的话题时反应如何？了解某人的正常行为可以增强你发现有意义偏差的能力。"③ 这样，可以提高非言语符号解读的准确性。

第五，结合文化背景（culture）解读非言语符号。虽然非言语传播有跨文化传播的共性，但是，并不是所有非言语传播都具有跨文化特性，而是与特定文化结合。所以，"所有的非言语传播都受到文化遗产的影响"④。真正能够进行跨文化传播，且具有共同意义的只有部分非言语符号，其他的非言语符号则在不同文化背景下具有不同的表意功能。比如，"解读肢体语言不仅仅是学习非言语符号，它还要理解这些符号背后的真

---

① Carol Kinsey Goman, *The Nonverbal Advantage Secrets and Science of Body Language at Work*, Wiley-Blackwell, 2010, p. 14.

② Carol Kinsey Goman, *The Nonverbal Advantage Secrets and Science of Body Language at Work*, Wiley-Blackwell, 2010, p. 16.

③ Carol Kinsey Goman, *The Nonverbal Advantage Secrets and Science of Body Language at Work*, Wiley-Blackwell, 2010, p. 16.

④ Carol Kinsey Goman, *The Nonverbal Advantage Secrets and Science of Body Language at Work*, Wiley-Blackwell, 2010, p. 18.

正含义"①。结合不同的文化特征准确解读特定非言语符号在特定文化语境下的真实意义,是跨文化传播研究的重要话题之一。

三 非言语传播解读的偏差

研究发现:"测谎者似乎比我们采访过的其他人更了解非言语行为,并且更密切地关注它,更频繁地根据它做出判断,并且对非言语行为有更加复杂和不寻常的描述。"② 非言语传播具有自发性,所以,非言语线索是欺骗检测工具的重要组成部分与重要参考指标。

非言语线索是欺骗检测工具的重要组成部分,而准确解读这些非言语线索并非容易的事情。非言语传播符号解读偏差的原因是多方面的,研究者将非言语符号作为测谎的重要线索,而认识这些线索并非易事,很多时候存在社会认知困难。造成社会认知困难的原因可以大致分成六类:策略错误(strategi cerrors)、认知偏见(cognitive biases)、知识缺陷(knowledge deficiencies)、说谎者或说真话者的特征(characteristics of the liar or truth teller)、说谎者的动机(motivations of the lie catcher)、进化偏见(evolutionary biases)③。这些因素在不同程度上影响谎言非言语表现行为的社会认知效果。

(一) 策略错误(strategic errors)

第一个策略错误是大多数人在试图发现欺骗时疏忽可用的非言语信息。而非言语信息可能对理解他人有用。早期研究表明,观察员判断诚实或欺骗性行为正是借助于非言语符号④。这种解读偏差属于比较低级的错误,原因是根本没有意识到非言语传播对于判断欺骗的重要参照价值。

第二个策略错误。研究认为:"当判断一个人在说谎时,人们往

---

① Carol Kinsey Goman, *The Nonverbal Advantage Secrets and Science of Body Language at Work*, Wiley-Blackwell, 2010, p. 19.

② Ronald E. Riggio, Robert S. Feldman, *Applications of Nonverbal Communication*, Lawrence Erlbaum Associates, Mahwah, New Jersey London, 2005, p. 243.

③ Ronald E. Riggio, Robert S. Feldman, *Applications of Nonverbal Communication*, Lawrence Erlbaum Associates, Mahwah, New Jersey London, 2005, p. 230.

④ Ronald E. Riggio, Robert S. Feldman, *Applications of Nonverbal Communication*, Lawrence Erlbaum Associates, Mahwah, New Jersey London, 2005, p. 231.

往只关注讲话内容而不是声音质量。"① 其实讲话内容是可以编辑，可以很容易造假的。也即忽视听觉非言语符号在判断说谎者过程中具有重要的参考价值，声音质量也会作为判断传播主体是否说谎的依据。

第三个策略性错误是认为单个非言语线索总是或几乎总是表明欺骗的存在②，其实是被忽视的言语符号与非言语符号，以及不同非言语符号之间都存在协同表意机制，测谎正是依据传播系统的总体情况，而不是通过单一符号判断对方说谎与否。

综上可见，测谎策略错误是因为忽视非言语传播，其实一定意义上也强调言语传播与非言语传播之间具有协同表意机制。

（二）认知偏差（Cognitive Biases）

虽然认知心理学已经发展40多年了，认知心理学相关知识对于测谎的理论支撑并不明显。观察视角存在偏差，大多数观察者对撒谎行为的看法不准确，认为："大多数美国人认为骗子不会盯着你看。由于大多数美国人在欺骗的实验室研究中都知道这种显示规则，所以当人们撒谎时，他们有时比在说真话时更多地注视眼睛。"③ 这样就造成测量误差甚至是错误。

而对撒谎行为缺乏必要的信息也增加测谎难度。研究认为，许多人无法准确区分真实行为与欺骗性行为，因为他们缺乏必要的信息。而造成信息不充分的原因包括：（1）缺乏准确性的反馈信息；（2）撒谎和真实行为的信息不准确或不完整；（3）不同种类谎言的经验有限；（4）社会或情感的智商不健全。④ 对撒谎行为缺乏准确性的反馈则无法总结测谎经验。艾克曼认为，检测欺骗的准确性低主要是因为大多数人没有得到测谎准确率的良好反馈。我们不知道什么时候测谎成功？什么时候

---

① Ronald E. Riggio, Robert S. Feldman, *Applications of Nonverbal Communication*, Lawrence Erlbaum Associates, Mahwah, New Jersey London, 2005, p. 231.

② Ronald E. Riggio, Robert S. Feldman, *Applications of Nonverbal Communication*, Lawrence Erlbaum Associates, Mahwah, New Jersey London, 2005, p. 231.

③ Ronald E. Riggio, Robert S. Feldman, *Applications of Nonverbal Communication*, Lawrence Erlbaum Associates, Mahwah, New Jersey London, 2005, p. 234.

④ Ronald E. Riggio, Robert S. Feldman, *Applications of Nonverbal Communication*, Lawrence Erlbaum Associates, Mahwah, New Jersey London, 2005, p. 235.

被欺骗?① 这样对于梳理真实行为与欺骗行为特征没有帮助,对于提高测谎准确性也缺乏推动意义。

(三) 感知不足 (Perceptual Inadequacies)

前文讨论,缺乏反馈信息制约测谎效果,而如果拥有足够的非言语信息,却误解或根本没有感知这些非言语信息同样会导致测谎失败。所以研究者认为:"虽然有很多欺骗线索,大多数人似乎都不知道。要么他们不知道这些线索可能表明认知或情感的变化,可能与欺骗有关,要么这些非言语线索是如此微妙或短暂以至于他们看不到或听不到它们。或者,他们可以感知他们,但不能准确地解释他们。"② 简言之,对于非言语符号的感知不足同样导致测谎失败。

对于非言语符号的感知不足,原因是多方面的,可能是不同的谎言可能涉及不同的线索。1928 年,美国心理学家哈特松(Hartshorne, G. H.)和梅(May, M. A.)关于诚实和欺骗行为的研究发现,"不同情况下,人们撒谎的倾向并不完全一样。诚实取决于所要撒谎的类型,以及谎言或欺骗发生的情境。精确地检测欺骗也可能受情境限制,并且大多数欺骗检测研究使用相当窄的谎言类型范围"③。可以理解为,欺骗的方式是多样的,而且是常变常新的,而测谎的标准和测量方式手段比较有限,很难准确判断。

说谎的不同策略会显示不同的行为线索,也会影响非言语符号的感知,进而影响谎言判断的准确性。如"人们在判断他人时注意不同的线索。如果他们知道并且准确地检测线索与一种谎言相关,而不是与另一种谎言相关,那么他们在检测该谎言时的精确性就会有差别"④。简言之,为了识别谎言需要关注哪些非言语符号?谎言的非言语符号具有哪些特征?这些都增加了谎言识别的难度。

---

① Ronald E. Riggio, Robert S. Feldman, *Applications of Nonverbal Communication*, Lawrence Erlbaum Associates, Mahwah, New Jersey London, 2005, p. 235.

② Ronald E. Riggio, Robert S. Feldman, *Applications of Nonverbal Communication*, Lawrence Erlbaum Associates, Mahwah, New Jersey London, 2005, p. 235.

③ Ronald E. Riggio, Robert S. Feldman, *Applications of Nonverbal Communication*, Lawrence Erlbaum Associates, Mahwah, New Jersey London, 2005, pp. 235-236.

④ Ronald E. Riggio, Robert S. Feldman, *Applications of Nonverbal Communication*, Lawrence Erlbaum Associates, Mahwah, New Jersey London, 2005, pp. 236-237.

综上可见，对于说谎者发出的非言语线索感知不够或感知偏差都会导致测谎失效。这里有主观能力因素，也有客观制约因素。比如，有些非言语线索发生时间短暂且不够明显，有时候还容易与真实行为比较接近，产生混淆等，这些都会给测谎带来难度。

（四）说谎者或说真话者的特点（Characteristics of the Liar or Truth Teller）

研究者强调，"即使测谎者具有社交和情感能力，具有关于欺骗线索的准确信息，也接收到关于他检测谎言准确性的反馈，并且不受认知启发法和策略错误的阻碍，仍然需要避免陷阱。有些人由于文化（culture）、外表（appearance）或个性（personality）等因素会被误解"[①]。这里涉及宏观的文化差异带来非言语传播的不同，以及微观的个体外表与个性等因素，这些都会给测谎带来干扰，混淆真实行为与欺骗行为之间的差异性。

（五）测谎者的动机（Motivations of the Lie Catcher）

还需要强调一点，就是测谎者的动机也可能影响测谎的准确性。测谎者包括四个不同的动机：(1) 认知懒惰（cognitive laziness）；(2) 社会化实践（socializationpractices）；(3) 不愿被指责（accusatory reluctance）；(4) 共谋与自我欺骗（collusion and otherself-deceptions）[②]。首先，从态度层面看，认知惰性制约测谎效果。测谎者根本没有认真观察撒谎者的非言语符号，导致测谎失败；其次，从经验层面看，社会化实践也给测谎带来经验积累的机会。测谎者需要多次试错与调整，积累经验才能精确测谎，而非一蹴而就；再次，从社会心理层面看，规避指责心理也会制约测谎效果；最后，就是个体主观因素的"共谋与自我欺骗"给测谎效果带来致命的制约效果。

（六）进化偏见（evolutionary biases）

进化偏见（evolutionary biases）也是导致解读非言语传播产生误差的重要原因之一，该偏见将欺骗识别当成一种依靠进化获取的动物本能，却忽视了非言语传播的文化属性和社会属性。邦德（Bond）和他的同事们

[①] Ronald E. Riggio, Robert S. Feldman, *Applications of Nonverbal Communication*, Lawrence Erlbaum Associates, Mahwah, New Jersey London, 2005, p. 237.

[②] Ronald E. Riggio, Robert S. Feldman, *Applications of Nonverbal Communication*, Lawrence Erlbaum Associates, Mahwah, New Jersey London, 2005, p. 238.

(Kahler & Paolicelli; Bond & Robinson),以及其他进化论者声称,"人类已经进化到具备准确的谎言鉴别能力"①。其实不然,谎言识别能力只是少数人掌握的能力,而且还不够精准。艾克曼认为,在我们的进化史中检测谎言的成本太高,以至于没有人愿意掌握这种能力②。假设测谎的成本太高,而致使测谎的能力在进化过程中被逐步淘汰,而使人逐渐不再具备这一能力。忽视了人类认知能力的社会性与文化差异,而简单归于动物的本能。

简言之,非言语传播解读有一定规律,但也有较大难度。研究者称,"因为每个人有大量的动作,很难将特定动作与特定信息对应"③。研究认为:"不是所有病人表现孩子气时都会头偏向身体一边,不是所有的医生在倾听时都会做同样的头部动作。然而,可以确信一点,同一人将会一遍又一遍地重复同样的动作。"④ 这样说明,解读特定对象的非言语行为需要将其某些行为与通常情况下其行为进行比较,将更准确认知其非言语行为的变化特征。

---

① Ronald E. Riggio, Robert S. Feldman, *Applications of Nonverbal Communication*, Lawrence Erlbaum Associates, Mahwah, New Jersey London, 2005, p. 241.

② Ronald E. Riggio, Robert S. Feldman, *Applications of Nonverbal Communication*, Lawrence Erlbaum Associates, Mahwah, New Jersey London, 2005, p. 241.

③ Julius Fast, *Body Language*, Pan Books Ltd., 1971, p. 124.

④ Julius Fast, *Body Language*, Pan Books Ltd., 1971, p. 124.

第四章

肇始：查尔斯·达尔文进化论视角的表情研究

在人类语言出现以前，非言语传播就已经存在，但是，非言语传播研究开展得相对比较晚，最具有开拓性的要数达尔文的《人类和动物的表情》(The Expression of the Emotion in Man and Animals)。罗杰斯认为："这部著作创建了非语言传播的领域，尽管达尔文没有这么称呼。"① 达尔文经过33年的观察并收集大量的资料，通过观察婴儿和儿童、各种文化中的成年人、精神病患者，以及诸如猿和狗等动物的情感表达，坚信人类的情绪表达在很大程度上受进化论影响。

早在1838年，达尔文在阅读贝尔爵士作品的时候就开始对人类的表情产生兴趣。1839年12月27日，达尔文的长子出生，他开始记录孩子的各种表情。另外，他还在火车上观察老年妇女哭泣的表情，研究精神病患者，甚至尝试将观察对象的表情固化成照片进行细致研究，观察著名照片和雕刻画等，还派人到欧洲不同民族地区观察各地不同人群的表情，检验自己研究观点的信度。达尔文经过多年的田野观察，获取丰富的第一手研究资料，最终形成表情研究的拓荒之作——《人类和动物的表情》。在书中达尔文鲜明的观点是："人类不同面部表情反映不同情绪，且面部表情往往是下意识的，不能完全控制。所以，人的非言语传播比言语传播可信度高"②。达尔文准确地指出了动物和人类所拥有的丰富的表情和多变的情绪其实是有着相同的起源，强调动物与人类连续性的心理发展规律。但是，达尔文却忽略了人类与动物之间心理本质上的差异性。

限于历史条件的制约，达尔文的非言语传播研究还存在诸多局限性，但是，其对于非言语传播研究的开创性意义不容忽视。有研究者甚至认为

---

① [美] E. M. 罗杰斯：《传播学史——一种传记式的方法》，殷晓蓉译，上海译文出版社2005年版，第64页。

② [英] 达尔文：《人类和动物的表情》，周邦立译，科学出版社1958年版，第14—15页。

达尔文的这本书且不说理论概括，单就其研究资料本身就非常具有研究价值①。其研究方法与研究的核心观点对于当前的非言语传播研究仍然具有重要的启发和借鉴意义。本章从理论渊源、研究方法、理论贡献等方面对达尔文的表情研究进行梳理与反思。

第一节 达尔文表情研究的理论渊源

人类的思想财富存在自身的历史渊源，罗杰斯在《传播学史》中认为传播学的欧洲起源包括查尔斯·达尔文的进化论、西格蒙德·弗洛伊德的精神分析理论，以及卡尔·马克思的批判学派②。而达尔文对于人类表情的研究同样深受解剖学、人相学、心理学，甚至造型艺术等相关思想的启发，再进一步深入观察、分析，构建非言语传播思想体系。

一 生理解剖学的启发

1806年，查理士·贝尔爵士（Charles Bell）出版《表情的解剖学》（*Anatomy of Expression*）。达尔文认为，其突出贡献就是说明了表情动作和呼吸有密切关系。他认为，各种肌肉是专门为了表情而产生的。当然，达尔文也发现其研究的不足，即没有说明各种不同的情绪产生与各种不同的肌肉如何发生作用，由此引发达尔文继续做相关研究的兴趣。生理学家白尔格斯博士（Burgess）的思想也影响过达尔文。1839年，白尔格斯博士出版了《脸红的生理或机制》（*The Physiology or Mechanism Blushing*），其对于脸红的表现及其生理机制研究对于达尔文的研究影响也比较大。

二 人相学思想的借鉴

1862年，杜乡博士出版其专著《人相的机制》（*Mecanisme de la Physionomie*），书中介绍其借助于电器刺激方法说明手部肌肉反应的生理特征，并且用照片来说明这些动作特征。杜乡博士借助于电子实验设备刺激

---

① [苏联] C.T. 格列尔斯坦：《达尔文的著作人类和动物的表情的历史意义》，转引自[英] 达尔文《人类和动物的表情》，周邦立译，北京大学出版社2009年版，第10页。

② 参见[美] E.M. 罗杰斯《传播学史——一种传记式的方法》，殷晓蓉译，上海译文出版社2005年版，第41—66页。

肌肉的方法，探索不同人相表征背后的肌肉运行机制对于达尔文的表情探索，以及其遗传观点都具有科学佐证价值，深度影响其进化论思想的学理性。

法国著名的解剖学家披尔·格拉希奥莱（Pellegra shiole）曾经在巴黎大学文理学院（Sorbonne）讲授表情学教程。1865年，在他去世以后，他的教程笔记本《人相学和表情动作》被刊印出来。达尔文从中获取很多宝贵的观察资料，也发现其研究的不足（即忽略了遗传的因素，而不能够正确说明很多姿态和表情）。这也引发了达尔文的进一步探索，最终发现了人类表情的遗传特性。

三 心理学理论的借鉴

1855年，赫伯特·斯宾塞（Herbert Spencer）的《心理学原理》（*Principles of Psychology*）对于达尔文同样产生很大的启发作用。如斯宾塞认为，在情绪达到强烈的程度时候，"就表现为大声喊叫、拼命躲藏或逃生、心脏急跳和身体发抖；同时，这些表现会伴同这些激发恐惧的不幸事件的真正经验而产生出来。破坏性的激情，就表现为肌肉系统的普遍紧张、咬牙切齿、伸出脚爪、张大眼睛和鼓起鼻孔、咆哮"①。类似的研究结论对于达尔文的研究具有重要借鉴意义。

四 艺术学理论的借鉴

早在达尔文《人类和动物的表情》出版以前，不仅科学家，还包括画家、雕刻家、演员等艺术家就已经注意到人类的表情问题。这些艺术家们关注各种表情动作的极细微差异，以及如何准确表现。如演员研究手势、身体姿势和面部表情规律，用以表现拟态表情去迷住观众。这些经验由师父传授给徒弟，成为演员的技艺。部分造型艺术和舞台艺术的专家们试图找出表达人类各种情绪的极细微差异，展现其作品人物的表情和内心情感。如著名画家莱奥纳多·达·芬奇在教授绘画艺术的时候，传授如何表现出那些在笑、哭和恐怖等时候所发生的动作，但是，缺乏严格的科学分析和理论概括。达尔文在文中多次借鉴相关观点，证实自己的观点。

---

① ［英］达尔文：《人类和动物的表情》，周邦立译，科学出版社1958年版，第28页。

第二节　达尔文表情研究的方法探索

在达尔文以前，包括贝尔爵士等关于表情研究都有不同的研究方法，但是，也都存在一定的局限性。达尔文对此早已关注。首先，因为表情动作比较细微，且转瞬即逝，不易察觉，研究难度较大。其次，很难探究各种表情表征的深层次原因。再次，观察者自身的情绪影响观察效果。最后，容易掺入观察者的想象。这些因素在不同程度上限制了研究结果的科学性[1]。鉴于上述局限性，达尔文针对表情研究方法做过很多有价值的改进性探索。

一　实地观察不同人群的表情

达尔文通过实地观察不同人群、不同人种的表情，以确定人类的表情具有天生性。其观察对象包括：婴儿（他自己的孩子）、儿童（他自己的孩子）、成年人、动物园里的动物、精神病人以及跨文化人群。观察婴孩，因为婴孩表现出的那种纯粹而单纯的表情随着时间的推移逐渐丧失。即婴儿的非言语传播更具有生物特性，更容易观察。达尔文还实地观察精神病患者，"因为他们很容易发生最强烈的激情，并且使它们毫无控制地暴露出来"[2]。达尔文通过广泛观察不同人群甚至是不同人种的表情，验证人类表情具有同一性。

二　观察静态照片的表情特征

类似方法至今仍然是研究面部表情最广泛和最容易使用的方法。达尔文还将观察对象的表情固化成照片进行细致研究。杜乡博士曾经把电流通到一个老年人的面部的某些肌肉上去，用这个方法引起各种不同的表情，把这些表情拍摄成放大的照片。达尔文拿这些照片给实验对象观看，在没有文字说明的情况下，让调查对象描述照片里人物的情绪类型[3]，这种研究方法类似于后来控制实验的研究思想。

---

[1] ［英］达尔文：《人类和动物的表情》，周邦立译，科学出版社1958年版，第30页。
[2] ［英］达尔文：《人类和动物的表情》，周邦立译，科学出版社1958年版，第30页。
[3] ［英］达尔文：《人类和动物的表情》，周邦立译，科学出版社1958年版，第31页。

三 观察艺术作品的表情特征

20世纪，大多数科学家只用描述表情（如微笑，皱眉）和不精确的推理方式。或是描述外观变化特征，而不考虑什么肌肉产生这些变化。[①] 达尔文则通过解剖分析情绪产生的生理学原理。

当然，达尔文在表情研究方法探索方面也遇到过挫折，如观察著名照片和雕刻画，却少有收获。因为美术作品里主要对象是美，而剧烈收缩的面部肌肉就破坏了美。艺术和生活实际存在差异，这样，观察艺术作品做表情研究，未观察真实的表情，不具有科学性。他用各种方法来收集数据，后来的实验心理学、发展心理学和人类学研究都阐述过这些方法。由此，人们看到达尔文整合不同数据，建立一般理论的非凡能力。这种广泛的比较心理学研究方法至今仍值得关注。

第三节 达尔文表情研究的理论贡献

达尔文以前，已经有众多关于情绪研究的著作发表，甚至往前推至古希腊亚里士多德的《修辞学》，已经涉及比较多的非言语传播学思想。但是，这些研究只是表情、体态语等的研究，并没有像达尔文采用进化论观点和广泛的生物学观点系统研究人类的情绪表达问题。其对于表情研究，甚至对于整体非言语传播研究都具有开拓性意义。

一 研究框架的贡献

在达尔文著的《人类和动物的表情》这本书出版以前6年和《人类起源》一书出版以前5年，1866年，伟大的俄国生理学家谢切诺夫（И. М. Сеченов）的《神经系统生理学》（ФизиологияНервнаясистема）讲述了表情动作的分析方法。说明谢切诺夫也支持进化学说的观点。但是，谢切诺夫缺乏大量有关动物表情的实际资料，也没有形成比较系统的研究观点。

达尔文"不仅从进化论学说立场上去解释表情，而且也利用了这种

[①] P. Ekman, "Darwin's Contributions to Our Understanding of Emotional Expressions, Philosophical Transactions: Biological Sciences, Computation of Emotions in Man and Machines", *Royal Society*, Vol. 364, No. 1535, Dec. 12, 2009, pp. 3449-3451.

资料去加强这些立场"①。达尔文的研究提出了三个表情传播原理,并且围绕这三个原理展开分析。第一个是联合性习惯原理(The principle of serviceable associated habits)。达尔文认为,人们会因为习惯的力量而重复做同样的表情,强调表情是一种潜意识行为,具有可信度。同时,也可以说明表情的协同性。如,"有些人在描写一种可怕的景象时候,往往顿时紧闭双眼,或者摇起头来,好像不要去看某些种讨厌的事情,或者是要驱除这种情形似的"②。第二个是对立原理(The principle of Antithesis)。达尔文发现,有些表情动作互相对立,如:悲哀—欢乐;敌视—友爱等,即为"对立原理"。第三个是神经系统的直接作用原理。达尔文发现,"在差不多任何情绪达到高度紧张的时候,它就在外表上表现得异常强烈和多样化:身体发抖、有很多的姿势"。达尔文确定其为"神经系统的直接作用原理"。达尔文围绕上述三个原理,探索人类的各种特殊表情,以及与动物的差异性。

二 研究素材的积累

达尔文研究的优点是资料丰富、观察力强、叙述准确。有研究者指出,即使达尔文的这本书不含有任何理论上的概括,单就事实仍旧具有特殊的价值。甚至,"直到现在为止,在文献里还没有其他任何一本书以动物和人类的表情动作的起源作为自己的对象,并且会有达尔文所做的那样详尽地去考察情绪起源的问题"③。达尔文在书中大篇幅探索人类的特殊表情,比较人与动物的异同;比较不同人群之间的异同;分析产生差异的原因。如认为脸红是人类最特殊的特征,是所有人种共同具有的表情。

三 研究视角的创新

《人类和动物的表情》的理论观点是生物符号,并以此为基础认为,生理符号的任意性是自然选择的结果。达尔文的生物符号学(biosemiotic)思想早于索绪尔的语言学,其"生物符号学理论在自然科学与人文科学之间

---

① [苏联] C.T.格列尔斯坦:《达尔文的著作人类和动物的表情的历史意义》,转引自[英] 达尔文《人类和动物的表情》,周邦立译,科学出版社1958年版,第5页。
② [英] 达尔文:《人类和动物的表情》,周邦立译,科学出版社1958年版,第41页。
③ [苏联] C.T.格列尔斯坦:《达尔文的著作人类和动物的表情的历史意义》,转引自[英] 达尔文《人类和动物的表情》,周邦立译,科学出版社1958年版,第10页。

提供了一种新的桥梁"①。也有研究者认为:"达尔文现代主义的方法论为语言学和生物学研究的历史关系带来曙光,能为这些学科发展带来希望,也预示着超越种族的科学研究。"②

也有研究者将达尔文的表情研究总结为五大贡献③:第一个贡献是对离散情绪(discrete emotions)的思考。后来,相关学者发展成离散情绪理论(Discrete emotion theory),认为,人的核心情感是生物性决定的情感反应,从根本上说,其表达和识别无论民族或文化差异都是相同的。第二个贡献是虽然他对发声、眼泪和姿势没有给予一定的关注,但是,他重点关注面部表情。证据表明,面部表情是到目前为止情绪最丰富的信息来源。第三个贡献是面部表情具有普遍性。第四个贡献是情绪不是人类独有的,包括蜜蜂、公鸡、狗、猫、马,以及其他灵长类动物等许多其他物种也有情绪。第五个贡献是达尔文解释表情符号的产生原因。比如,为什么愤怒时上嘴唇翘起?达尔文认为,这是面临威胁并准备攻击时牙齿的习惯性动作。

达尔文的表情研究对前人相关思想的批判性继承和深入创新,其通过大量的田野调查获取第一手资料的研究方法对于当前的相关研究仍具有重要价值。尽管由于当时研究技术手段等限制,达尔文的研究结论受到一些质疑,但是,在纪念《人类和动物的表情》出版100周年时,非言语传播领域的重要学者艾克曼认为:"达尔文的许多观察,他的大部分理论解释和预测,都被当前的知识所证实。"④ 其研究方法、研究成果,对于当前的非言语传播研究仍然具有不容忽视的启发和借鉴意义。

达尔文的表情研究是基于进化论思想开展的,其研究思想不仅是非言语传播研究的开拓性价值,对于其他一些学科同样有重要启发意义。比如,"人们为什么耸肩?为什么狗摇尾巴?我们生气时为什么会愁容而悲

---

① Sarah Winter, "Darwin's Saussure: Biosemiotics and Race in Expression", *Representations*, Vol. 107, No. 1, University of California Press, 2009, pp. 128-161.

② Sarah Winter, "Darwin's Saussure: Biosemiotics and Race in Expression", *Representations*, Vol. 107, No. 1, University of California Press, 2009, pp. 128-161.

③ See. P. Ekman, "Darwin's Contributions to Our Understanding of Emotional Expressions", *Philosophical Transactions: Biological Sciences*, Vol. 364, No. 1535, "Computation of Emotions in Man and Machines", *Royal Society*, 2009, pp. 3449-3451.

④ [美] E. M. 罗杰斯:《传播学史——一种传记式的方法》,殷晓蓉译,上海译文出版社2005年版,第64页。

伤时会噘嘴？犯罪和羞愧之间表情有什么差别？早在 1872 年，达尔文在其专著《人类和动物的表情》中就回答了类似的许多问题。它也证明是人类的心理而不是身体产生类似进化。该专著也表明，即使在科学种族主义的全盛时期，人类的种族根基仍是相似的。它是 20 世纪的心理健康学（psyhcopathology），儿童发展学，人种学（ethnography），行为学（ethology），认知科学，神经生理学（neurophysiology）等的先导，它比其他学科更早利用照片进行科研，并且持续了一个世纪"①。

艾克曼出版了新版《人类和动物的表情》，新版包括达尔文准备再版时增加的材料。但是，由于出版商在原版未售完之前不出版新版，这样达尔文很遗憾没有看到新版的出版。新版中艾克曼还增加了前言、后记和文中注释，以及头版改变的或印刷有误的原始照片。艾克曼的增补使得这本书更加完整。新版不是修复后的博物馆作品，而是少量更新的开创性工作。新版和旧版一样具有新鲜性和启发性②。

艾克曼是达尔文表情研究的主要继承人，他将人类的主要表情进行分类，针对生理解剖进行建档，进而表明表情具有跨文化的共同性③。艾克曼还解释：这本书在大半个世纪都未受到重视，主要是因为行为主义限制了心理状态的讨论，以及主流观点否定人性的存在④。这些都对于达尔文的研究思想形成一定的挤压。达尔文要同时面临两方面的争辩：一方面要向生物学家解释适应性；另一方面要向神创论者辩论人的表情来自其造物主⑤。在经过漫长的思想论辩的过程，达尔文的表情研究思想最终又重受关注，也足见其科学性价值。

---

① Steven Pinker, "Still Stimulating After All These Years", *Science New Series*, Vol. 281, No. 5376, Jul. 24, 1998, pp. 522-523.

② Steven Pinker, "Still Stimulating After All These Years", *Science New Series*, Vol. 281, No. 5376, Jul. 24, 1998, pp. 522-523.

③ Steven Pinker, "Still Stimulating After All These Years", *Science New Series*, Vol. 281, No. 5376, Jul. 24, 1998, pp. 522-523.

④ Steven Pinker, "Still Stimulating After All These Years", *Science New Series*, Vol. 281, No. 5376, Jul. 24, 1998, pp. 522-523.

⑤ Steven Pinker, "Still Stimulating After All These Years", *Science New Series*, Vol. 281, No. 5376, Jul. 24, 1998, pp. 522-523.

第四节 达尔文表情研究的思考

达尔文对于表情研究是基于进化论思想的探索,其核心观点是,人类的表情是由比人低级的生物进化而来的。但是,由于历史条件的制约,其不足在所难免。

一 研究方法的缺憾

从方法论角度看,"在达尔文的文本中看不到这种方法论上的差距,然而,在进化论与符号学,以及语言学与生物学之间的融合背景下,理解他的生物符号学理论(biosemiotic)时,这种研究方法的差距就比较明显了。而索绪尔在这些方面做出较大贡献"[1]。例如,从具体方法与工具层面看,可以广泛借助新型传播研究工具,提升研究的准确性。现在先进的非言语传播研究设备,加上情绪实验、神经科学、脑科学等研究手段;如脑电、功能磁共振成像、功能近红外成像等,提高表情研究或非言语传播研究的信度与效度。当然,不能以现代技术水平苛责古人。

二 研究结论的争议

达尔文认为,情感具有普遍性,情绪表达不是人类独有的,而是人类和动物之间普遍存在的。该观点是进化论的产物,也是物种连续性的证据。但是,情绪产生的原因、对于情绪的态度、情绪的识别和解释等方面在不同文化背景下却存在差异[2]。其情感表达具有普遍性的观点在生物学和社会科学领域长时间存在争议。简单地说,就是鉴于生物学和进化论的观点,所有的人类交流都存在六种基本情绪(快乐、惊讶、恐惧、厌恶、愤怒和悲伤),都使用相同的面部运动。研究者通过 30 名东方人和西方人进行对比试验,驳斥长期表情具有普遍性的假设,研究资料表明:文化

---

[1] Sarah Winter, "Darwin's Saussure: Biosemiotics and Race in Expression", *Representations*, Vol. 107, No. 1, University of California Press, 2009, pp. 128–161.

[2] Nancy Cervetti: *George Eliot-George Henry Lewes Studies*, Penn State University Press, 1999, pp. 95–97.

在塑造人的基本行为方面具有强大影响力,而不是一直以来坚信的生物性①。

三 研究问题的悬置

达尔文并没有提供测量面部运动的方法,也没有确定每个情感类型的界限。任何情绪的表达都有许多不同的变化。我们还不知道有多少变化,我们也不知道这些变化在多大程度上与社会背景或主观经验的差异相联系。艾克曼也指出达尔文研究的缺失,认为所有的科学研究最终都是关于人和关系的研究。而达尔文却忽视了面部表情与情绪之间的关系,标志(indicators)和传播符号(communicative signals)之间的关系等。但法国人杜乡观察自发微笑与假装微笑之间的差异,为指示(an indicator)和表达信号(a communicative signal)之间的区别提供有价值的例证②。也就是后来的"杜乡的微笑"(Duchenne Smile),即发自内心的微笑。

达尔文的表情研究固然存在不足,但其表情研究的思想和精神仍然值得借鉴,其对于非言语传播研究的开拓性价值也不容忽视。其对于前人相关研究理论的质疑与借鉴,对于研究方法的探索,对于研究资料的大量收集,长时间的观察等对于当前的非言语传播研究都具有启发意义。其研究之不足也同样是后期非言语传播研究值得开拓的领域,这也是很多学术研究发展进步的通常路径。

---

① Rachael E. Jack, Oliver G. B. Garrod, Hui Yu, Roberto Caldara and Philippe G. Schyns, "Facial Expressions of Emotion are not Culturally Universal", *Proceedings of the National Academy of Sciences of the United States of America*, Vol. 109, No. 19, May 8, 2012, pp. 7241-7244.

② P. Ekman. "Darwin's Contributions to Our Understanding of Emotional Expressions", *Philosophical Transactions*: *Biological Sciences*, Vol. 364, No. 1535, "Computation of Emotions in Man and Machines", *Royal Society*, 2009, pp. 3449-3451.

第五章

奠基：爱德华·霍尔等跨文化传播视角的时空符号研究

> 时间会说话。它比有声语言更坦率，它传达的信息响亮而清晰。因为它既不如有声语言那样被意识所控制，也不那样容易使人误解。它往往能揭穿语词所表达的谎言。
>
> ——[美] 爱德华·霍尔：《无声的语言》，刘建荣译，上海人民出版社1991年版，第1页。

全球化背景下，跨文化传播日益频繁。不同文化体系有不同的非言语传播符号，了解这些就会在跨文化传播中避免误解。非言语传播是人类交际和传播活动中必不可少的一部分，西方学术界几十年的研究逐步形成独立学科。而霍尔作为跨文化传播研究的专家，其著作《无声的语言》(*The Silent Language*)、《超越文化》(*Beyond Culture*)、《隐藏的维度》(*The Hidden Dimension*)、《空间关系研究学手册》(*Handbook for Proxemic Research*)等对于体态语、时间符号、空间符号的分析新颖独特、富有创见，对于跨文化传播和人际交往有很强的指导意义。本书探寻其非言语传播思想的学术来源，从时间语言、空间语言等角度梳理霍尔非言语传播研究的核心思想，为我国非言语传播研究提供理论支撑。

霍尔作为一个人类学家，《无声的语言》一书的大部分内容是自己实地考察的结果。霍尔提出了"文化即交流"的观点，是第一位提倡"时间语言"和"空间语言"的学者，并在书中用自身的经验和鲜活的例子来解说时间符号与空间符号的奥秘。

霍尔的《无声的语言》关注空间关系学研究，他通过观察美国人与其他文化群的人交流过程中出现的误解现象，深入分析跨文化传播过程中不同空间符号的表意机制。他认为，空间关系包括固定特征的空间（如墙壁等不可移动的东西）、半固定特征的空间（如家具）以及非正式的空间（人活动的周围环境）三类。他还总结了影响人们使用个人空间的八大因素：姿态与性别、社会离心—向心轴线、身势的因素、触碰的因素、视觉符码、热量符码、嗅觉符码、音量等。

与此同时，霍尔还关注时间符号、色彩符号、哭泣以及微笑等非言语符号，认为"时间会说话。它比有声语言更坦率，它传达的信息响亮而清晰。因为它既不如有声语言那样被意识所控制，也不那样容易使人误解。它往往能揭穿词语所表达的谎言"①。他还关注非言语符号的表意机制，如认为，"言语是最精致的互动形式之一，语调和手势对言语起着强调作用"②。其关注非言语符号的多样性，尤其是表意机制问题对于非言语传播研究具有重要推动意义。

霍尔的上述研究面向都具有创新性，对于非言语传播研究都具有较大的推动作用。将时间作为符号，空间作为符号，对探索时空符号的传播特征具有启发价值。本章从时间的表意功能、空间的表意功能及相关思考三个方面展开对于霍尔非言语传播研究的研究。

第一节　时间作为传播符号的研究

研究强调，非言语传播符号具有生物性和社会性③。生物性特征是处于一个文化体系内的社会成员传递信息时在生理反应上的共同点，像紧张时打哆嗦，寒冷时搓手；社会性的非言语传播符号一般是某群体在生产生活中所产生的、世代相传的、约定俗成的，比如中国的古建筑讲究对称性，追求和谐美。霍尔结合自己的跨文化生活经历和丰富的工作考察经历，对非言语传播的时间语言、空间语言和体态语言研究，更多的是从社会性角度进行探索，比较不同社会环境下，特定非言语符号的表意特征。

文学家吉尔伯特·默里说过："时间和空间，以及时间和空间的产

---

①　[美]爱德华·霍尔:《无声的语言》，刘建荣译，上海人民出版社1991年版，第1页。
②　[美]爱德华·霍尔:《无声的语言》，刘建荣译，上海人民出版社1991年版，第41页。
③　孙英春:《跨文化传播学导论》，北京大学出版社2008年版，第64页。

物，构成了我们的思维框架。"① 在非言语传播领域，不同文化体系的成员往往会由于不同的时间观念而产生误解。而时间学（chromatics）就是专门研究时间的利用、内涵和传播的一门学科。在《无声的语言》一书中，霍尔专门在"时间之声"以及"时间会说话：美国人的口音"两个章节中探讨了时间与文化、时间与传播等问题；在《超越文化》的"文化之悖论"章节中，提出了"一元时间"（monochronic time）和"多元时间"（polychronic time）等概念。这些研究共同的特点是探索时间符号在不同社会文化情境下的社会差异性。

一 时间取向：过去、现在和未来

霍尔在《无声的语言》开篇强调："时间会说话。"② 时间和传播、文化是密切相关的，任何一个文化体系都有其独特的时间观念，有的文化注重过去，有的文化注重现在，有的文化则追求未来。在从事跨文化传播活动时，如能清楚了解对方的时间观念和行为方式，将会减少很多误解。

过去取向的文化比较重视传统，主要以中国、日本、西欧一些国家为代表。这种文化强调过去的光荣和历史。美洲那伐鹤印第安人则是强调现在取向。霍尔举了一个生动的例子，如果你在赛马场上允诺一个那伐鹤人："这个秋天我打算把这匹马送给你"，他可能会生气地转头就走，但是如果你说："我决定现在把这匹马送给你"，他则会笑逐颜开③。他们认为，只有立即兑现的承诺才有现实性。美国文化的时间观念是强调未来取向。美国人总是着眼于未来，不过，美国人所展望的未来是可预见的未来。他们对未来的计划是务实的，能够实现的。所以，美国人也特别注重准时，难以忍受拖沓和慢节奏的生活方式。

二 时间系统：正式的、非正式的、专门的

霍尔的三分法把时间分为"正式的""非正式的"和"专门的"④，以此为基础，这三个系统也同时存在于人生的其他方面，比如学习、感情、态度等。霍尔认为，时间有上述三种系统，而每一种系统都有其集

---

① 孙英春：《跨文化传播学导论》，北京大学出版社2008年版，第76页。
② ［美］爱德华·霍尔：《无声的语言》，刘建荣译，上海人民出版社1991年版，第1页。
③ ［美］爱德华·霍尔：《无声的语言》，刘建荣译，上海人民出版社1991年版，第11页。
④ ［美］爱德华·霍尔：《无声的语言》，刘建荣译，上海人民出版社1991年版，第87页。

合、元素和模式。

在正式的时间系统里，按照不同的划分标准，时间可以有不同的集合，比如分钟、小时、日、星期、季节等。正式的元素通常难以确认，因为元素是抽象的，而"正式"又是人们所习以为常的，所以常常被忽略。霍尔列出的正式元素有有序性、周期性、综合性、价值性、有形资产性、延伸性和深度等。通俗上来讲，这些元素就是使同一类别的事物归为一个集合的原因。

在非正式的时间系统里，要理解说话者的意图，通常需要借助一定的语境。比如，按照约会的准时性和时间长度可以把时间分为准时，早到，迟到1分钟、10分钟、30分钟、45分钟、1小时等不同非正式集合，而对于不同的约会对象和约会内容，这些时间集合所代表的意义也不同。霍尔认为，美国人的非正式的时间元素包括：迫切性、专一性、活动性和多样性，这些元素构成了不同的非正式集合。非正式模式因人而异，但也常常为当事人所忽略。

霍尔并没有对专门的时间模式的集合、元素和模式进行详细分析。但他提到了存在于美国文化中的另外两种时间模式："扩散点"和"转移点"时间模式，他们之间的区别取决于机动余地是在某时刻一边，还是扩散在它周围。比如以10：00为一个时间点，"转移点模式"的人会选择在9：30—10：00到达，大多数人会选择在9：55到达；而"扩散点模式"的人则会选择在9：55和10：15到达。当两种不同模式的人约会时，就常常会因时间模式不同而产生误解和冲突。这些现象在跨文化传播领域容易产生矛盾或误解，在同一文化圈层内部也可能存在类似偏差。比如，农村的农耕时间观念和城市上班族的时间观念存在类似的偏差。老年人的时间观念和年轻人的时间观念也可能存在偏差。这种偏差一定程度上与不同的时间模式有关。

三 时间范畴：一元时间和多元时间

按照人们看待处理时间的方式，霍尔把时间划分为一元时间（monochronic time）和多元时间（polychronic time）两种范畴[1]。一元时

---

[1] Edward T. Hall, *Monochronic and Polychronic Time*, Larry A. Samovar, Richard E., Porter A. Reader, Wadsworth Publishing House, 1982.

间是指人们在同一时间内只专注做一件事情，而多元时间是指人们在同一时间内可以同时做多件事情。通俗点儿说，就是"一心一意"和"三心二意"。

美国文化中的时间观念就是所谓的"一元时间"概念。一元时间是一种注重日程安排、讲究阶段性和准时性的时间。具有一元时间概念的人认为时间是有价值的，他们会按照事件的轻重缓急来精确地安排日程、分配时间，他们看重的是目标、任务和结果，忠于职守，而不是人际关系和社会情感。低语境文化的社会成员往往是一元时间观念者，坦白直率，喜欢集中精力做一件事，同时也努力不打扰他人，尊重他人的隐私，他们非常注重办事的效率，也很尊重个人财产，东西很少借进和借出，在人际关系上通常只与交往的对象保持短期的关系。

霍尔认为，大多数的亚洲国家、拉丁美洲以及非洲国家属于"多元时间"文化。处于这种文化中的社会成员一般可以在同一时间做很多事，约见很多人，更加注重人的参与和传播活动的完成，而不是严格地按照日程表来办事。多元时间概念通常为高语境文化的社会成员所信守，他们忠于他人，忠于人际关系，对与之关系密切的人很关心，不太在乎他人隐私，把私人财产的借与还看作理所应当，在人际关系上倾向于与交往对象建立终生关系。

当秉持"一元时间"概念和"多元时间"概念的人在一起交流和相处时，很容易产生误解，降低办事效率。

第二节　空间作为传播符号的研究

人们在生活中经常使用东南西北、前后左右、高低远近等空间语来描述空间，其实空间语并不仅仅指人际交往中的空间和距离，还包括对建筑、房屋等固定空间的布局和利用。霍尔在《隐藏的维度》中开创了有关"proxemics"（空间关系学）的研究，提出了固定空间（fixed feature space）、半固定空间（semi-fixed space）和非正式空间（informal space）的概念，并在非正式空间中介绍了人际交往中存在的四种距离：亲密距离、人际距离、社会距离和公共距离。霍尔认为，"空间是一种文化现象，它在与人类行为结合之后会产生不同的意义，并在一定程度上影响着人们的思维方式和行为方式"①。

一 空间感受器：体态语言

和时间语言、空间语言一样，体态语言也是非言语传播的一个重要手段。法斯特认为，体态语是用以同外界交流感情的全身或部分身体的反射性或非反射性动作②。根据不同的标准，学界对于体态语的分类也呈现出多元的看法。一般来说，外表和衣着、身体动作、面部表情、目光交流、体触行为、身体气味等都属于体态语言③。霍尔认为，人类对于空间的感知（perception of space）是需要依靠体态语言的。他将人类的感觉器官分为两种：远距离感受器和近距离感受器。远距离感受器包括眼睛、耳朵和鼻子，是用来确定远距离物体的器官；近距离感受器主要指的是触觉，比如皮肤、隔膜和肌肉等，是用来确定近距离世界的器官。④ 人们之间的交往行为就是基于对交往对象所传达的体态语的判断，以及自身对其的感觉和反应所进行的。

霍尔进一步将空间感受器分为五种空间：视觉和听觉空间（Visual and Auditory Space）、嗅觉空间（Olfactory Space）、热感空间（Thermal Space）和触觉空间（Tactile Space）。其中，霍尔着重强调了视觉空间的重要性。他认为，视觉是人类进化最晚，同时也是目前为止最复杂的一种感官，相较于触觉和听觉，眼睛能捕捉到更多的信息，并将之传递到神经系统。眼睛有三种重要功能：在远处辨别食物、朋友或其他物质的物理状态；在每一个可想象的地形中前行，并能够避开障碍和危险；制作工具，培训自己和他人，收集信息，以了解他人的情绪状态⑤。

总之，空间为人际交往提供了一个环境，而感官系统则帮助人类对环境做出判断，并采取相应的行动。霍尔通过细致的观察和分析，从不同的角度对人际交往空间进行细化，提出空间语言和体态语言在非言语传播中相辅相成互相作用的观点，为非言语传播行为的研究开辟了多元的视角。

---

① ［美］E. T. 霍尔：《超越文化》，韩海深译，重庆出版社1990年版，第106页。
② 毕继万：《跨文化非语言交际》，外语教学与研究出版社1999年版，第13页。
③ 毕继万：《跨文化非语言交际》，外语教学与研究出版社1999年版，第16页。
④ Edward Hall, *The Hidden Dimension*, New York: Anchor Books Editions, 1969, p. 41.
⑤ Edward Hall, *The Hidden Dimension*, New York: Anchor Books Editions, 1969, p. 65.

二 人类空间形式:固定空间、半固定空间、正式空间

领土性(territoriality)是动物学中的一个概念,指的是动物要求获得和捍卫一个领土的行为。领土的边界保持相对的稳定性,拥有自己领土的动物可以形成一种对地形特征的反射反应,当危险袭来时,动物在其领地内可以利用自动反应进行防御,而不是花时间思考该躲在哪里。霍尔认为,人类生活中也存在领土性,而且表现得更为复杂,而且因文化体系的不同而表现出很大的差异性。借鉴领土权的相关概念,他从微观文化(micro culture)的角度将人类空间划分为固定空间、半固定空间和非正式空间三种类型。

三 人际空间距离:亲密距离、人际距离、社会距离、公共距离

霍尔认为,空间关系学分类系统背后的假设是:大自然的动物,包括人类,都具有领土性的特征,他们根据感官来区分不同的空间和距离,而对具体距离的选择取决于所面对的事务、交谈对象彼此的关系、当时的感觉,以及他们正在做的事情。

亲密距离(Intimate Distance)指"在很近的距离,对方的存在是毫无疑问的,有时可能会因为感觉输入的极大增强而让人难以忍受。视觉(通常是扭曲的)、嗅觉、来自他人身体的热量、声音、气味和呼吸的感觉都是与他人身体互动的信号"[1]。这种特别近的距离会放大人体特征,放大非言语符号。如果关系亲密则比较舒服。反之,则会产生一种压迫感。

人际距离(Personal distance)"是用于表示非接触物种成员之间的距离。它可能被认为是一个有机体在自己和他人之间存在一个小的保护圈或泡沫"[2]。适当有一段缓冲距离,压迫感相对减弱。

社会距离(Social Distance)"社交距离适度的人际距离才使交流双方感觉舒服。标志着'支配的极限'。脸上的视觉细节是无法感知的,除非有特别的努力,否则没有人会触摸或期望触摸他人"[3]。社会距离比人际距离稍远,比公共距离稍近。

---

[1] Edward Hall, *The Hidden Dimension*, New York: Anchor Books Editions, 1969, p.116.
[2] Edward Hall, *The Hidden Dimension*, New York: Anchor Books Editions, 1969, p.117.
[3] Edward Hall, *The Hidden Dimension*, New York: Anchor Books Editions, 1969, p.121.

公共距离（Public Distance）：是在公共场合人与人之间的距离关系，其特征是，正常声音所传达的微妙含义以及面部表情和细节动作都会消失。声音等其他传播符号必须被夸大或放大。交流中的非言语部分大多转移到手势和身体姿态上。此外，语速下降，单词发音更清晰①。

当然，这种距离感很难把握。我们感觉到别人离我们很近或很远，却无法准备判断。这种距离感可能同时受到多种因素的影响，很难找出影响我们判断依据的因素②。

四 群体交流的空间结构："F—组合系统"

群体交流时往往是凑成堆、排成行、围成圈，或形成其他各种形状。这样形成的交流队形就被称为一个组合（formation）。这样，参与者面向里面站着，他们共同合作形成一个空间，而附近的其他人不那么容易进入这个空间，从而形成一个行为结构系统，就叫作"F—组合系统"（F—formation system）③。这是依靠空间符号形成的交流群体，属于非言语传播的一种应用。

莱曼（Lyman）和斯格特（Scott）在关于人类领地意识的讨论中，提出"'互动范围'（interaction territory），在一起谈话的人们建立了一个共同的空间，局外人无权进入"④。该观点与"F—组合系统"类似，都强调交流双方形成的空间领地具有一定的封闭性。一般而言，三人或三人以上站着自由交谈时，常见的形状是围成一圈。两个参与者站着，径直面对着对方；也有两个参与者站着，身体的正面组成字母 L 两翼的形状；还有肩并肩（side-by-side arrangement），两人站在一起，面朝同一个方向，在参与者超过两人的 F—组合中，我们看到直线形，半圆形，也有圆形⑤。不同的交流空间，彼此的空间关系带来交流场的不同。

---

① Edward Hall, *The Hidden Dimension*, New York: Anchor Books Editions, 1969, p. 125.
② Edward Hall, *The Hidden Dimension*, New York: Anchor Books Editions, 1969, p. 115.
③ ［英］亚当·肯顿：《行为互动：小范围相遇中的行为模式》，张凯译，社会科学文献出版社 2001 年版，第 224 页。
④ ［英］亚当·肯顿：《行为互动：小范围相遇中的行为模式》，张凯译，社会科学文献出版社 2001 年版，第 225 页。
⑤ ［英］亚当·肯顿：《行为互动：小范围相遇中的行为模式》，张凯译，社会科学文献出版社 2001 年版，第 227 页。

霍尔的空间符号研究也存在局限性。比如，研究认为，"霍尔的分析只涉及距离，但朝向形成的角度也影响到两个参与者如何关联他们的行为"①。实际上，根据两个人的关系，人们对怎样选择其朝向是有一定偏好的，"竞争性的对子喜欢用面对面的排列，也许是因为这样更容易监控彼此的行为。合作性的对子更喜欢L—排列。各行其是的对子选择不互相面对的排列"②。鉴于此，交流双方不仅在相互距离方面表达意义，在站立的面向也潜在地传递相互的关系信息。

库克在英格兰重复上述研究，研究发现，"在有敌意或有竞争的互动中，主体喜欢近的面对面排列，当互动者是亲密的异性朋友时，他们喜欢亲密的肩并肩排列。……前者有利于互相监控，也许还有利于用威胁的目光对视，而后者极易使身体接触成为可能，而且也不耽误话语的交换"③。空间队列的差异一定意义上体现交流双方交流心理与相互关系的差异性。

一般而言，两人对话的面向结构不反映发言权的分配问题，而两人以上谈话的站立位置反映话语权的分配问题。例如，"在圆圈形排列中，这些权利一般是平等的，而在一个体的空间位置不同于其他人的排列中，如在一个矩形排列中，有一个'头儿'的位置，或如在讲演中一个体面对一排排面向他的听众，占据这个特殊空间位置的个体比其他人拥有更多的发言权"④。交流场所特殊队形的特殊位置预示着其不同于其他角色的话语权，这也说明空间符号具有表意功能。

研究者通过一系列案例讨论，总结认为"F—组合的空间排列是由参与者各方的合作性行动构成并维持的"⑤。而讨论话题的改变也会带来空

---

① ［英］亚当·肯顿：《行为互动：小范围相遇中的行为模式》，张凯译，社会科学文献出版社2001年版，第226页。

② ［英］亚当·肯顿：《行为互动：小范围相遇中的行为模式》，张凯译，社会科学文献出版社2001年版，第226页。

③ ［英］亚当·肯顿：《行为互动：小范围相遇中的行为模式》，张凯译，社会科学文献出版社2001年版，第227页。

④ ［英］亚当·肯顿：《行为互动：小范围相遇中的行为模式》，张凯译，社会科学文献出版社2001年版，第228页。

⑤ ［英］亚当·肯顿：《行为互动：小范围相遇中的行为模式》，张凯译，社会科学文献出版社2001年版，第235页。

间布局的变化,并形成新的排列。① 可见,交流场所位置排列不是僵化不变的,而是交流双方话语权博弈的结果。一堆人在一起聊天,交谈的过程中就会发生微妙的空间变化,健谈者或拥有话语权的领导者逐渐占据主导位置,听者则居于附属位置。

需要说明一点,在描述 F—组合空间问题时,需要先界定其成员范围与特征,即"他的工作面落在 O—空间内而没有被其他任何人的身体阻断,并且,他参与了使 O—空间得以保持的空间和朝向上的调整"②。这一判断标准也为参与群体讨论的空间站位提供参考。很多时候,空间位置就决定特定人物在交流场的有效范围以外,则出于旁观者而不是交流者。

一个"F—"组合系统产生了三类作用不同的空间(如图 5-1):(1)"O—"空间,也叫内空间(inner space),是交流的核心地段;(2)"P—"空间。紧紧围绕"O—"空间的狭小地带;(3)"R—"空间。作为缓冲的外围空间,其作用是保护该系统不受外界的干扰,就像是前厅或接待室,来访者会在这里受到接待,新来的人在完全融入系统之前,先在这里打个招呼③。

图 5-1　F—组合系统参与者空间朝向

资料来源:[英]亚当·肯顿:《行为互动:小范围相遇中的行为模式》,张凯译,社会科学文献出版社 2001 年版,第 249 页。

---

① [英]亚当·肯顿:《行为互动:小范围相遇中的行为模式》,张凯译,社会科学文献出版社 2001 年版,第 242 页。

② [英]亚当·肯顿:《行为互动:小范围相遇中的行为模式》,张凯译,社会科学文献出版社 2001 年版,第 249 页。

③ [英]亚当·肯顿:《行为互动:小范围相遇中的行为模式》,张凯译,社会科学文献出版社 2001 年版,第 251 页。

第三节 爱德华·霍尔非言语传播研究的思考

霍尔的非言语传播研究不仅开拓了跨文化传播研究的广阔领域，也为此后的非言语传播研究在研究方法，研究路径等多个方面带来启示。

一 跨学科视角的思想渊源

作为一名人类学家，霍尔聚焦具有自身特色的研究对象，汲取了精神分析法、语言学、信息论和系统论、生物学，以及文化人类学等多个学科的理论和研究方法，开创了一个新的研究领域。形成多学科或者跨学科研究的特征。

比如，霍尔描述其参加里奥格兰德附近的一个普韦布洛村落的一次圣诞舞会的情形①，强调文化差异带来的时间观念差别，更具有文化人类学特征。

二 理论与实践结合的研究视角

无论是年少时的成长经历，还是后来的学习和工作实践，霍尔都接触了不同种族不同文化体系的大量交流群体，这些实践经历为他的理论研究提供了丰富的第一手资料。同样，他将自己的观察和经验进行归纳总结，应用到非言语传播及跨文化传播中，具有很强的指导意义，也进一步检验研究成果的科学性。

非言语传播本身就是一种现象，具有实践特征。但是，只有上升到理论高度的探索才能形成具有普遍意义的研究观点。同时，理论探索是从实践中总结而成，更需要应用于实践才更具有价值。霍尔的研究将理论与实践的结合，不脱离实践，也不拘泥于实践，其研究兼具理论意义与实践意义。

三 跨文化视角的学术探索

霍尔提出了"文化即交流"的观点，既关注到文化的显性影响，比

---

① [美]爱德华·霍尔：《无声的语言》，刘建荣译，上海人民出版社1991年版，第10页。

如文化对于一国建筑、服饰等的影响；又从微观角度考察文化的隐性影响，比如对人们思维方式和行为方式的影响。这对于跨文化传播活动具有重要的启示意义，有利于提高不同文化体系之间交流交往的效率，促进不同文化的融合和发展。

当然，霍尔对于非言语传播研究也不可避免地存在一些不足。比如，其跨文化传播研究带有种族优越主义倾向。霍尔是以美国援助计划的研究人员的身份前往欧洲等地进行考察的，总是以美国的标准去审视其他国家的文化，当出现文化冲突时，总是认为美国的文化更优。虽然霍尔竭力强调人们的行为是受制于一定的文化模式，但是，他仍然表现出对于美国人守时、有序排队等行为方式的推崇。又如，霍尔提出的一些观点过于笼统，缺乏有说服力的依据。比如他借助系统论和动物学的相关理论，将人类文化系统划分为十大子系统——互动、联合、生存、两性、领土、时间、学习、消遣、防卫、利用，但是并没有交代划分依据，并且在其之后的著作中，也并没有进行进一步的说明和研究。

概言之，霍尔从文化的角度采取跨学科的研究方法对非言语传播的"时间语言"和"空间语言"进行细致的研究，对于非言语传播领域的理论研究和实践活动都有很强的指导意义。而且，新媒体时代相比传统媒体的跨文化传播具有一系列鲜明特征，这些传播现象可以作为非言语传播研究的素材：首先，新媒体传播的时效性更强，凸显"时间会说话"的优势。其次，新媒体（尤其是自媒体）打破空间制约，传播丰富的空间信息。最后，自媒体的表情符号，丰富体态语等传播符号类型，这些话题还值得后续研究继续探索。

第六章

深化：雷·伯德惠斯泰尔等人际传播视角的体态语研究

> 当你想要展现最自信的自我，你可以站直，向后拉肩膀，高高抬起你的头。仅仅通过类似调整身体方位的动作，你就会显得更加自信。如果你再真诚的微笑（哪怕是假装微笑），这样会对你的大脑和情绪产生更积极的影响！
>
> ——卡罗尔·金西·戈曼，2010①

我塑造的自我形象怎么样？
我应该相信老板告诉我的吗？
我是在和潜在顾客打交道，还是在浪费时间？
我的团队了解我说的话了吗？
顾客的意思是什么？
我怎么知道他真的支持我的想法吗？
观众愤怒、沮丧、兴趣或厌烦吗？

这些问题的答案就在你眼前。因为处于专业环境中的人们总是准确地告诉对方他们的想法和感受，而这往往与他们的言语表达无关②。表明非言语传播的独特魅力。

20世纪上半叶以后，西方体态语研究取得了丰硕的成果。几代学者从不同领域、多元化的角度对体态语进行研究。1925年，恩斯特·克雷奇默的专著《体格与个性》（*Physique and Character*）和《人的体格的变

---

① Carol Kinsey Goman, *The Nonverbal Advantage Secrets and Science of Body Language at Work*, Wiley-Blackwell, 2010, p. 181.

② Carol Kinsey Goman, *The Nonverbal Advantage Secrets and Science of Body Language at Work*, Wiley-Blackwell, 2010, p. 1.

化》(*The Variation of Human Physique*)开始体态语研究。埃弗龙的《身势和环境》(*Gesture and Environment*)。1952年,美国人类学家雷·伯德惠斯特尔开创了身势学,其代表作包括《体语学导论》(*Introduction to Kinesics*)、《身势与语境》(*Kinesics and Context*)等,提出身势学理论,对体态语进行系统研究,并提出记录体态语的一套符号。1970年,法斯特的《体态与交际》(*Body Language*)和马兰德罗(Malanclro)等人著的《非言语交流》(*Non-verbal Communication*)等关于体态语的研究,推动体态语研究更趋成熟。

雷·伯德惠斯特尔被认为是身势学的创始人,其代表作包括《体语学导论》(*Introduction to Kinesics*)、《身势与语境》(*Kinesics and Context*)等。他认为身势与语言具有相似性,其观点主要有:(1)所有的身体活动在交流的语境下都有潜在的意义。(2)由于行为具有组织性,所以可以被分析。(3)不同的社群以不同的方式来使用身势。(4)人们会受到其他人的行为和动作的影响。(5)身体活动和行为在交流过程中以何种方式起作用可以通过研究得出。(6)研究哪种行为,以及采用什么研究方法影响身势学研究结论。(7)身势的使用受个人因素影响,但是受整个社会系统的影响更大[①]。

艾克曼和弗里森的《心理学家的读脸术:解读微表情之下的人际交往情绪密码》,多年探索总结一套比较完善的身势和行为的总体模式,从来源、编码和用途三个角度分析非言语行为。将非言语行为归纳为五类:象征性的、说明性的、转移性的、规范性的,以及情感的表达[②]。

意大利的埃斯波西托安娜(Anna Esposito)、克罗地亚的玛雅(Maja Bratanić)、瑞士的埃里克·凯勒(Eric Keller)、意大利的玛利亚(Maria Marinaro)等合著的《语言和非言语传播的基本原理和生物特征》(*The Fundamentals of Verbal and Nonverbal Communication and the Biometric Issue*, 2007),内容包括手势、语音、语调、面部表情,以及言语和非言语交际功能的实现机制问题。

加拿大纽布伦斯威克大学的波亚托斯(Fernando Poyatos)在乔治 A.

---

① Ray Birdwhistell, *Kinesics and Context*, University of Pennsylvania Press, 1970, pp. 183 - 184.

② 参见[美]斯蒂芬·李特约翰《人类传播理论》(第七版),史安斌译,清华大学出版社2004年版,第82—84页。

特拉格（George A. Trager）、伯德惠斯特尔，以及艾伯特 E. 舍夫兰（Albert E. Scheflen）等关于副语言、体态语等研究成果的基础上，撰写三卷本专著《跨学科的非言语交流》（Nonverbal Communication across Disciplines），通过综合性和跨学科的方法探索影响跨文化传播效果的视觉和听觉、沉默、副语言、体态语、人与环境之间的互动等各种因素。诚如作者序言所言，其三十年研究很难准确归入具体学科，是一种跨文化、跨学科研究①。这也体现了非言语传播研究的多学科交叉、多领域共同关注的特点。

第一节　西方体态语研究的理论探索

艾克曼和弗瑞森从来源、编码和用途三个角度分析非言语行为，总结出了一套比较完善的身势和行为的总体模式。学者的研究主题主要将体态语研究分为三大类，即如何感知、如何解读、有何作用。

一　体态语的跨领域研究

根据我们的日常生活，我们知道一张生气的脸加上拳头会让人有一种害怕的感觉。究竟我们是如何感知体态语的，一直以来几代学者对这个问题进行了多方面的探索，而这些研究涉及了神经科学、心理学等多个领域。

首先，神经科学角度的探索。盖尔德（Gelder）研究发现，支撑快速处理带有情感色彩体态语的主要是皮下组织，而感知带有情绪色彩体态语则包括脑岛皮层、前扣带皮层和腹内侧前额叶皮层②。同样，研究认为人的中枢神经系统有能力通过观察他人的体态语来认知他人的情感和精神状态。③这样，体态语的信息传递功能就具有神经科学依据了。更进一步的

---

① Fernando Poyatos, *Nonverbal Communication across Disciplines*, John Benjamins Publishing Company, 2002, Introduction.

② de Gelder, B., "Towards the Neurobiology of Emotional Body Language", *Nature Reviews: Neuroscience*, No. 7, 2006, pp. 242–249.

③ Alice Mado Proverbio, Marta Calbi, Mirella Manfredi, Alberto Zani, "Comprehending Body Language and Mimics: An ERP and Neuroimaging Study on Italian Actors and Viewers", *Plos one*, No. 3, 2014, p. 1.

研究表明，相较于口头信息，神经系统优先对脸部和身体动作进行处理①，这说明神经系统最先感知的是体态语，这也表明了在与人交往的过程中，体态语对塑造一个良好的初次印象具有不可忽视的作用。

其次，心理学角度的探索。研究者通过研究情感的体态语认知人格与社会心理暗示，以研究内隐的情感与外显的情感之关系。研究发现：隐含的负面情绪与试图掩盖的愤怒的体态语有关。有迹象表明借助体态语可以快速识别别人隐含的负面情绪②。这样可以促进感知相互一致的刺激。与此相反，没有证据支持，隐含的积极情绪与可识别的体态语表达相联系。也即体态语试图掩藏的多数是消极情绪，而试图表露的则多数是积极情绪。这也证实了盖尔德的观点，即皮下层网络能够感知带有情绪色彩的体态语。总之，研究可以检测证实，自然发生的身体姿势与情感和知觉的情感之间具有关联性。

二 体态语的多角度解读

近些年，体态语研究日渐兴盛。而体态语的解读具有多义性。称作体态语或身势语。研究认为，"体态语和身势语都依赖于非言语交流的行为方式"③。两者有相似之处，却也存在细微差别。其中，体态语包括"个体使用身体的一部分或全部的非反射或反射动作向外界传递情绪信息"④。直观理解就是将身体的不同动作作为符号传递相关信息和不同情感。

同时，研究认为，"为了理解这种非言语表达的体态语，身势语专家经常考虑文化差异与环境差异性因素。没有经过体态语文化训练的普通人容易误读其所见的体态语传播信息"⑤。可见，对于体态语的解读需要结合特定的文化背景与环境因素，以提高体态语解读的准确性。

---

① Alice Mado Proverbio, Marta Calbi, Mirella Manfredi, Alberto Zani, "Comprehending Body Language and Mimics: An ERP and Neuroimaging Study on Italian Actors and Viewers", *Plos one*, No. 3, 2014, p. 14.

② Thomas Suslow, KlasIhme, Markus Quirin, Vladimr Lichev, "Personality and Social Psychology Implicit Affectivity and Rapid Processing of Affective Body Language: An FMRI Study", *Scandinavian Journal of Psychology*, No. 56, 2015, pp. 545-552.

③ Julius Fast, *Body Language*, Pan Books Ltd., 1971, p. 11.

④ Julius Fast, *Body Language*, Pan Books Ltd., 1971, p. 12.

⑤ Julius Fast, *Body Language*, Pan Books Ltd., 1971, p. 12.

根据盖尔德的理论，大脑颞顶的中央部分负责结合过去的经验和记忆解码①。因此，由于每个人过去的经验和记忆不同，不同的人对同一种体态语可能会有不同的解读。在这种情况下，很容易造成双方的误解。一直以来，众多学者都在致力于完善对体态语的编码。亚伦·皮斯的《身体语言：从他人的身体姿势了解其内心世界》以及亚伦·皮斯和芭芭拉·皮斯的《身体语言密码》解说身体各部分的肢体动作所包含的意义，其中包括眼睛、手掌、腿等②。当然，这些解读主要是从实用角度，学理性分析不多，"是什么"的解释多，而"为什么"的原因分析不多。彼得·卡雷特（Peter Collett）从语义出发，将体态语进行归纳总结，分为具有支配性的体态语、焦虑中的体态语、政治中的体态语等③。研究者总结了一些小技巧便于人们通过体态语理解对方真实的情绪、感受和话语背后的意义④。

除了探索体态语的编码，也有学者在研究造成对体态语解读差异的原因。总结起来影响差异主要有两方面的原因，一是社会环境的影响；二是个人生理结构的差异，内因与外因相结合，相互影响，提高体态语及其他非言语传播符号的解读精确性。

社会环境的影响又分为社会文化背景的不同和家庭环境的不同。艾伦（Allen）认为，我们绝大部分的体态语都是靠后天学习掌握的，所以，许多动作和姿势的含义都是由其社会文化背景所决定，同一种姿势在不同的国家有着不同的含义。例如，"V"手势在澳大利亚、英国、新西兰表示"免开尊口"，而在大部分欧洲国家则表示"胜利"⑤。学者认为，不同的家庭环境下成长的人，对体态语的解读也会不同。在较为专制的家庭环境中，体态语的使用频率较高，人们对此也比较熟悉。而在民主、自由的家

---

① De Gelder, B., "Towards the Neurobiology of Emotional Body Language", *Nature Reviews: Neuroscience*, No. 7, 2006, pp. 242-249.

② 参见［澳］亚伦·皮斯、芭芭拉·皮斯《身体语言密码》，王甜甜、黄佼译，中国城市出版社2007年版。

③ 参见［英］彼得·卡雷特《体态秘语：肢体语言手册》，季广茂、邱娟、丁洁如译，首都师范大学出版社2006年版。

④ Chayan Jain, "What Does Your Body Say About You?", *The IUP Journal of Soft Skills*, No. 1, 2016, pp. 36-42.

⑤ 参见［澳］亚伦·皮斯、芭芭拉·皮斯《身体语言密码》，王甜甜、黄佼译，中国城市出版社2007年版，第10—11页。

庭环境中，体态语的使用频率不高①。所以在自由的家庭环境下成长的人更易受到体态语的负面影响。

在生理结构上，男女之间性别的差异也造成了对体态语解读的不同。艾伦指出，一般来说，女人的直觉要比男人更敏锐，女人天生就具有接受和解读非言语符号的能力，有一双观察细枝末节的慧眼。在他看来，女人的这种能力在抚养过儿童的妇女身上更明显。因为在婴儿出生的头几年，母亲完全是利用非言语与婴儿进行交流②。而卡利斯坎（N. Caliskan）在测量研究辩论者受主席肢体语言影响效果的时候，发现女性辩论者更易受到主席负面肢体语言的影响③。综合两者而言，女性比男性更易接收体态语信号，但同时也更易受到他人体态语的影响，这与其先天遗传和后天抚养婴儿的经历有关。

很难解释我们是如何学习这些非言语符号的，研究认为："当个人因某种原因脱离社会后，没有学习到这些符号的准确内涵，他可能面临一系列麻烦。因为他的体态语可能不被人准确理解，并且在无意识的情况下被误用。"④ 这表明，非言语传播能力的学习也是人的社会化的关键部分，而非言语传播符号的使用不当则很难融入社会交往过程。

三 多学科交叉研究

非言语传播最新的研究进展，进化心理学、神经生物学、医学、社会学、犯罪学、人类学和传播学的科学家都把他们的方法和概念带到了非言语传播领域⑤。甚至包括语言学、符号学、统计学等相关学科。其结果是助力非言语传播的科学解读和有效运用。

此外，梳理体态语研究的理论成果，可以发现，以本体论为研究核心的理论在不断减少，而研究体态语在各领域中的运用却越来越受到关注。

---

① Rüstü Yesil, "Evaluation of Body language Behavior in a Class debate", *Social Behavior and Personality*, No. 7, 2008, pp. 893-902.

② 参见［澳］亚伦·皮斯、芭芭拉·皮斯《身体语言密码》，王甜甜、黄佼译，中国城市出版社2007年版，第4—5页。

③ N. Caliskan, "The Body Language Behaviours of The Charis of The Disputes According to The Disputes", *Education*, No. 3, 2009, pp. 484-487.

④ Julius Fast, *Body Language*, Pan Books Ltd., 1971, p. 113.

⑤ Carol Kinsey Goman, *The Nonverbal Advantage Secrets and Science of Body Language at Work*, Wiley-Blackwell, 2010, p. 3.

出现这种情况的原因有二：一是体态语自身的研究已经趋于成熟，产生了大量的基础理论。但同时其他非言语研究也为体态语的研究提供了理论借鉴。二是随着全球化进程的加快，社会自由、开放程度的加深，人与人之间交流的机会越来越多，人们对体态语的需求越来越强烈，人们需要体态语来指导实践。所以，体态语的用途得到了越来越广泛的关注。但同时也应该注意的是，在加强体态语作用研究的时候，也不能忽视体态语自身理论的完善。本体论的研究是基础，这样才能提炼更多的新理论，指引传播实践。

第二节 西方体态语研究的现实观照

研究的目的是应用于实践，这么多年以来，学者都在不断探索体态语的用途。美国心理学家梅拉宾在他的专著中指出，面对面交流效果的影响因素与比例：7%的言语，38%的语调，55%的体态语[①]。多数研究人员认为，言语的渠道主要是用来传达信息，而非言语的渠道则是表达人与人之间的态度，在某些情况下，代替语言的信息[②]。在我们的日常生活中，人们通过体态语分享自己的感受、想法和欲望。同时它也是让我们了解别人感情、态度的一条非常重要的线索。这些线索可以让我们更全面地理解和评估自己和他人。

体态语的研究不仅包括语言学，还是涉及多个学科，具有鲜明的人文色彩，对多个领域都具有重要的指导意义，是一种典型的跨学科研究。在对感知体态语的研究中，学者主要是从神经科学和心理学层面入手，而在对解读体态语的研究上，学者多是从社会因素以及生理因素出发，体态语用途的研究则涉及教育学、医学等学科。

一 文学领域的体态语研究

伊丽莎白·明钦（Elizabeth Minchin）着重分析了《伊利亚特》中五种不同的体态语，提出诗人荷马具有很好的讲故事能力，吸引了观众的注

---

① See Albert Mehrabian, *Nonverbal Communication*, Aldine Transaction, 2007.

② 参见［澳］亚伦·皮斯、芭芭拉·皮斯《身体语言密码》，王甜甜、黄俊译，中国城市出版社2007年版。

意力。体态语的描述，一是使得人物形象更加丰富，二是可以给观众提供一个更加自然的场景，在叙事上可以获得视觉和听觉的维度，让人记住这与众不同的时刻①。在文学领域，合理利用体态语经常可以达到"此时无声胜有声"的效果，与读者产生共鸣。

二 教育领域的体态语研究

阿赫麦特·本泽（Ahmet Benzer）用八个开放式问题调查了64名女性教师，36名男性教师，涉及的学科包括土耳其语言和文学教育，数学教育、小学教育，生物学教育等。结果显示，大部分教师都支持在教学过程中使用体态语。体态语的使用不仅可以吸引学生的注意力，增加兴趣，而且对学生个人能力的塑造具有重要意义②。教师在教学的过程中，应该合理使用体态语，给学生提供一个良好的示范作用。

研究认为，"各级学习者对老师使用非言语即时提示（眼神接触、正面点头、向前倾身和微笑）的反应都更为积极。提高即时性行为显著提高了学生的动机，他们喜欢课堂并愿意听从老师或教授的推荐"③。师生互动及时、有效，对于师生融洽关系的建立、学习兴趣的培养、学习效果的反馈都具有重要作用。

三 临床医学领域的体态语研究

马科（Marco Tamietto）及其同事首次研究了有严重注意力障碍的神经患者是否可以通过具有恐惧色彩的体态语调节注意力，并且提高视觉感知能力。研究结果表明，尽管患者右顶叶受伤，但是在具有恐惧色彩体态语的作用下，完整的额边和视觉区域仍可以感知代表情感和行动的信息④。这在临床医学上，对于修复顶叶受伤有注意力障碍的患者来说具有

---

① Elizabeth Minchin, "Communication Without Words: Body Language, 'Pictureability', and Memorability in The Iliad", *Ordia Prima*, No. 7, 2008, pp. 17–38.

② Ahmet Benzer, "Teachers' Opinions about The Use of Body Language", *Education*, No. 3, 2012, pp. 467–472.

③ Carol Kinsey Goman, *The Nonverbal Advantage Secrets and Science of Body Language at Work*, Wiley-Blackwell, 2010, p. 5.

④ Marco Tamietto, Geminiani, G., Genero, R., de Gelder, Beatrice, "Seeing Fearful Body Language Overcomes Attentional Deficits in Patients with Neglect", *Journal of Cognitive Neuroscience*, No. 3, 2007, pp. 445–454.

重要意义。

四 商业交流的体态语研究

由于文化的差异，不同国家不同社会对体态语的解读也存在差异。而随着对外交流的加深，跨国公司、国际贸易的发展，非言语传播的重要性凸显。布莱恩（Hurn, Brian）通过不同案例分析如何在国际商业交流中减少误解，建立和谐的人际关系①。研究认为，"这些问题的答案就在你眼前。这是因为处于专业环境中的人们总是准确地告诉对方他们的想法和感受，而这往往与他们所说的话无关。你的老板可能会说你会被考虑升职，但如果她双臂交叉，勉强微笑，向后靠，她会传达相反的信息。顾客可能会说他对买那辆新车不感兴趣，但如果他一直浏览桌子上的合同，他会告诉你他对此感兴趣"②。商业交流的专业人士已经非常明显地传递相关信息，精准地解读这些非言语传播信息。当然，对于非专业人士却很难准确解读相关信息。

卡罗尔·金西·戈曼认为，"那些掌握了这些技巧的人，不仅要准确解读他人的沉默信号，而且要使用与他们想投射的态度一致的肢体语言，从而在商业上获得竞争优势。这适用于他们从事的任何生意！"③

同时，非言语符号可以增强领导者的领导能力（Leadership）。管理者必须通过影响力来领导，而不是依靠管理岗位所暗示的控制。而管理者如何影响管理对象，"真正理解员工观点的能力，这反过来意味着倾听别人在说什么，并且知道如何阅读非言语传播的信息；以及协调沟通的能力，使口语与肢体语言一致"④。卡罗尔·金西·戈曼发现，员工的积极态度是有效服务客户服务的关键。研究表明，员工检测非言语暗示的能力同样重要。一个善于阅读肢体语言的员工能更好地识别顾客真正的想

---

① Hurn, Brian J., "Body Language-A Minefield for International Business People", *Industrial & Commercial Training*, No. 4, 2014, pp. 188-193.

② Carol Kinsey Goman, *The Nonverbal Advantage Secrets and Science of Body Language at Work*, Wiley-Blackwell, 2010, p. 1.

③ Carol Kinsey Goman, *The Nonverbal Advantage Secrets and Science of Body Language at Work*, Wiley-Blackwell, 2010, p. 4.

④ Carol Kinsey Goman, *The Nonverbal Advantage Secrets and Science of Body Language at Work*, Wiley-Blackwell, 2010, p. 4.

法或感觉①。

另外，非言语符号可以提高销售员的说服效果。销售人员遇到潜在顾客时，顾客被他们的外表和所做的事情所左右。这个印象持续过程需要大约七秒。销售成功与否往往取决于最初接触时的非言语信号。服装、身体姿势、表情、面部动作和眼神交流都是成功销售人员需要理解和管理的因素②。七秒时间表明非言语传播的立体性，多种符号立体塑造传播主体的形象。同时，也说明非言语传播和解读的瞬间性特征，言语传播未实施以前，已经通过非言语符号解读对方的形象特征。

五 演讲辩论领域的体态语研究

拉奥（Rao）认为，体态语可以更好地向观众展示演讲者个人的特性，让观众乐于接受演讲者所传达的内容③。也有研究者指出在辩论的过程中，辩论者很容易受到主席体态语的影响④。所以，为了激发辩论者的积极性，主席应该合理适当地使用其肢体语言。

亚里士多德认为："听众对演说者的态度不同，他们的判断就不同，所以演说者必须懂得听众的心理，以便激发或控制他们的情感。"⑤ 其实也说明演讲者的个人形象与人格魅力都在很大程度上影响自己言语内容的说服效果。而如何塑造演讲者的形象，其体态语等非言语符号有较大作用。

六 医患领域的非言语传播研究

研究认为，医患沟通过程中非言语符号的影响是显著的。虽然医生的非言语沟通技巧不会影响病人对护理技术质量的评价，但是病人对非言语暗示更敏感、表达。弗吉尼亚医学院所称的"临床移情"的医生会创造

---

① Carol Kinsey Goman, *The Nonverbal Advantage Secrets and Science of Body Language at Work*, Wiley-Blackwell, 2010, p.6.

② Carol Kinsey Goman, *The Nonverbal Advantage Secrets and Science of Body Language at Work*, Wiley-Blackwell, 2010, p.5.

③ Rao, M. S., *Tools and Techniques to Boost the Eloquence of Your Body Language in Public Speaking*, Industrial & Commercial Training, No.2, 2017, pp.75-79.

④ N. Caliskan, "The Body Language Behaviours of The Charis of The Disputes According to The Disputes", *Education*, No.3, 2009, pp.479-482.

⑤ [古希腊] 亚里士多德：《修辞学》，罗念生译，上海人民出版社2006年版，第7页。

出病人更高的整体满意度，并且诉讼较少①。

法斯特在专著《体态语》中有类似的案例。两个月以来，医生听够了一直寻求自杀男孩的话语，"男孩站起来耸耸肩。'明天？你担心明天。我确信不会挨过今晚。我没有明天'"②。医生隐约感到这一次有所不同，"医生回到精神病院带着隐藏的录音机（是他保留信息的一种方式），他回放此前一小时的内容。男孩的话没有不同的暗示或反常现象。但是，声音的语气比较直截了当，毫无生命力，且比较消极"③。医生的判断是正确的，医生赶到男孩家中时，男孩已经在自己的房间里喝毒药自杀，所幸医生及时赶到，对其进行洗胃抢救。

医生也在反思病人是怎么传递这些信息的？"或许是他的脸或眼睛或者手。甚至是他控制自己的方式以及我讲了一个非常好笑的笑话，他却没有笑。他没有用言语，而我意会其意图"④。在此事件后，心理学家意识到体态语在治疗过程中的重要性。很多人在实践中运用体态语，却很少有人意识到自己在用体态语。

瓦赫特尔（Wachtel）认为："身体的每一个动作或姿势都具有适应、表达、防御功能，有些是有意的，有些是无意的。"⑤ 为了获取相关数据，瓦赫特尔对医患交流的场景进行录像，随时调取研究，可以自由调整播放速度与进度，试图捕捉细节信息。体态语是病人有意或无意地与医生交流的方式⑥。这种静态观察动态非言语传播行为，解读非言语传播信息是早期比较常用的研究方法。

可见，医患交流过程中的非言语传播价值重大，是医患之间有效沟通的关键渠道，也是医患做出准确判断的依据。

七 谈判领域的非言语传播研究

巧妙的谈判是因为能够正确地理解人们所说的话。其中一个最有力的

---

① Carol Kinsey Goman, *The Nonverbal Advantage Secrets and Science of Body Language at Work*, Wiley-Blackwell, 2010. p. 5.

② Julius Fast, *Body Language*, Pan Books Ltd., 1971, p. 114.

③ Julius Fast, *Body Language*, Pan Books Ltd., 1971, p. 115.

④ Julius Fast, *Body Language*, Pan Books Ltd., 1971, p. 116.

⑤ Julius Fast, *Body Language*, Pan Books Ltd., 1971, p. 118.

⑥ Julius Fast, *Body Language*, Pan Books Ltd., 1971, p. 120.

方法是获得对身体语言的理解。优秀的谈判者认识到他们需要减慢或加速谈判过程。他们知道如何缓解焦虑与管理情绪。然而，他们衡量正在发生的事情的主要方式不是仅仅依靠言语提示，而是通过观察非言语行为，这些行为表明某人无意识而未被监控的动机[①]。

商业谈判是一种微妙的过程，双方心理战的基础是获取对方的真实信息，与此同时，双方都在极力掩饰自己的情绪、态度或观点。在此过程中，言语传播与非言语传播协同表意的现象比较普遍，而非言语传播的价值尤其重要。

八　司法审判的非言语传播研究

当讯问嫌疑犯时，受过训练的警察不只是听他们言语的不一致，而且在被讯问者脸上寻找细微的身体反应，比如微笑，这可能表明嫌疑犯相信自己欺骗了讯问者[②]。研究认为，与欺骗有关的非言语传播行为比较多，比如，说谎者说话的声音往往更高[③]，有关语音错误（单词和/或句子重复、句子改变、句子不完整、舌头滑移等）和语音犹豫（使用诸如"啊""嗯""儿"等语音填料）的结果显示出冲突的模式。在大多数研究中，这种错误（尤其是单词和短语的重复）和犹豫在欺骗过程中都有所增加。这种增加可能是"骗子"不得不认真思考他们答案的结果。或者，可能是由于紧张而增加这些错误[④]。

司法审判同样是双方心理战的过程，嫌疑犯极力掩盖真实信息，法官则试图从细微的非言语线索中发现犯罪的蛛丝马迹。此时言语是一种双方交流的手段，而非言语符号则是判断言语信息真伪的关键渠道。

---

① Carol Kinsey Goman, *The Nonverbal Advantage Secrets and Science of Body Language at Work*, Wiley-Blackwell, 2010, p. 5.

② Carol Kinsey Goman, *The Nonverbal Advantage Secrets and Science of Body Language at Work*, Wiley-Blackwell, 2010, p. 6.

③ Ekman, P., Friesen, W. V. & Scherer, K. R., "Body Movement and Voice Pitch in Deceptive Interaction", *Semiotica*, No. 16, 1976, pp. 23-27.

④ Ronald E. Riggio, Robert S. Feldman, *Applications of Nonverbal Communication*, Lawrence Erlbaum Associates, Mahwah, New Jersey London, 2005, p. 67.

第三节　西方体态语研究的反思

西方体态语研究已经发展多年，在理论上也取得了一定的成果。已有很多学者对体态语进行了解码，分析了不同动作背后代表的具体含义。雷·伯德惠斯特尔研究身势学近20年（1950—1970年），其将体态语与言语进行比较，认为两者具有相似性，并在此基础上展开体态语研究。但是，相关研究仍存在一些不足。

一　理论体系不够完善

雷·伯德惠斯特尔的研究仍然存在一些不足：一方面，雷·伯德惠斯特尔厌恶"单纯"的心理学研究，他的理论很少涉及心理学层面，而外在的非言语行为是内在心理驱动的结果，缺乏心理学视角的探索，缺乏对于非言语传播的深度认知[1]；另一方面，没有证据证明身势学就是结构化的语言，没有证据表明有任何内部的运行规律可以将人体的动作集结起来[2]。其他相关研究也存在一些值得思考的地方。

首先，体态语与其所代表的含义之间具有很大的不确定性。这种不确定性可以体现在三个方面：（1）体态语是一个复杂的存在，任何一点细微的差别都可能导致不同的表意。（2）很多学者研究出的表意机制不够明确，缺乏客观的评判标准，具有很强的主观性。（3）体态语背后的含义也是变化莫测的。也许通过一种体态语解读显示的是这个人是在说谎，但这个人说的却是半真半假。这样一来，体态语便将其背后的含义简单化、绝对化了。

此外，体态语理论体系的建构仍不够完善。其一，很多学者研究了影响体态语解读的因素，有社会文化原因，有人自身生理结构特征的原因，但这两者哪一方面影响起主要作用，目前尚不明确。其二，学者对非言语符号的解码研究大多集中在每一个动作所对应的背后含义，但是在不同的

---

[1] Stephen Jolly, "Understanding Body Language: Birdwhistell's Theory of Kinesics", *Corporate Communications: An International Journal*, No. 3, 2000, p. 138.

[2] Stephen Jolly, "Understanding Body Language: Birdwhistell's Theory of Kinesics", *Corporate Communications: An International Journal*, No. 3, 2000, p. 139.

场合下，这些含义是否会发生改变？也就是非言语符号具有的语境性特征，带来解读的复杂性。

二 研究方法存在不足

笔者认为，西方体态语研究方法存在不够完善之处。

第一，有些研究样本量存在不足。这些研究成果的准确性值得商榷。如托马斯·苏斯洛（Thomas Suslow）的研究采用的样本都是健康的年轻女性[①]。众所周知，性别的差异对体态语的感知和解读具有很大的影响。所以在对体态语进行研究的过程中，应采用足够丰富并且具有代表性的样本，否则研究的成果不具有说服力。

第二，有些研究方法不够严谨。在对大脑如何感知体态语的问题上，很多学者采用了核磁共振的方式进行测量，也有些学者采用开放式访谈或者是观察法。而开放式访谈以及观察法具有很强的主观随意性。

总之，以后的相关研究需要借鉴西方体态语研究的丰硕成果，并补充其研究之不足，以进一步促进体态语研究的深入开展。

---

① Thomas Suslow, KlasIhme, Markus Quirin, VladimrLichev, "Personality and Social Psychology Implicit Affectivity and Rapid Processing of Affective Body Language: An FMRI Study", *Scandinavian Journal of Psychology*, No. 56, 2015, pp. 545-552.

第七章

承启：保罗·艾克曼文化人类学视角的微表情研究

> 情绪对我们的生活质量具有决定意义的影响。在生活中，我们所关心的所有问题都有它们的影子——工作、友情、家庭以及我们最亲密的各种关系。情绪可以救人一命，但同时又极富破坏性；它会引导我们以现实、恰当的方法做事，但有时也会让我们做错事而追悔莫及。
>
> ——保罗·艾克曼《情绪的解析》

艾克曼受达尔文的启发，在40年研究生涯中悉心研究过新几内亚部落民族、精神病人、间谍、连环杀手甚至职业杀手的面容，提出了"不同文化的面部表情都有共通性"这一表情研究领域的奠基石理论，被奉为微表情研究的奠基人。他的合作者弗瑞森是一位心理学研究者，两位学者合作研究认为因为多种情绪可以仅仅通过一个面部表情就全部表达出来，比如既悲伤又愤怒、既愤怒又害怕、既惊讶又恐惧等。一旦熟悉了这些关于面部表情的信息，你就能更好地洞悉他人的情绪，任其极力掩饰也无济于事。或者，你可以使用面部表情的相关知识来审视自己，从而更加明白自己脸上写着的到底是什么情绪。"让你的表情天衣无缝"会告诉你如何判断自己的面部表情是否与众不同[①]。

艾克曼博士是加州大学心理学教授，美国杰出的心理学家，他在1950—1960年专注手部动作研究，对面部表情还没有兴趣。但是，两次机缘巧合让他转到面部表情和情绪研究。一次是美国国防部高级研究计划

[①] 参见［美］保罗·艾克曼、华莱士·V. 弗里森《心理学家的读脸术：解读微表情之下的人际交往情绪密码》，宾国澍译，当代中国出版社2014年版，第11、12章。

局经费资助他对跨文化的非言语行为进行研究，另一次是他遇到萨尔文·汤姆金斯教授（后来成为艾克曼的老师）。萨尔文教授认为人类的面部表情是天生的，且是整个人类共有的，但是缺乏确凿的证据。达尔文也持有同样观点，但米德、贝特森、伯德惠斯特尔和霍尔等人却不赞同这一观点[1]。引发艾克曼的关注，由此其对表情研究产生兴趣。

艾克曼对于非言语传播研究的贡献突出，其对于此前的非言语传播思想的整理，尤其是对于达尔文非言语传播思想的整理，使得非言语传播思想系统化、学科化。同时，保罗·艾克曼自己对于微表情研究的学术贡献同样不容忽视，这种承前启后的学术研究对于非言语传播研究的学术发展意义重大。

艾克曼表情研究的社会反响较大，2009年，艾克曼博士被《时代》杂志评为世界上最有影响力的100位人物之一。2014年，科学心理学档案（Archives of Scientific Psychology）评出"21世纪最有影响力的心理学家"，艾克曼博士位列第十五位。艾克曼博士发表文章一百多篇，出版微表情研究专著十多部，从不同角度探索微表情传播的基本规律。其对于微表情研究是继承前人研究思想基础上的创新发展，有丰硕的理论成果，也有广泛的实践应用探索。

第一节 跨学科的理论借鉴

达尔文结合解剖学、人相学、心理学，甚至造型艺术等多个领域的相关思想，研究人类和动物的情绪表达问题。艾克曼受达尔文的启发，同样从多个学科汲取学术思想，推动自己的表情研究。

一 心理学角度的探索

艾克曼博士从心理学角度探索人类的情绪，心理学家大多认为，饥饿、性欲和求生的欲望是人类生存的根本动力，艾克曼则认为情绪的作用更大。艾克曼举例说明，情绪能够战胜饥饿，情绪能够战胜性欲，情绪也

---

[1] [美]保罗·艾克曼：《情绪的解析》，杨旭译，南海出版公司2008年版，第10—11页。

能够战胜求生的欲望①,由此强调情绪对于人类生存的重要性。艾克曼的合作者弗瑞森也是一位心理学研究者,两位学者合作研究人类面部表情透射的不同心理特征。另外,后文援引的多位心理学专家的相关研究案例及研究观点也多数是心理学角度的研究。如心理学家卡罗尔·伊扎德,心理学家杰瑞·鲍彻,心理学家克劳斯·谢勒等进行的相关心理实验,都从不同角度支持艾克曼的观点——人类的情绪具有共通性。

二 医学角度的探索

艾克曼同样重视情绪的生理反应,如观察不同国籍的精神病患者和正常人、成年人和孩子,观察他们的表情特征。艾克曼还从医学角度分析认为,测谎仪实际是通过连接到检测对象身上的导线,检测其出汗情况、呼吸和血压的变化,从而测量其情绪信号,最终判断其是否说谎②。由此,从医学角度分析不同情绪产生的原因以及引发的生理反应,为情绪的判断提供线索。

解剖学对于艾克曼的研究同样重要。艾克曼和弗瑞森研究脸部肌肉运动及其对表情的控制作用,并根据人脸的解剖学特点将人脸肌肉群划分成若干单元,分析这些运动单元的运动特征与相关表情的关系,由此开发了"面部动作编码系统",并影响后来的人脸动画系统。艾克曼用"面部动作编码系统"研究了数千张照片、数万种面部表情视频,分析各种表情的肌肉运动规律。研究对象包括精神病患者、冠心病患者表情、CNN 新闻节目中的人物等③。通过多种特殊人群的检验,力图验证该系统的科学性。

艾克曼团队还对原始部落地区拍摄的影片进行剪辑,让萨尔文只看到人物的脸部特写。萨尔文则能轻而易举地描述当事人所处的社会背景,并且能够指出每种表情具体是由哪个肌肉运动完成的。④ 艾克曼还和弗瑞森合著一本面部表情图册,作者用解剖学术语图文并茂地描述脸部运动原理。研究过程中,艾克曼甚至用针刺自己的皮肤,以确认某个表情具体由

---

① [美]保罗·艾克曼:《情绪的解析》,杨旭译,南海出版公司2008年版,第6页。
② [美]保罗·埃克曼:《说谎——揭穿商界、政治与婚姻中的骗局》,邓伯宸译,生活·读书·新知三联书店2008年版,第4页。
③ [美]保罗·艾克曼:《情绪的解析》,杨旭译,南海出版公司2008年版,第22页。
④ [美]保罗·艾克曼:《情绪的解析》,杨旭译,南海出版公司2008年版,第14页。

哪些肌肉运动产生的①。

三 行为科学角度的探索

早在1962年，在情绪尚未被列入行为科学研究范围时，萨尔文就撰文强调情绪对于人们行为的影响，虽然他夸大了情绪的作用。萨尔文认为："情绪是我们生活的原动力，我们希望驾驭自己的生活，最大限度地发挥情绪的积极作用，同时尽可能减少其消极作用。……情绪支配着我们的一切重大决定。"② 言由心生，外在的言行是内在心理的表现。行为科学探索不同行为的发生机理，其中不乏非言语符号的探索。

四 人类学、历史学、符号学角度的探索

研究者基于人类学、历史学、符号学理论，将非言语符号分为五类：象征性的、说明性的、转移性的、规范性的、情感的表达③。艾克曼做表情研究主要是深入不同部落、不同地区进行实地考察，文化人类学视角观察表情的差异性，历史学角度考察表情的演变特征。正是这样博采多学科之长并聚焦表情研究，才奠定了艾克曼表情研究坚实的理论成果。

第二节 跨文化的案例比较

如果说达尔文的贡献是动物表情与人类表情的比较研究，那么艾克曼的伟大成就是在达尔文的研究基础上，验证了惊、厌、怒、恐、悲、喜六种基础情绪的表达具有跨人种、跨文化的共通性。1965艾克曼受高级研究计划署（the Advanced Research Projects Agency，ARPA）的"跨文化非言语行为研究"项目资助，开始跨文化面部表情和情感（facial expression and emotion）研究。

---

① ［美］保罗·艾克曼：《情绪的解析》，杨旭译，南海出版公司2008年版，第21页。
② ［美］保罗·艾克曼：《情绪的解析》，杨旭译，南海出版公司2008年版，第6页。
③ Paul Ekman, "Emotional and Conversational Nonverbal Signals", *the Series Philosophical Studies Series*, Vol. 99, 2004, pp. 39–50.

一 原始部落人群的表情特征观察

艾克曼非言语传播研究是在继承达尔文非言语传播思想的基础上，进一步发展深化。在《达尔文与面部表情：一个世纪研究的回顾》(*Darwin and Facial Expression: A Century of Research in Review*)，达尔文认为情感表达是人类进化所得，且在灵长类动物等非人类面部表情，以及人类的婴儿和儿童和各种文化语境下的表情之间具有普遍性特征（Ekman, Paul, 1973）。

20世纪50年代末，艾克曼专注手势的传播功能（hand movements and gesture）研究。刚开始研究时，艾克曼团队认为"人们的表情和手势都是从社会生活中学来的，并且在不同文化中会有所区别"[1]。这一观点与玛格丽特·米德、桂葛瑞·贝特森、爱德华·霍尔、雷·博德惠斯特尔和查理斯·奥斯古德等人一致。但是，不同于达尔文的见解。1967—1968年，艾克曼团队前往巴布亚新几内亚，研究当地还处于石器文化时代原住民的非言语行为。研究结果却与达尔文的观点一致，即"面部表情具有普遍性"。

二 不同文化族群的表情特征比较

表情是与生俱来的，还是存在文化差异性？艾克曼研究了二十多个东西方国家，最终认为，"如果表情不是后天学习得来的，那么先天性失明的人应该和视力正常的人有类似的表情"[2]。艾克曼的研究团队还向来自智利、阿根廷、巴西、日本和美国等不同文化背景的人展示相关照片，让他们判断每张表情照片代表的情绪，同样证明不同文化中的表情具有共通性。另外，心理学家卡罗尔·伊扎德也对不同文化人群做了类似的实验，并且得到了相同的结果。这两个独立的研究者在互不知情的情况下得出相同的结论，更具有说服力[3]。

1969年，艾克曼在美国国家人类学研究年会上宣布了其研究成果，却遭到质疑，质疑者认为："人类行为是后天养成的而非与生俱来的，面

---

[1] [美]保罗·艾克曼：《情绪的解析》，杨旭译，南海出版公司2008年版，第11页。
[2] [美]保罗·艾克曼：《情绪的解析》，杨旭译，南海出版公司2008年版，第21页。
[3] [美]保罗·艾克曼：《情绪的解析》，杨旭译，南海出版公司2008年版，第12页。

部表情必定存在文化差异。"① 但是，人类学家卡尔·海达针对印度尼西亚的西伊里安岛上的丹尼人（该部落与世隔绝）重复该项实验，研究结果再次验证艾克曼观点的正确性。

三 不同文化背景表情特征的比较

艾克曼研究发现，来自不同文化人的表情流露具有普遍性，而人类学家伯德惠斯特尔发现在许多文化中人们微笑是不高兴的表现，即表情依据不同文化而大不相同。实际上，在日本人、中国人或者其他文化中的人表情确实具有一定的差异性，"日本人比美国人更明显地会用微笑掩饰负面情绪"②。1987年，艾克曼等人也发现，日本人和美国人描绘的愤怒，厌恶，恐惧，快乐，悲伤和惊奇的强度等级不同。美国人比日本人的平均强度等级更强（除了厌恶），而日本人对厌恶的描述等级最高③。艾克曼探索这两种结论之间的平衡点，提出了表露规则的概念，"指人们在社会生活中学到的、依不同文化而不同的控制表情的规则，也就是某人能够向谁表现何种情绪，以及在何时表现"④。由此解决了不同文化背景下表情的差异性与普遍性的对立统一关系问题。

20世纪70年代，心理学家杰瑞·鲍彻在马来西亚和美国做过类似的调查。数年后，心理学家克劳斯·谢勒和他的合作者们在西方八种不同文化中也进行了类似的研究。他们都发现情绪一致性的证据，即在不同的文化中，一些情绪诱因会激发同样的情绪。他们同时还发现，产生这些情绪的具体事件在不同文化中是有区别的⑤。

四 相同文化背景人群表情的比较

艾克曼对美国人进行研究也显示，引发人们悲伤、愤怒、恐惧、厌恶等情绪的因素各不相同，不适当情绪的情绪诱因，以及消除或改变情绪化反应的可能性同样值得关注。研究发现，"有些诱因是共同的，正如有共

---

① ［美］保罗·艾克曼：《情绪的解析》，杨旭译，南海出版公司2008年版，第20页。
② ［美］保罗·艾克曼：《情绪的解析》，杨旭译，南海出版公司2008年版，第12—13页。
③ David Matsumoto, Paul Ekman, "American-Japanese Cultural Differences in Intensity Ratings of Facial Expressions of Emotion", *Motivation and Emotion*, Vol. 13, No. 2, 1989, pp. 143-157.
④ ［美］保罗·艾克曼：《情绪的解析》，杨旭译，南海出版公司2008年版，第12页。
⑤ ［美］保罗·艾克曼：《情绪的解析》，杨旭译，南海出版公司2008年版，第30页。

同的表情来表现情绪一样。但与此同时，有些诱因的作用不仅有文化差异，还有个人差异"。作者还举例验证，"我妻子非常害怕老鼠，而我就不怕。如果一家餐厅上菜很慢，我会发怒，而妻子就毫不在意"①。简言之，相同文化背景下，不同人群表情诱因既具有普遍性，但又存在差异性。

第三节 多地域的比较研究

面部表情的起源问题是一个长期争论的焦点。1872 年，达尔文发表关于哺乳动物情绪表达具有一致性的研究文章。与之相对的是 20 世纪 60 年代和 70 年代包括人类学家玛格丽特·米德等杰出社会科学家争议面部表情是天生的还是文化渗透的。②艾克曼博士解决了这个问题。他的研究证明，"有六种表达方式被普遍认可和理解：喜悦、悲伤、惊讶、恐惧、蔑视/厌恶和愤怒（joy, sadness, surprise, fear, contempt/disgust, and anger）"。③这样的观点既说明人类非言语传播存在一定的共性特征，又承认存在一定程度上的文化差异性，相对客观可信。

一 艾克曼的面部微表情研究

艾克曼的研究小组调查显示："我如何通过面部表情——所谓的微表情——来让真相在短暂的、毫无戒备的时刻溜走。持续不到一秒钟的时间，这些表情的灰烬是一个人真实情感状态的一瞥。在我们感觉之前，我们不会思考。在我们意识到体验情感之前，最初的反应表达倾向于出现在脸上。"④艾克曼还给微表情做概念性界定，"所谓微表情，是指极大地压缩了正常表现时间的完整的情绪性表情，尽管它完整地表现于脸上，但持

---

① [美] 保罗·艾克曼：《情绪的解析》，杨旭译，南海出版公司 2008 年版，第 27—31 页。

② Carol Kinsey Goman, *The Nonverbal Advantage Secrets and Science of Body Language at Work*, Wiley-Blackwell, 2010, p.61.

③ Carol Kinsey Goman, *The Nonverbal Advantage Secrets and Science of Body Language at Work*, Wiley-Blackwell, 2010, p.61.

④ Carol Kinsey Goman, *The Nonverbal Advantage Secrets and Science of Body Language at Work*, Wiley-Blackwell, 2010, p.62.

续时间仅止于一瞬，快到让人难以察觉"①。可见，微表情具有内心情感的真实表达，借以可以觉察对方的真实情感。同时，这种表达是短暂的，观察难度大。

面部微表情观察难度大，还有一个原因，即"阅读面孔不仅仅是识别静态表达的问题，还包括注意面部如何微妙地开始改变。面对面交流的人们观察对方的表达，以衡量对所听到信息的反应。即使有些言语被错过了，观察说话人面部表情也能帮助听者进行交流"②。也就是说，应该观察面部表情的变化趋势，而不是静态画面。同时，也可以将微表情与言语结合起来判断对方的情感与态度。

即使面部微表情识别难度大，也无法阻挡探索者对其持久的关注热度，"因为每种情绪都有独特的、可识别的信号，所以面部是唯一能告诉我们正在发生的特定情绪的系统"③。而对方真实情绪的准确判断在很多场合具有的社会价值巨大，包括商业谈判、国际政治活动、家庭婚姻关系、亲子沟通等，都希望准确判断对方的真实情绪状况，这也是该研究备受关注的深层次原因。

二 高曼的面部表情判断标准

卡罗尔·金西·戈曼在《非言语优势：身体语言在工作中的秘密与科学》（*The Nonverbal Advantage*：*Secrets and Science of Body Language at Work*）总结了六类共同非言语符号的特点④：（1）高兴（Joy）。微笑、抬起脸颊、酒窝和眼睛在角落里皱起，展示出强烈而欢快的幸福；（2）悲伤（Sadness）。额头因悲伤而皱起，眉毛竖起，嘴角向下，表示悲伤和不快；（3）惊奇（Surprise）。惊奇或惊讶，如对意想不到的事情，抬起眉毛，眼睛睁大，下颚经常下降，让嘴唇分开。惊奇是面部表情最常出现的

---

① ［美］保罗·埃克曼：《说谎——揭穿商界、政治与婚姻中的骗局》，邓伯宸译，生活·读书·新知三联书店 2008 年版，第 105 页。

② Carol Kinsey Goman, *The Nonverbal Advantage Secrets and Science of Body Language at Work*, Wiley-Blackwell, 2010, p.62.

③ Carol Kinsey Goman, *The Nonverbal Advantage Secrets and Science of Body Language at Work*, Wiley-Blackwell, 2010, p.62.

④ Carol Kinsey Goman, *The Nonverbal Advantage Secrets and Science of Body Language at Work*, Wiley-Blackwell, 2010, p.63.

现象,在不到一秒钟的时间里,面部表情就会浮现在脸上;(4)害怕(Fear)。眉毛抬起并聚拢在一起,眼睛睁得大大的,嘴唇绷得紧紧的,嘴唇向后张开,表示由于危险出现或迫在眉睫而感到不安和焦虑;(5)厌恶或反感(Disgust/Contempt)。厌恶或反感通过皱鼻子、下眉、上唇抬起、眼睛几乎完全闭着来表达。这种起源于恶臭味道的表达方式也成了我们对恶毒的人和行为所表现出的蔑视的肢体语言;(6)愤怒(Anger)。眉毛拉在一起低垂,强烈的凝视与上下眼睑紧张和收窄,嘴唇紧紧地压在一起,证明是明显的怒气或敌意。

非言语符号的解读具有不确定性,带来解读的难度。而这样的观察和描述特别细致,对于判断不同的情绪比较具有可操作性,尤其是对于非言语传播的应用研究具有很大的启发意义。

第四节 多维度的结论检验

达尔文的非言语传播研究主要采用观察法,艾克曼在非言语传播研究方法方面借鉴达尔文的观察法,并重点使用田野调查法、对比试验法等。

一 观察静态的照片

艾克曼和弗瑞森的面部表情研究,是通过观察照片研究面部表情。专著《揭秘:通过面部表情识别情绪指南》(*Unmasking the Face: A Guide to Recognizing Emotions From Facial Expressions*)阐释如何识别面部表情在表达惊奇、恐惧、厌恶、愤怒、幸福和悲伤等情绪时是真实表达,还是伪装、模仿或压制相关情绪表达。

1967年年底,艾克曼针对新几内亚东南高地的原始部落进行一系列实验,他们通过一些曾在教会学校里学习混合语的男孩帮助,与调查对象进行交流。鉴于沸耳人没有书面语言,研究团队每次给实验对象提供三张照片,再让翻译讲述一个有关一种情感的故事,让实验对象选出一幅照片[1]。研究发现,实验对象能够准确识别照片中美国人的表情,由此证实

---

[1] Paul Ekman, Wallace V. Friesen, *Unmasking the Face: A Guide to Recognizing Emotions From Facial Expressions*, Malor Books Cambridge MA +, 2003, p.26.

人类的表情具有共通性。

此后，艾克曼团队再次来到新几内亚，带来照片和故事。对这个民族3%的人口（300多人）进行几周的统计发现，他们对喜悦、愤怒、厌恶和悲伤的测试结果比较明确①。经过多次大量研究样本的观察照片，最终证实喜悦、愤怒、厌恶和悲伤等人类的主要表情具有共通性特征。艾克曼还通过拍摄脸部照片，分析照片，并借助于镜子观察脸部表情等，验证自己的观点②。

二 观察动态视频的慢镜头

1967年，艾克曼博士从临床病例开始研究欺骗，案例中的病人玛丽撒谎声称没有抑郁，以逃避试图自杀时的监督。他观察玛丽说谎时的视频，分析其微表情变化。艾克曼通过慢镜头回放，可以看到病人脸上迅速掠过极度忧郁的神情，随即换上一副笑脸。当前，还可以利用比较先进的技术设备更精确地研究微表情。

艾克曼准备研究石器时代文明得益于神经学家卡尔顿·加德赛克。他为研究一种病毒在巴布亚新几内亚高地工作十多年，并拍摄了3万多米长的胶片，记录当地两个部落的日常生活③。艾克曼团队则花了6个月的时间研究加德赛克提供的胶片，得到两个极具说服力的证据说明面部表情中所流露出的情绪是人类共通的。首先，研究者在胶片中没有发现任何陌生的面部表情，"如果面部表情完全是后天习得的，那么这些与世隔绝的人应该有独特的表情，应该有我们从未见过的表情。其次……如果每种文化背景下的表情都代表着互不相同的情绪，那么对某种文化一无所知的局外人应该无法正确解读当地人的表情"④，即面部表情中所流露出的情绪是人类共通的。

研究团队还设计一种研究方式，让一个会讲混合语的人给当地受试者读一段故事。然后请他们假设自己是故事的主角，并做出相应的表情。研究团队拍摄该测试过程，再把未经剪辑的录像放给美国大学生看。研究者

---

① [美]保罗·艾克曼：《情绪的解析》，杨旭译，南海出版公司2008年版，第18页。

② Paul Ekman, Wallace V. Friesen, *Unmasking the Face*: *A Guide to Recognizing Emotions From Facial Expressions*, Malor Books Cambridge MA +, 2003, p.157.

③ [美]保罗·艾克曼：《情绪的解析》，杨旭译，南海出版公司2008年版，第13页。

④ [美]保罗·艾克曼：《情绪的解析》，杨旭译，南海出版公司2008年版，第14页。

认为:"假如面部表情存在文化差异,那么这些大学生应该不能正确理解录像中的表情。然而,除了恐惧和惊讶的表情之外,美国学生准确地定义了录像中展现的其他情绪。和新几内亚人一样,他们无法辨别恐惧和惊讶。"① 这样,再次验证了人类表情的共通性特征。

三 通过实验法探索表情特征

艾克曼团队播放了令人毛骨悚然的医疗现场胶片,让护理系学生观看胶片,并要求他们在观看时不得流露内心的感受,而实际上其负面情绪难以控制②。

另外,为检测面部、身体、声音或言辞等因素对于测谎的价值,研究采用了对比试验法。实验把测试对象分成两组,其中一些人的角色是法官,看对方是否在说谎;另一组人则"对实验一无所知,完全不知道其中可能会有骗局或谎言,仅被告知,他们将会看到或听到一些人谈论自己观看胶片的感受"③。

艾克曼团队在新几内亚研究时,通过实验法刺激当地人,拍摄当地人的日常表情(与朋友相遇时的喜悦表情),验证其观点。如"对两个人的演奏进行录音,而后拍到了他们第一次从录音机里听到自己的声音和音乐时又惊又喜的表情。我甚至用随身带来的一把橡皮小刀刺向一个小男孩,并拍下了他和他朋友们的反应"④。艾克曼还设计实验,向来自美国、日本、智利和巴西等不同国家文化的观察者展示不同情绪表达的照片,再让他们分别为每一张照片选择一个主要情感词⑤。从而认为表情具有跨文化的共通性特征。

四 利用计算机辅助系统进行人脸识别

艾克曼还与特里·塞诺斯基(Terry Sejnowski)合作研究利用计算机

---

① [美]保罗·艾克曼:《情绪的解析》,杨旭译,南海出版公司2008年版,第18—19页。
② [美]保罗·埃克曼:《说谎——揭穿商界、政治与婚姻中的骗局》,邓伯宸译,生活·读书·新知三联书店2008年版,第38页。
③ [美]保罗·艾克曼:《情绪的解析》,杨旭译,南海出版公司2008年版,第13页。
④ [美]保罗·艾克曼:《情绪的解析》,杨旭译,南海出版公司2008年版,第16页。
⑤ Paul Ekman, Wallace V. Friesen, *Unmasking the Face: A Guide to Recognizing Emotions From Facial Expressions*, Malor Books Cambridge MA +, 2003, p. 25.

辅助系统进行人脸识别技术。利用软件将面部表情转化为可操作的信息，利用摄像头来分析人类的面部肌肉运动，分辨出类喜悦、愤怒等基础表情，以及焦虑、沮丧等复杂表情，进而开发情感感知技术，吸引客户参与、研究和分析面部表情。比如，"某种情绪刚出现时，在几毫秒的时间里就会控制我们的语言、行动和思想……皱眉头、瞪大双眼、嘴角咧向耳根。你心跳加速，出冷汗，双腿肌肉迅速充血"[1]。又如，情绪会影响心率、呼吸、出汗，"情绪产生的信号同样会反映在我们的表情、脸色、声音和体态上"[2]。这些变化都可以作为情绪变化的判断依据。既然情绪对于人们的行为具有重要影响，识别情绪就显得特别重要了。艾克曼博士和弗瑞森共同研发"面部动作编码系统"[the Facial Action Coding System（FACS）]，"从解剖学角度，描述面部运动（观察照片、胶片或录像），对比其他测量面部行为的方法"[3]，借助于计算机辅助技术，更加准确地进行人脸测量与表情研究。用以确定任何面部运动，成为客观测量面部运动的系统工具。

艾克曼在专著《揭秘：通过面部表情识别情绪指南》（*Unmasking the Face: A Guide to Recognizing Emotions From Facial Expressions*）将面部表情划分为三类：静态信号、慢信号、快信号。其中快信号（如皱眉、眨眼等）变化闪现的时间不到一秒钟或几秒钟，瞬间即逝，单纯依靠人工很难准确区分，利用计算机技术，将大大增加研究的精确性[4]。

上述讨论可见，艾克曼的研究采用现代技术手段，以弥补早期直接观察法的局限性，提高研究成果的精确性和可信度。

第五节 跨领域的应用探索

2004年，艾克曼从加利福尼亚大学退休后，决定把他三十多年全职

---

[1] [美]保罗·艾克曼：《情绪的解析》，杨旭译，南海出版公司2008年版，第28页。
[2] [美]保罗·艾克曼：《情绪的解析》，杨旭译，南海出版公司2008年版，第28页。
[3] Paul Ekman Wallace V. Friesen, "Measuring Facial", *Environmental Psychology and Nonverbal Behavior*, Vol.1, No.1, 1976, pp.56-75.
[4] Paul Ekman, Wallace V. Friesen, *Unmasking the Face: A Guide to Recognizing Emotions From Facial Expressions*, Malor Books Cambridge MA +, 2003, p.10.

教授的研究成果转化为可供一般公众使用的资源。他成立了艾克曼团队（the Paul Ekman Group），并撰写专著《情绪的解析》（*Emotions Revealed: Understanding Faces and Feelings to Improve Emotional Life*），主要讨论如何识别面部表情。在过去十年间，艾克曼一直致力于把他的研究成果转化为实际应用。艾克曼集团研发新工具，专注于如何在工作场所、在谈判中，或在家与家人回应别人的情绪等情况下，用以分析人的面部表情所流露出来的情绪信号，借以判断他人的情绪。并且其认为，掌握对情绪的辨别能力，能够帮助人们从容地应对各种社交场合[1]。艾克曼还向法官、警察、律师、FBI（联邦调查局）、CIA（中央情报局）、AFT（酒精、烟草与枪支管理局）、心理医师、社会工作者与咨询专家及其他国家公职人员传授经验，教他们有效地判断别人的情绪状态[2]。

艾克曼认为，"表情变化、身体行为、声调变化、口水的频频吞咽、呼吸的深浅变化、说话停顿或打结、口误、微表情、肢体动作的失误等"[3]，都可以作为抓谎的依据。但是，艾克曼强调，抓谎绝非易事，因为"言辞、停顿、声调、表情、头部动作、手势、姿势、呼吸、脸颊绯红或发白、冒汗等"细节瞬间同时或交替出现[4]，这给抓谎带来压力。艾克曼分别从以下几个方面进行探索。

一 表情暴露说谎的线索

艾克曼认为面部通常包含两种信息：一种是说谎者想要表现的，另一种是他想要隐瞒的。真表情是无意识的面部动作，脸上的表情未经思索或刻意做作；相对而言，假表情则是有意识地控制面部动作，以阻止真实的情绪泄露，而呈现出虚假的表情[5]。

如研究者调出对精神病患者玛丽的访谈视频，最终发现了撒谎的表情

---

[1] [美] 保罗·艾克曼：《情绪的解析》，杨旭译，南海出版公司2008年版，第5页。

[2] [美] 保罗·艾克曼：《情绪的解析》，杨旭译，南海出版公司2008年版，第22页。

[3] [美] 保罗·埃克曼：《说谎——揭穿商界、政治与婚姻中的骗局》，邓伯宸译，生活·读书·新知三联书店2008年版，第29页。

[4] [美] 保罗·埃克曼：《说谎——揭穿商界、政治与婚姻中的骗局》，邓伯宸译，生活·读书·新知三联书店2008年版，第63页。

[5] [美] 保罗·埃克曼：《说谎——揭穿商界、政治与婚姻中的骗局》，邓伯宸译，生活·读书·新知三联书店2008年版，第100—101页。

线索。其中,"任何情绪都可以作为伪装以掩饰其他的情绪,而笑容则是其中最常用的。笑容可以掩盖任何的负面情绪——害怕、升起、忧伤、厌恶等"①。当然,依靠面部表情判断情绪也存在困难,面部表情包含的说谎线索比较多,"微表情、碎表情、面部不随意肌所泄露的信息、眨眼、瞳孔扩张、流泪、涨红与发白、表情不对称、出现时间与位置的错误、假笑等有些可以提供破绽或线索"②。这样,"你可能会判断错误信号,或者无法清晰地分辨出不同的情感信息"③。鉴于此,表情符号是抓谎的重要线索之一。

二 身体行为暴露说谎的线索

身体行为也是说谎线索的信息来源。艾克曼认为,"与表情和声音不同,大多数身体行为并不与脑部涉及情绪的区域直接关联"。而且人们都忙于关注表情和揣度言辞了,而身体行动常被忽视,所以常常会露出破绽④。他比较身体行为与表情和声音以及言辞的差异性,认为身体行为在抓谎过程中的独特价值。艾克曼还认为,"肢体比划具有解说语言、加强语意表达的作用"⑤,他还认为肢体比划的增加与说话者的情绪有关,"一般来说,暴怒、惊恐、焦虑或兴奋时,讲话的肢体比划都会多于平时"⑥。艾克曼还提醒,"零碎动作极可能是不安的行为,也可能是自在的表现,将之一概视为说谎信号便值得商榷"⑦。因此,将零碎动作作为抓谎的依据比较危险。

---

① [美]保罗·埃克曼:《说谎——揭穿商界、政治与婚姻中的骗局》,邓伯宸译,生活·读书·新知三联书店2008年版,第19页。

② [美]保罗·埃克曼:《说谎——揭穿商界、政治与婚姻中的骗局》,邓伯宸译,生活·读书·新知三联书店2008年版,第100页。

③ Paul Ekman, Wallace V. Friesen, *Unmasking the Face: A Guide to Recognizing Emotions From Facial Expressions*, Malor Books Cambridge MA +, 2003, p.10.

④ [美]保罗·埃克曼:《说谎——揭穿商界、政治与婚姻中的骗局》,邓伯宸译,生活·读书·新知三联书店2008年版,第66页。

⑤ [美]保罗·埃克曼:《说谎——揭穿商界、政治与婚姻中的骗局》,邓伯宸译,生活·读书·新知三联书店2008年版,第83页。

⑥ [美]保罗·埃克曼:《说谎——揭穿商界、政治与婚姻中的骗局》,邓伯宸译,生活·读书·新知三联书店2008年版,第85页。

⑦ [美]保罗·埃克曼:《说谎——揭穿商界、政治与婚姻中的骗局》,邓伯宸译,生活·读书·新知三联书店2008年版,第70页。

三 声音成为情绪判断的线索

声音类非言语符号也可以作为判断情绪,判断是否说谎的线索。首先,艾克曼认为说话打结与停顿的原因有两个相互关联的原因,"一是说谎者事先没有料到会说谎,没有准备说辞,或虽然有准备,却没有料到会碰到什么问题;二是虽有准备,但担心被识破的恐惧感影响了临场发挥"①。由此可见,说话打结与停顿可以作为说谎的线索之一。

四 声调作为情绪的判断标准

声调也可能是内在情绪的外化表现,数据显示:"70%的人心烦意乱时,声调就会提高,生气或慌张时更是如此。还有研究显示,悲伤或难过时,声调则会降低。"② 而且,"声调升高、音量变大,语速加快的情况通常伴随恐惧、生气,也许还有兴奋。相反的变化则说明悲哀,也许还有罪恶感"③。由此,借以判断对方的情绪类型。当然,需要提醒的是,声调作为情绪的判断依据也应该结合具体的传播语境,尤其是其他相关非言语符号等,以更准确判断。

五 口误、肢体符号失误及言辞激烈暴露隐瞒的情绪

艾克曼探索识别面部表情在表达惊奇、恐惧、厌恶、愤怒、幸福和悲伤等情绪时的表达方式,还帮助演员、教师、推销员、辅导员、护士、执法人员和医生等相关职业的从业人员,进行情绪表达练习,学会熟练识别别人的情绪表达,合理利用自己的情绪表达,与别人建立融洽关系。"面部管理技术,为了管理面部表情,你可以限制体现实际情感的面部表情,或调节情感的表达,或伪造情感的面部表情"④。言语表达控制容易,而

---

① [美]保罗·埃克曼:《说谎——揭穿商界、政治与婚姻中的骗局》,邓伯宸译,生活·读书·新知三联书店2008年版,第72页。

② [美]保罗·埃克曼:《说谎——揭穿商界、政治与婚姻中的骗局》,邓伯宸译,生活·读书·新知三联书店2008年版,第73页。

③ [美]保罗·埃克曼:《说谎——揭穿商界、政治与婚姻中的骗局》,邓伯宸译,生活·读书·新知三联书店2008年版,第97—98页。

④ Paul Ekman, Wallace V. Friesen, *Unmasking the Face: A Guide to Recognizing Emotions From Facial Expressions*, Malor Books Cambridge MA +, 2003, p.140.

非言语传播的控制难度大，如"闪烁其词、停顿、说话打奔，以及肢体比划的减少可以显示出说话者字斟句酌，没有事前准备说辞，它们可以是任何负面情绪的信号"①。简言之，口误、肢体符号失误或者言辞激烈都可能暴露传播主体试图隐瞒的情绪。

第六节　保罗·艾克曼表情研究的符号学反思

艾克曼在继承达尔文、萨尔文·汤姆金斯等非言语传播思想的基础上，探索微表情领域，其研究思想、研究方法对于当下非言语传播研究具有很多启发意义，但也面临新的问题，为此后非言语传播研究留下继续拓展的空间。

一　表情研究存在未解之谜

表情的理论研究还存在难题。如情绪如何在大脑中形成的？"关键的问题仍然是区分不同行为，这些行为表现为面部和/或身体运动，但有相当不同的功能、起因和表现形式。"② 但是，"目前还没有有力的科学依据能够提供最终答案，告诉我们情绪诱因在大脑中是如何形成的，以及能否彻底消除它们。解决这些问题或许还需要数十年时间"③。时至今日，情绪的诱因在大脑中是如何形成的，仍然未能准确判断。

表情的应用研究也存在一定的困境。如"微表情与碎表情虽然能够提供说谎线索，但大多数情况下却存在两个问题。第一个问题是布罗考陷阱，抓谎者根本没有考虑到每个人情绪性表情的个体差异，并不是每个隐瞒情绪的人都会表现出微表情与碎表情。因此，没有出现微表情或碎表情，并不能证明这个人是在说实话。第二个问题是奥赛罗谬误，某些诚实的人被误解为说谎时情绪反应强烈，反而更加深别人的怀疑"④。可见，

---

① [美]保罗·埃克曼：《说谎——揭穿商界、政治与婚姻中的骗局》，邓伯宸译，生活·读书·新知三联书店 2008 年版，第 97—98 页。

② Paul Ekman, "Emotional and Conversational Nonverbal Signals", *the Series Philosophical Studies Series*, Vol. 99, 2004, pp. 39-50.

③ [美]保罗·艾克曼：《情绪的解析》，杨旭译，南海出版公司 2008 年版，第 27 页。

④ [美]保罗·埃克曼：《说谎——揭穿商界、政治与婚姻中的骗局》，邓伯宸译，生活·读书·新知三联书店 2008 年版，第 108 页。

抓谎者仅凭某人表现出的微表情或碎表情，并不足以代表他在说谎。测谎或表情判断还需要继续探索。大而言之，非言语传播研究还需要继续探索，尤其是将不同非言语符号之间，以及非言语符号与言语符号之间进行比较研究，对于情绪判断或是否说谎更有价值。

二 非言语与言语协同表意机制的比较研究不足

非言语符号与言语符号的比较研究初现端倪。艾克曼研究之初，就在思考"表情究竟是与生俱来的，还是像语言一样依存于特定的文化呢"[①]？"人们能否像利用语言那样利用表情来撒谎"[②]？于是，他开始比较言语传播与非言语传播的异同。艾克曼比较发现，言辞比表情造起假来更容易成功，因为言语便于准备和演练，隐瞒也更轻松。而且，"面部直接与大脑中涉及情绪的区域相关联，而与言辞的关联则要间接得多。当情绪产生时，面部肌肉就会不知不觉地被激活"[③]。于是，表情泄露的真实信息更多，因此，更不容易撒谎。但这仍然局限于对表情符号的研究，还没有探索系统的传播符号系统，缺乏言语与非言语之间协同表意机制的比较研究。

艾克曼认为，管控言语要比管控面部表情更容易的原因：首先，表情比言语时效性更强，来不及造假。其次，表情比言语更难以自我发现，自我调整，所以更难造假[④]。因为"人们很容易听到自己说了什么，但是看到自己的表情则常常比较困难"[⑤]，艾克曼还总结："手势的功能包括言语解说、身体协调、传达信息的手势等。"[⑥] 其实是讨论言语符号与非言语

---

① ［美］保罗·埃克曼：《说谎——揭穿商界、政治与婚姻中的骗局》，邓伯宸译，生活·读书·新知三联书店 2008 年版，第 12 页。

② ［美］保罗·埃克曼：《说谎——揭穿商界、政治与婚姻中的骗局》，邓伯宸译，生活·读书·新知三联书店 2008 年版，第 21 页。

③ ［美］保罗·埃克曼：《说谎——揭穿商界、政治与婚姻中的骗局》，邓伯宸译，生活·读书·新知三联书店 2008 年版，第 65 页。

④ Paul Ekman, Wallace V. Friesen, *Unmasking the Face: A Guide to Recognizing Emotions From Facial Expressions*, Malor Books Cambridge MA +, 2003, p. 136.

⑤ ［美］保罗·埃克曼：《说谎——揭穿商界、政治与婚姻中的骗局》，邓伯宸译，生活·读书·新知三联书店 2008 年版，第 65 页。

⑥ Wallace V. Friesen, Paul Ekman, Harald Wallbott, "Measuring Hand Movements", *Journal of Nonverbal Behavior*, Vol. 4, No. 2, 1979, pp. 98–112.

符号之间具有协同表意关系，并认为言语符号不及非言语符号真实。

三 不同非言语符号之间的协同表意研究不足

艾克曼研究表情过程中也涉及其他非言语符号。但是，不同非言语符号之间的关联性探究存在不足。比如，"社会背景包括头倾斜或运动，身体姿势、身体动作、声音、文字等"①，类似的研究还不够系统。

艾克曼还比较肢体符号与肢体比划的差异，认为肢体符号表达信息明确，无法用其他动作代替；而肢体比划可以包括非常多的动作，传达信息比较含糊。② 而后，"比较面部表情、体态语、声音、副言语与文本信息的相对有效性"③，以识别言语的欺骗性与非言语对于真实信息的表露。

艾克曼认为："言语内容，语速和流畅性，大多数身体运动，和大部分容易分辨的面部表情，都比音高或微妙的面部表情更容易控制。"④ 这是讨论不同非言语符号的可控性比较，对于言语与非言语的表意机制研究不够深入。

事实上，非言语传播不可能在真空中进行，它需要和言语一起进行传播活动。有时候，言语传播和非言语传播是一致的（都是正面、中立，或者都是否定的）；也有时候，言语传播和非言语传播并不一致（言语传播是正面的，非言语传播是负面的，或者相反）。非言语符号对于言语符号具有如下功能：补充作用、替代作用、重复作用以及强调作用。强调非言语传播与言语传播之间的互动，或者说协同表意⑤。艾克曼认为："许多是所谓的对话信号，类似于肢体比划，用于加强语气或表达某种语意（例如面部的问号或惊叹号）；还有许多面部符号，诸如眨眼做出示意，

---

① Paul Ekman, Wallace V. Friesen, *Unmasking the Face: A Guide to Recognizing Emotions From Facial Expressions*, Malor Books Cambridge MA +, 2003, p.145.

② ［美］保罗·埃克曼：《说谎——揭穿商界、政治与婚姻中的骗局》，邓伯宸译，生活·读书·新知三联书店 2008 年版，第 86—87 页。

③ Paul Ekman, "Lying and Nonverbal Behavior: Theoretical Issues and New Findings", *Journal of Nonverbal Behavior*, Vol.12, No.3, 1988, pp.163-175.

④ Paul Ekman, Maureen O'Sullivan, Wallace V. Friesen, Klaus R. Scherer, "Invited Article: Face, Voice, and Body in Detecting Deceit", *Journal of Nonverbal Behavior*, Vol.15, No.2, 1991, pp.125-135.

⑤ 王亿本：《大众非言语传播的功能研究》，中国社会科学出版社 2016 年版，第 56 页。

撇嘴传达不屑，扬眉表示怀疑等。"① 这里已经涉及言语符号与非言语符号的独立表意与协同表意机制。

四 非言语传播研究方法还需要创新

艾克曼等非言语传播研究主要采用观察法、实验法、计算机辅助等研究方法，还通过观察慢镜头的方式分析微表情特征。时至今日，技术进步已经出现更新设备，可以创新研究方法。又如，使用 Hausdorff 距离进行人脸识别②。不断创新研究方法，将有助于非言语传播研究的理论创新。

总体看来，艾克曼对于非言语传播的探索取得丰硕研究成果，其实证研究的特色，多学科交叉的研究思路，以及从理论探索到实际应用探索的转向，都给后来的非言语传播研究提供丰富的借鉴经验。当然，其研究留下了较大的继续探索的空间。继续坚持多学科的理论借鉴，多种方法的相互验证，跨文化的比较研究，以及多种传播符号之间的系统研究都将是大有益处的。

---

① ［美］保罗·埃克曼：《说谎——揭穿商界、政治与婚姻中的骗局》，邓伯宸译，生活·读书·新知三联书店 2008 年版，第 104 页。

② A. Esposito, M. Bratanić, E. Keller, M. Marinaro, *Fundamentals of Verbal and Nonverbal Communication and the Biometric Issue*, A. Esposito et al. (Eds.), IOS Press, 2007, pp. 234-245.

第八章

转向：罗纳德·E. 雷吉奥等
非言语传播的应用研究

> 每一天，在每一次社交活动中，我们都以非言语方式交流我们的感受、态度、想法和担忧。非言语沟通用于传达权力和地位，用于表达爱和亲密关系，用于沟通协议，建立融洽关系，并调节沟通流程。非言语沟通是普遍的、持续的，它实际上是每一个人努力的重要组成部分。
>
> ——罗纳德·里吉奥，罗伯特·费尔德曼《非言语传播应用研究》

研究者们发现非言语传播的许多研究内容只保留在专业期刊上，供其他非言语传播研究者阅读和研究[1]。这样对于非言语传播研究的实践价值是一种浪费。在这种背景下，有必要继续探索非言语传播的基础理论，完善其理论体系。同时，也有必要探索理论对于实践的指导性。罗纳德·雷吉奥（Ronald E. Riggio）等人无疑是这种转型研究的开拓者，他们将非言语传播理论应用于多个实践领域，并取得较好的进展。

罗纳德·雷吉奥和罗伯特·费尔德曼试图在非言语传播理论研究和实践应用之间提供一个桥梁，探索在医院和诊所、法庭和警察局、工作场所和政府、教室和日常环境中的非言语传播过程，探讨在公共场合、亲密的人际关系，以及跨文化传播中的非言语传播现象。以供从业人员、医护人员、执法专家、教师、管理人员和政府领导人参考借鉴[2]。最终弥合非言

---

[1] Ronald E. Riggio, Robert S. Feldman, *Applications of Nonverbal Communication*, Lawrence Erlbaum Associates, Mahwah, New Jersey London, 2005, p. ix.

[2] Ronald E. Riggio, Robert S. Feldman, *Applications of Nonverbal Communication*, Lawrence Erlbaum Associates, Mahwah, New Jersey London, 2005, p. ix.

语传播学者的研究与在实践中使用非言语传播的学者之间的鸿沟[①]。

在语言以及文字发明之前，人类之间、其他生物之间以及人类与其他生物之间沟通交流的主要方式是非言语传播。在语言和文字产生后，非言语传播方式也从未衰减，而是与言语传播共同发展，丰富人类的传播方式。时至今日，非言语传播仍然充当着一种不可或缺的角色。

非言语传播的应用研究领域也在逐渐拓展。如，讨论医院里的医患交流、教室师生的非言语交流、政府中政治官员的非言语传播行为、法庭审判过程的非言语行为、商业谈判过程中的非言语线索、亲子交流的非言语传播情况等。其中，罗纳德·雷吉奥和罗伯特·费尔德曼的《非言语传播应用研究》（Applications of Nonverbal Communication）比较系统地分析了多个非言语传播应用领域，这些研究结果在非言语交流和应用研究之间建立了一个非常必要的桥梁。研究者从心理学、卫生保健、执法、政治学、社会学、通信、商业和管理等不同学科，探讨医院、诊所、法庭和警察局、工作场所、政府、教室和日常生活等领域的非言语传播应用特点与规律。这些应用探索尤其值得分析，供实践领域借鉴参考。

第一节 家庭沟通语境的非言语传播研究

学者认为，非言语传播更具有传播情感的功能。家庭成员之间信息交换的目的相对较少，而情感交流比较多，家庭成员之间的非言语传播值得研究。

一 夫妻之间的非言语传播研究

夫妻之间的交流与公共场所的交流方式不同，尤其是传播符号的使用类型存在差异，比如研究认为："虽然沟通通常包括言语和非言语渠道，但有证据表明，非言语渠道可能对关系过程和结果影响更大。"[②] 或者可

[①] Ronald E. Riggio, Robert S. Feldman, *Applications of Nonverbal Communication*, Lawrence Erlbaum Associates, Mahwah, New Jersey London, 2005, p. xii.

[②] Gottman, J. M., Markman, H. J. & Notarius, C. I., "The Topography of Marital Conflict: A Sequential Analysis of Verbal and Nonverbal Behavior", *Journal of Marriage and the Family*, No. 39, 1977, pp. 461-477.

以理解为，言语传播主要是传播具有实质内容的信息，而非言语传播主要传递关系、情感、态度、立场等信息。当然，这种传播也不单限于夫妻之间。

第一，夫妻之间的非言语传播影响彼此的形象建构与关系的维护。伯贡和迪尔曼建议"非言语关系信息表明参与者如何看待彼此、他们的关系和他们在关系中的自我形象"[1]。突出非言语传播的关系信息传播功能。同样，1967年，韦克（Watzlawick）和他的同事也建议交流包括两个层面的意义：内容和关系。"内容层次包括所说言语的字面意思。相反，关系层面传达了重要的信息，关于交流双方彼此感知。这种关系信息一般是非言语传播，并且可能与言语传播不一致。"[2] 这说明，夫妻之间，家庭成员之间，或者更大范围的交流，不一定都是信息交流，也可能是关系的建立与维护。比如，熟人见面点个头，或者微笑一下，没有实质性内容，但却是一种关系的维护。又如，出差在外，给家人打个电话，也许没有什么实质性内容，却是关系维护和情感表达的手段。听见彼此的声音就是一种情感的抚慰。面对面的非言语交流更是时刻传递关系信息。

非言语传播非常重要，但实践中却很难准确衡量其传播价值。研究认为，尽管非言语传播在展示权力和亲密度方面起着关键性作用，但非言语传播是一个相对不可靠的系统。没有一本字典能清楚而明确地定义一个特定非言语行为的准确含义[3]。当然，这种模糊性也不完全是缺点，马努索夫指出，"非言语传播中最有趣的方面之一就是它能够以多种方式被解释"[4]。也正因为如此，夫妻之间的交往艺术才有更多的探索空间，夫妻之间的默契才更显魅力。

第二，夫妻之间的亲密程度影响双方非言语传播行为。关系满意度变

---

[1] P. J. Kalbfleisch & M. J. Cody (Eds.), *Gender, Power and Communication in Human Relationships*, Hillsdale, NJ: Lawrence Erlbaum Associates, 1995, pp. 63–81.

[2] Ronald E. Riggio, Robert S. Feldman, *Applications of Nonverbal Communication*, Lawrence Erlbaum Associates, Mahwah, New Jersey London, 2005, p. 195.

[3] Ronald E. Riggio, Robert S. Feldman, *Applications of Nonverbal Communication*, Lawrence Erlbaum Associates, Mahwah, New Jersey London, 2005, p. 196.

[4] E. Noller & J. A. Feeney (Eds.), *Understanding Marriage: Developments in the Study of Couple Interaction*, New York: Cambridge University Press, 2002, p. 15.

量既影响对方非言语交际的特定感知功能，也影响对方对此的反应。研究认为："幸福的夫妻更可能注意到积极的伴侣行为，并以积极的方式解释这些行为。"① 简言之，夫妻之间的关系亲疏程度可以透过双方的非言语传播行为来判断。

第三，影响非言语行为理解的另一个语境因素是性别。同一非言语行为可能有不同的解释，这取决于它是由男性还是女性实施的。研究发现，当男性进行高度眼神接触时，这种行为被解释为支配，而当女性作出类似行为时，这种行为被看作是顺从②。这一发现表明，非言语行为的解释受到性别刻板印象的影响。

第四，依恋安全性也可能影响亲密关系中的权力表达。塔克和安德斯在讨论恋爱关系的积极方面时观察约会对象发现，"牢固的依恋与更多的情感表达有关，也就是说，更高的凝视、触摸、微笑和大笑。相反，专注的依恋与较低水平的接触和微笑有关，回避依恋与较低水平的凝视、触摸和微笑相关③。可见，两性关系不是依靠甜言蜜语，更要看相互非言语行为的表现。这样的研究发现对于准确判断两性之间的亲疏关系具有重要指导和参考价值。在另一项关于恋爱双方互动的研究中，女性对伴侣的触摸的非言语反应取决于她们的依恋安全性。特别地，安全的女性通过接触和亲吻来回应，而回避的女性倾向于拒绝身体接触。依恋安全感和非言语行为之间的这些联系可能反映了不同依恋风格的关系目标，特别是在亲密和情感方面"④。恋爱关系中非言语行为是判断双方关系的有效手段之一。

第五，男性和女性表现出不同的非言语行为。南希赫利（Nancy Henley）认为："女性被描述为更多的微笑，从事更多的目光接触，并显示出

---

① Manusov, Valerie, Floyd, Kory, Kerssen-Griep, Jeff, "Yours, Mine, and Ours: Mutual Attributions for Nonverbal Behaviors in Couples' Interactions", *Communication Research*, Vol. 24, No. 3, 1997, pp. 234-260.

② Burgoon, J. K., Coker, D. A. & Coker, R. A., "Communicative Effects of Gaze Behavior: A Test of Two Contrasting Explanations", *Human Communication Research*, Vol. 12, No. 4, 1986, pp. 495-524.

③ Patricia Noller, Judith A. Feeney, Nigel Roberts Andrew Christensen, *Nonverbal Behavior in Couple Relationships*, Lawrence Erlbaum, 2005, p. 197.

④ Patricia Noller, Judith A. Feeney, Nigel Roberts Andrew Christensen, *Nonverbal Behavior in Couple Relationships*, Lawrence Erlbaum, 2005, p. 197.

比男性更敏感的线索。"① 这种非言语传播行为源自不同性别人群的社会地位以及由此产生的心理特征,"这是因为女性比男性具有更少的权力②。据说,女性更善于表达,因为她们的权力更少,正如下属更善于表达,因为她们的权力比上级少。下属需要证明他们知道自己的位置,非语言暗示是一种特别有效的传达方式"③。

第六,夫妻之间的权力关系影响非言语传播行为。非言语行为表现社会权力和性等复杂关系。研究认为:"一方面,权力低的人不一定比权力高的人更能微笑。相反,在一种以权力不对称为特征的关系中,没有权力的人似乎有义务展现某种程度的微笑,而不管他们感觉有多积极。另一方面,更强大的人似乎可以选择微笑,也就是说,只有当他或她感到积极倾向时才会微笑。换句话说,低地位或权力的人不一定比拥有更大权力的人更容易微笑。但是当他们微笑的时候,它是从需要取悦对方的感觉中产生的。女性比男性更需要这种感觉,即使她们处于更高的地位。"④ 当然,非言语传播也有误判的情况,女人微笑还有其他可能,比如,"女人有时会在不舒服的时候微笑,而这种微笑有时会被误解"⑤。

综上可见,夫妻之间的非言语传播现象比较普遍,其间透射出夫妻双方丰富的内涵,包括夫妻之间的亲疏程度、权力关系、心理安全感以及关系满意度等。夫妻之间的关系属于一种极其微妙,却又比较常见的人际关系,其功能不仅是传递信息,更多的是传递情感、建立关系等,探索这一类应用将会准确认知夫妻关系,有效改善夫妻感情,其社会价值不言而喻。

---

① Ronald E. Riggio, Robert S. Feldman, *Applications of Nonverbal Communication*, Lawrence Erlbaum Associates, Mahwah, New Jersey London, 2005, p. 141.

② Nancy Henley, *Body Politics: Power, Sex, and Nonverbal Communication*, Englewood Cliffs, NJ: Prentice Hall. Ronald E. Riggio, Robert S. Feldman, *Applications of Nonverbal Communication*, Lawrence Erlbaum Associates, Mahwah, New Jersey London, 2005, p. 141.

③ Ronald E. Riggio, Robert S. Feldman, *Applications of Nonverbal Communication*, Lawrence Erlbaum Associates, Mahwah, New Jersey London, 2005, p. 141.

④ Ronald E. Riggio, Robert S. Feldman, *Applications of Nonverbal Communication*, Lawrence Erlbaum Associates, Mahwah, New Jersey London, 2005, p. 150.

⑤ Ronald E. Riggio, Robert S. Feldman, *Applications of Nonverbal Communication*, Lawrence Erlbaum Associates, Mahwah, New Jersey London, 2005, p. 151.

二 亲子之间的非言语传播研究

母婴之间的交流主要是依靠非言语传播，包括临睡前母亲轻抚婴儿、脸颊相贴的爱意表达、目光对视的眼神交流等，在婴儿还没有掌握言语表达能力的情况下，非言语传播成为亲子交流的主要方式。

亲子交流的非言语传播方式比较丰富，比如，抚摸或拥抱孩子使其有安全感，并且感到温暖，尤其是在遭遇危险或在陌生环境下；亲吻孩子表达亲密和爱意；与孩子握手显示友好与信任；对孩子点头表达认可和鼓励；当然，最多的还是微笑，可以表示默许、包容、爱意、欣赏或者无奈等。

亲子交流的非言语传播与其他人群的非言语传播有相通之处，如点头表示认可。也有不同点，如抚摸（尤其是抚摸头部）主要是亲子之间，其他人群适用不多。这些特点及其深层次规律性的探索还比较缺乏。

国内外对亲子交流过程中的非言语传播现象关注比较多，相关总结也比较多。比如，亲子交流中的非语言方式主要有[①]：

(1) 抚摸。满足孩子"肌肤饥渴"的心理需求。
(2) 拥抱。给孩子更多安全感和温暖。
(3) 亲吻。让孩子感受到你开心和快乐。
(4) 握手。传递你坚定的力量。
(5) 点头。传递认可和鼓励。
(6) 微笑。传递默许和包容。
(7) 眼神。表明你是默许、支持，或反对、否定。
(8) 表情。传递你内在的态度。

三 家庭语境非言语传播研究的思考

非言语传播作为一种非常普遍的传播方式自然会在家庭内部传播过程中使用，而家庭成员之间的交流具有与其他场合与人群之间的交流不同的传播特点。

第一，家庭成员之间非言语传播更注重情感传播功能。一般认为，言

---

① 《八种家长和宝宝非语言交流的方法》，寻医问药网，https://3g.xywy.com/baby/youer/qinggan/20160222_780740.html，2014年6月29日。

语传播更注重传递信息,而非言语传播主要是传递情感,家庭内部交流主要是传递情感,信息传递较少。一家人围坐沙发聊天,就是打发时间,交流情感,却没有太多实质性的信息传播。

第二,家庭成员之间非言语传播符号类型最为丰富。家庭成员之间交流包括时空符号、体味、体触,以及副语言符号等。比如,时间符号特征。不同于工作领域的时间紧张,来去匆匆。家庭成员之间的交流是在一种比较宽松,放松的状态下的交流,时间符号的差异也带来交流语速的缓慢。又如,空间符号特征。家庭成员之间的交流是在相对比较近距离的空间内进行交流,这样更容易出现身体接触等符号的使用,以及声音变低的副语言的变化等。另外,家庭成员之间的非言语传播相互影响,比如手势语言、服饰语言等,都会受父母或哥哥姐姐的影响。这种遗传性与习得性特征的比较与探索值得深入,对于其他领域的非言语传播具有重要启发意义。

第三,家庭内的非言语传播适用范围广,传播效果好。婴儿刚生下来,言语传播功能缺乏的情况下,主要依靠非言语传播进行交流。很多时候,家庭成员之间不需要言语传播,包括婴儿与父母的交流、夫妻之间的交流等,非言语传播更有效。同时,家庭成员之间相互熟悉,非言语传播解读更准确,传播效果好。经常出现夫妻之间或亲子之间的"默契"其实就是对于双方非言语传播的准确解读罢了。

第四,家庭是非言语传播的策源地。家庭是很多非言语传播的源发地,如服饰语言是从家庭开始设计的,微笑、握手等多种礼节性非言语符号都是从家庭开始训练,从父母兄长及姐姐等模仿开始。家庭范围的非言语传播研究对于社会角色或社会领域的非言语传播都具有重要启发意义。

第五,功利的意图制约了家庭成员之间的非言语传播研究。政治传播或商业传播中的非言语传播研究比较丰富,源自其研究成果具有较强的实践性,以及由此带来巨大的社会或经济利益。而家庭成员之间的非言语传播现象研究,缺乏明显的经济回报或政治利益,在一定程度上制约了相关研究的深度开展。

综上所述,家庭成员的非言语传播是重要领域,但是,相关研究缺乏。

第二节 医患交流领域的非言语传播研究

医患矛盾是社会的关注焦点,其中原因是多方面的,但是,医患之间的非言语传播所起到的作用至关重要,而相关研究容易忽视这一点。本书作简单梳理,为深入研究医患之间的非言语传播提供参照。

一 医患领域非言语传播的功能研究

医患之间的非言语传播时间比较短暂,但是,对于医患关系却非常重要。在医患之间相互不太了解的情况下,依靠短暂的言语交流和非言语交流实现医患沟通的良好效果实在不容易。但是,其重要性决定其研究的重要价值。

首先,患者通过医生的非言语传播判断其医疗质量。研究发现,"病人常常通过医生的非言语行为来寻找自己健康状况的线索,或判断医生的医疗质量"[1]。医生和患者之间的交流是双向流通的,而两者之间交流的信息不仅包括与病人的病情直接相关的信息,还包括病人和医护人员的情感交流、病人的愿望和要求等。但是受到社会各方面的影响,不免出现难言之隐或者病人自己都不能完整表达自己的病情的情况。这时候非言语的沟通非常重要,特别是面部表情、手势、眼神、触觉和声音等,当病人不清楚自己的症状的时候,言语交流是不可信赖的,医生的非言语传播传递病人的真实症状。

其次,医生通过自身的非言语传播彰显权力和地位。研究发现,医生和患者之间权力和地位的差异可能增加患者对医生非言语暗示的关注[2]。除了知识渊博外,专业医生具有内在高于患者的地位,这种地位差异通过让患者进入医生的"领土"(办公室)、通过控制时间(预约)、通过穿着(穿白大褂的医生相对于长袍)和声音语调等凸显差异性。医生通过

---

[1] Ronald E. Riggio, Robert S. Feldman, *Applications of Nonverbal Communication*, Lawrence Erlbaum Associates, Mahwah, New Jersey London, 2005, p. 6.

[2] Fiske, S. T., "Controlling Other People: The Impact of Power on Stereotyping", *American Psychologist*, No. 48, 1993, pp. 621–628.

接触病人的身体（包括亲密的地方）进一步交流权力①。这里涉及时间符号、空间符号、服饰、副语言等非言语传播符号。

最后，医生通过自身的非言语传播改善医患关系。在获取患者信任的过程中，更依赖人际交流的非言语传播。比如在一些危及生命的情况下，患者的心理非常敏感而脆弱，可能不相信医护人员对患者所说的话，或者认为医护人员对患者的病情有所保留，在这种情况下非言语表达的作用是非常重要的。医生的眼神鼓励，把手放在患者的肩上，和病人交流的语速以及口吻等，这些非言语的交流都会给病人以安慰和鼓励，让患者在交流过程中对医生产生信赖。医患沟通顺畅，也利于治疗方法的有效实施。

二 医患领域非言语传播的发展建议

医患沟通效果是影响医疗方案有效实施的保障，也是减少医患矛盾的必要方式。医患沟通是医生为主导的，以言语和非言语协同表意的过程，但是，容易忽视非言语传播，从而导致沟通"莫名其妙"失败。鉴于此，笔者建议如下。

首先，建议医生多用积极的非言语传播行为。研究显示："改善医患关系不仅仅是教会医生说话更清楚，避免使用行话。还包括非言语能力等很多能力。"② 医生通过微笑、点头、轻拍肩膀等积极非言语符号，则更容易建立融洽的医患关系。

其次，建议医生少说话，多倾听，改善医患关系。如何改善医患交流效果？研究表明，"少说话而多倾听有助于建立融洽的关系"③。体态语也经常使用，甚至还有体触符号，医生轻拍患者的安慰、眼神的鼓励等，都传递医生的丰富信息，对于促进医患交流具有重要意义。研究者贝克（Beck）等认为："医生积极的非言语传播效果的影响因素包括：点头、前倾、身体直接定向、手臂对称、不交叉的腿和手臂、较少相互凝视。消

---

① Ronald E. Riggio, Robert S. Feldman, *Applications of Nonverbal Communication*, Lawrence Erlbaum Associates, Mahwah, New Jersey London, 2005, p. 6.

② Fallowfield, L., Jenkins, V., Farewell, V., Saul, J., Duffy, A. & Eves, R., "Efficacy of a Cancer Research UK Communication Skills Training Model for Oncologists: A Randomized Controlled Trial", *Lancet*, No. 359, 2002, pp. 650–653.

③ Ronald E. Riggio, Robert S. Feldman, *Applications of Nonverbal Communication*, Lawrence Erlbaum Associates, Mahwah, New Jersey London, 2005, p. 8.

极的传播结果与间接身体定向、向后倾斜、更耐心地注视医生、交叉双臂,以及更频繁的接触有关。"① 可见,医生的非言语传播明显影响医患交流的实际效果。

最后,建议医生在医患交流中增加病人的参与感。《非言语传播的应用》(Applications of Nonverbal Communication)调查患者发现,患者在进行诊断的时候大部分人都希望参与自己的健康诊断中去,虽然参与的程度不同。②

简言之,医生需要明确非言语传播的功能在于传递情感和认同,患者的认可是治疗方案顺利实施的保障。非言语传播是不经意间的行为,却能够较好地塑造医生的良好形象,疏通医患之间的关系,提升医患沟通的效果。

三 医患交流领域非言语传播研究的反思

虽然人们逐渐意识到医患交流中非言语传播的重要性,但是,缺乏科学的实验性研究,得出的结论不能普遍适应各个案例。就实际医患交流环境看,医患矛盾是多方面因素带来的结果。

首先,医患之间的供需失衡,导致医患交流时间和空间都非常有限。医患沟通存在科室之别,有些科室患者不多,医患之间可以比较从容地进行交流。而一些比较大一点的医院,患者众多,医生有限。一个医生一天甚至需要诊断三四百个病人,平均每一位患者诊断时间就几分钟。所以,容易出现患者陈述病情未完,医生的诊断单据就已经写好的情况,医患沟通容易产生隔阂。

其次,医患之间信息不对称,容易产生交流误差。医生作为专业人士,对于病情容易从专业视角审视。而患者作为非专业人士容易从感性角度审视病情。理性立场与感性立场的差异不仅体现在言语符号的专业术语对日常话语的交流,更体现在微妙的非言语传播过程中,容易招致医患交流关系不够融洽。

---

① Beck, R. S., Daughtridge, R. & Sloane, R. D., "Physician-patient Communication in the Primary Care Office: A Systematic Review", *Journal of the American Board of Family Practice*, No. 15, 2002, pp. 25-38.

② Ronald E. Riggio and Robert S. Feldman, "Applications of Nonverbal Communication", *Psychology Press*, 2005, pp. 55-80.

最后，医生忽视非言语传播的价值，只相信通过专业素养赢得患者信任。其实，医生有效利用非言语传播构建自身的形象、与患者建立相互信任的医患关系，对于医疗活动的有序开展特别重要。

第三节　司法审判领域的非言语传播研究

司法审判过程不仅是言语辩驳的过程，更是非言语交流与审视的过程。其间，受审对象的非言语行为对于审判员的判断非常重要。

一　非言语符号是泄露真实信息的重要渠道

司法审判过程中的非言语传播主要用来检验被告人及证人言语传播内容的真伪。如布兰克等（Blanck, Rosenthal & Cordell）认为："在刑事或民事案件中，被告或证人的非典型言语和非言语行为常常被法官和陪审团解释为有罪或不可信的证据。众所周知，与缺乏可信度和不诚实相关的行为是目光呆滞、脚步拖沓、语调犹豫、缺乏预期的情绪，以及言语和非言语信息之间的不一致。"[①] 司法审判过程中的非言语传播行为作为审判的重要线索，深受该领域的重视。当然，也正因为深受重视，被审判者也可能因为反侦查能力的养成而逃避或掩盖相关线索，或者出现表演性行为的误导，由此给相关判断带来难度。

非言语行为在判断某人是否撒谎中起着作用，更具体地说，"一致的陈述很可能是真实的，不一致的陈述很可能是骗人的。然而，一致性和准确性之间没有这样的联系。格拉纳亨等（Granhag, Sulm Wrand Reimman）发现说谎（即两个人在合谋中）比真话更一致"[②]。这里仍然要强调一点，是否撒谎的判断需要结合其他相关非言语行为或言语行为，综合判断更准确。

同时，审判对象也在通过非言语传播审视审判员的真实意图，审判员如何利用非言语传播塑造自身威严或亲和或严肃等形象、传递对犯罪行为

[①] Ronald E. Riggio, Robert S. Feldman, *Applications of Nonverbal Communication*, Lawrence Erlbaum Associates, Mahwah, New Jersey London, 2005, p. 41.

[②] Ronald E. Riggio, Robert S. Feldman, *Applications of Nonverbal Communication*, Lawrence Erlbaum Associates, Mahwah, New Jersey London, 2005, p. 65.

的态度与立场等，审判双方也是一种心理的较量，是意志力的考验。目前相关研究只关注审判对象测谎的层面，仍显视野不够开阔。

二 非言语符号泄露真实信息的依据

司法判决有时依赖非言语传播，即使现有的证据指向另一个方向。如挪威法庭的审判，虽然被告有罪的间接证据有力，但因为被告的非言语行为很自信，不会有任何躲闪的眼睛动作，最终被宣告无罪。人们如此依赖非言语行为有如下几个原因。

第一，非言语行为比言语更具启示性。正是因为在信息交流中，言语比非言语行为更重要，人们更加注意自己在说什么，而不是自己的行为。这样，警方问讯期间嫌疑犯的行为会泄露很多真实的信息。这不仅要求人们在试图控制自己的行为时要意识到自己的行为，还要知道自己通常表现出的行为。最后，虽然人们可以避免说话，但他们不能沉默，非言语行为没有休息。他会在整个问讯中表现自己的行为，即使他保持沉默，警察也可以观察和解释这种行为。[①] 简言之，嫌疑犯面对警察试图隐藏很多信息，而非言语信息具有潜意识性，透露出很多不愿意透露的信息。

第二，言语信息太少时需要非言语行为补充信息。研究发现，"有时因为一个人只说了几个单词或者几个句子，所以没有什么讲话内容可以依靠"[②]。在这种情况下，观察者别无选择，只能被动地检查某人的非言语行为，借此做出相关判断。

第三，非专业人士不清楚需要遮蔽哪些非言语行为，被迫暴露真相信息。研究认为，"即使对方说话时，也不知道要注意哪些线索。而只有观察者知道应该注意什么，才能揭示出欺骗"[③]。由此可见，司法审判过程中，法官经常借助于非言语传播帮助自己做出判断，比嫌疑犯更专业，嫌疑犯对于非言语行为的遮蔽很难逃避警察的观察。

---

① Ronald E. Riggio, Robert S. Feldman, *Applications of Nonverbal Communication*, Lawrence Erlbaum Associates, Mahwah, New Jersey London, 2005, p. 66.

② Ronald E. Riggio, Robert S. Feldman, *Applications of Nonverbal Communication*, Lawrence Erlbaum Associates, Mahwah, New Jersey London, 2005, p. 66.

③ Ronald E. Riggio, Robert S. Feldman, *Applications of Nonverbal Communication*, Lawrence Erlbaum Associates, Mahwah, New Jersey London, 2005, p. 67.

三 认知负荷理论与非言语传播参与测谎

文献回顾显示,非言语行为在某种程度上与欺骗有关。

第一,更高的说话声音。研究认为,"说谎者说话的声音往往更高"①。试图用更高的声音显示其真实,信心满满,支撑内心的虚伪。非言语传播检验难度比较大,"说谎者和说真话者之间的音高差异通常很小,因此只有用精密的设备才能检测到"②。这样给准确判断增加了难度。

第二,更多的语音错误或语音犹豫。研究发现,"有关语音错误(单词和/或句子重复、句子改变、句子不完整、舌头滑移等)和语音犹豫(使用诸如'啊''嗯''儿'等语音填料)的结果显示出冲突的模式。在大多数研究中,这种错误(尤其是单词和短语的重复)和犹豫在欺骗过程中都有所增加。这种增加可能是撒谎者不得不认真思考的结果。或者,可能是由于紧张而增加这些错误。然而,有些研究中语音错误和语音犹豫较少"③。所以,这些要素只能作为一个参照。

第三,更少的非言语行为。艾克曼和弗瑞森研究发现,"说谎者比说真话的人更少使用非言语动作(手和手臂的动作,用来修改和/或补充口头上说的话)和较少的手和手指的动作(手和手指的无功能动作而不移动手臂)。非言语动作的减少可能是谎言复杂性的结果。认知负荷(Cognitiveload)导致忽视身体语言,减少整体手势"④。最后,非言语动作的减少可能是缺乏情感参与的结果⑤。

上述现象可以依照认知负荷理论(cognitive load theory)进行解释。斯威勒(Sweller)等人在20世纪80年代提出认知负荷理论,认为问题解决和学习过程中的各种认知加工活动均需消耗认知资源,若所有活动所需

---

① Ekman, P., Friesen, W. V. & Scherer, K. R., "Body Movement and Voice Pitch In Deceptive Interaction", *Semiotica*, No. 16, 1976, pp. 23-27.

② Ronald E. Riggio, Robert S. Feldman, *Applications of Nonverbal Communication*, Lawrence Erlbaum Associates, Mahwah, New Jersey London, 2005, p. 67.

③ Ronald E. Riggio, Robert S. Feldman, *Applications of Nonverbal Communication*, Lawrence Erlbaum Associates, Mahwah, New Jersey London, 2005, p. 67.

④ Ekman, R. & Friesen, W. V., "Hand Movements", *Journal of Communication*, No. 22, 1972, pp. 353-374.

⑤ Akehurst, L., Kohnken, G., Vrij, A. & Bull, R.. "Lay Persons' and Police Officers' Beliefs Regarding Deceptive Behaviour", *Applied Cognitive Psychology*, No. 10, 1996, pp. 461-473.

的资源总量超过个体拥有的资源总量,就会引起资源的分配不足,从而影响个体学习或问题解决的效率,这种情况被称为认知超载(cognitive overload)①。说谎者的认知资源是恒定不变的,一旦过多的精力花费在言语表达上,其非言语表达就会失去控制,暴露出真实态度。

当然,这些非言语行为的解读也需要结合传播主体的社会背景,不能孤立地解读这些非言语行为。法庭之外,这些相同的非典型言语和非言语行为可能由相同的个体产生,可能被解释为怪异、幽默和完全适合他们的语境。所以,研究者建议"对言语和非言语行为的解释必须考虑到他们的社会背景,以增加判断的准确性"②。对比可以更准确地发现其非言语传播的变化情况,才能更准确地以知其试图隐藏的信息。

四 司法审判领域非言语传播研究的思考

司法审判过程中的非言语传播具有较强的实践价值,可以帮助法官更为准确地判断嫌疑犯言语内容的真实性,进而准确判断案情结论。但是,如何准确判断其非言语传播符号的真实信息却存在较大难度,因为对于非言语传播符号的解读缺乏稳定的模式。当然,目前的相关研究在研究领域方面还存在较大的局限性。

第一,研究领域稍显狭隘。比如,司法审判领域的非言语传播研究主要集中于测谎中非言语传播的应用过于狭隘。司法领域使用非言语传播的不只是嫌疑犯,法官也会使用。

第二,研究目标稍显局限。司法领域的非言语传播研究不仅为了测谎,还存在更多目的,相关研究也应该有更多目标。如法官可以借助于非言语符号塑造自身形象:严肃的形象、亲和的形象、严谨的形象等,多样化的形象塑造对于司法活动的开展具有积极推动作用。

第三,研究视角稍显单一。司法审判过程中的非言语传播不只是以上几种类型。司法相关部门的信息传播,不仅单凭文字进行传播,更需要借助于色彩符号、空间符号、人物的体态语等进行司法宣传,增强传播效果,提高社会用户的法律意识等。司法领域的非言语传播现象比较丰富,

---

① Sweller J., "Cognitive Load During Problem Solving: Effects on Learning", *Cognitive Science*, No. 12, 1988, pp. 257-285.

② Ronald E. Riggio, Robert S. Feldman, *Applications of Nonverbal Communication*, Lawrence Erlbaum Associates, Mahwah, New Jersey London, 2005, pp. 41-42.

类似的实践探索非常有社会价值，但是，相关研究却相对缺乏，这样也给后续相关研究提供广阔的发展空间。

第四节 商业交流领域的非言语传播研究

商业领域也是非言语传播的重要应用领域，许多流行的有关于非言语传播的书籍都在宣传非言语传播在商业交流领域中的重要性。在商业领域中，言语交际易受到人们的重视，非言语传播的作用往往被忽视。实际上，非言语行为的作用同样重要，有时一些细微的非言语信息往往是谈判成功与否的关键。

一 商业领域的非言语传播应用实践

（一）从应聘者角度的非言语传播在招聘面试中的作用

招聘面试过程中非言语传播可以塑造应聘者的积极形象，尤其是视觉非言语符号，以及副语言符号等。

首先，应聘者可以借助于非言语传播塑造自身形象。研究发现："聪明的应聘者从事细致的印象管理，仔细地管控口头反应，以强调与工作有关的优势和隐藏潜在的弱点。"[1] 具体而言，"静态的非言语暗示的外表吸引力，合适的商务装扮，以及良好的打扮也会对被访者的评价产生积极影响"[2]。比如，"如果应聘者的言语表达与伴随的非言语行为不一致，那么在形成应聘者的总体印象方面，非言语渠道可能被赋予更大的权重"[3]。

同时，面试官更关注视觉非言语符号。研究发现，"应聘者表现出更具表现力的视觉非言语行为，以及非言语即时性的暗示，如眼神接触和微笑的发生率更高，面试官更专注外向的姿态，以及更直接的身体前倾对形

---

[1] Ronald E. Riggio, Robert S. Feldman, *Applications of Nonverbal Communication*, Lawrence Erlbaum Associates, Mahwah, New Jersey London, 2005, p.121.

[2] Ronald E. Riggio, Robert S. Feldman, *Applications of Nonverbal Communication*, Lawrence Erlbaum Associates, Mahwah, New Jersey London, 2005, p.121.

[3] Ronald E. Riggio, Robert S. Feldman, *Applications of Nonverbal Communication*, Lawrence Erlbaum Associates, Mahwah, New Jersey London, 2005, p.121.

象评价更有利"。① 这些研究观点也经常在很多畅销书里出现,引导大家积极借助视觉符号塑造美好形象,构建良好互动关系,维护积极情感关系等。

此外,副语言对于应聘者的评价具有积极意义。研究发现:"副语言提示,如说话速率和流畅度,没有言语错误/干扰,以及音高变异性也与应聘者的评价呈正相关。"② 这些研究成果对于当前的青年人群求职具有重要参考价值。

有一个有趣的现象,同样是视觉传播,面对面的视觉传播与视频面试的视觉传播,在形象塑造方面却存在一定差异性。研究发现,"相比于面对面的面试,面试官倾向于在视频面试中对应聘者做出更积极的总体评价"③。即视频面试的面试官不会受面试者的紧张、焦虑等负面情绪的影响。同时,视频面试暴露出紧张、焦虑等负面情绪的概率也比面对面面试要小。这样,面试官对面试者的评价也相对正面一些。

简言之,面试过程是检验应聘者在未来工作过程中的假想状态,"面试中的非言语符号可以预测工作中人际关系情况,而人际关系是这些管理者工作绩效的重要组成部分"④。借此判断应聘者是否适合该岗位的工作需求。

(二) 从面试官角度的非言语传播在招聘面试中的作用

面试过程其实是检验应聘者言语真实性的过程,"面试官在处理面试中的口头内容,但也要仔细检查应聘者的非言语行为,以检查口头陈述的准确性,并试图辨别出实际态度和气质"⑤。

有效的领导除了管理人际关系的能力,还取决于领导者管理印象的

---

① Ronald E. Riggio, Robert S. Feldman, *Applications of Nonverbal Communication*, Lawrence Erlbaum Associates, Mahwah, New Jersey London, 2005, p. 121.

② Ronald E. Riggio, Robert S. Feldman, *Applications of Nonverbal Communication*, Lawrence Erlbaum Associates, Mahwah, New Jersey London, 2005, p. 121.

③ Chapman, D. S. & Rowe, P. M., "The Impact of Video Conference Technology, Interview Structure, and Interviewer Gender on Interviewer Evaluations in the Employment Interview: A field Experiment", *Journal of Occupational and Organizational Psychology*, No. 74, 2001, pp. 279-298.

④ Ronald E. Riggio, Robert S. Feldman, *Applications of Nonverbal Communication*, Lawrence Erlbaum Associates, Mahwah, New Jersey London, 2005, p. 122.

⑤ Ronald E. Riggio, Robert S. Feldman, *Applications of Nonverbal Communication*, Lawrence Erlbaum Associates, Mahwah, New Jersey London, 2005, p. 123.

能力。凯默斯（Chemers）的领导整合理论强调，"形象管理"以及"关系发展"和领导者支配资源的能力是领导的三个核心方面①。其中，形象管理涉及领导者的自我监控能力，就是监控和控制自己的社会行为，包括非言语行为②。其实就是有选择地暴露非言语行为，以维护良好的形象。

工作场所的非言语传播现象尤其重要，"工作场所的情绪管理必须处理限制和控制消极、不期望的情绪（例如，愤怒、嫉妒、焦虑）的表达以及鼓励积极、期望的情绪（例如，愉悦、热情、享受、欣赏）"③。其实道理很简单，就是选择性暴露有利于塑造美好形象的非言语行为，并刻意掩盖不利于塑造美好形象的非言语行为。这些非言语传播的控制与管理能力，以及解读能力是作为成功工作者的重要标志之一，对于工作场所的领导者和普通职员都是重要的职业素养。

情绪管理不仅是管理内在的情绪及心理状态，关键是管理好情绪的外在表现形式，这些对于职场的管理者尤其重要。团队情绪的优秀"管理者"，"必要时激励他们，表现出积极的情感和乐观，建立或维持团队积极的情绪气氛"④。因此，有研究者强调，"友好、积极的非言语风格将带来更好的客户服务，并随后带来更大的利润，这在商业界是一个坚定的信念"⑤。可见，情绪管理与形象管理不是单纯的个人行为，更是特定团体与机构争取社会资源的重要手段。

二 商业领域非言语传播研究的反思

商业领域充满竞争，商业关系也相对比较微妙，如何在商业领域更好地交流，非言语传播能力必不可少。研究认为："一个合理的解

---

① Ronald E. Riggio, Robert S. Feldman, *Applications of Nonverbal Communication*, Lawrence Erlbaum Associates, Mahwah, New Jersey London, 2005, p. 125.

② Ronald E. Riggio, Robert S. Feldman, *Applications of Nonverbal Communication*, Lawrence Erlbaum Associates, Mahwah, New Jersey London, 2005, p. 125.

③ Ronald E. Riggio, Robert S. Feldman, *Applications of Nonverbal Communication*, Lawrence Erlbaum Associates, Mahwah, New Jersey London, 2005, p. 127.

④ Ronald E. Riggio, Robert S. Feldman, *Applications of Nonverbal Communication*, Lawrence Erlbaum Associates, Mahwah, New Jersey London, 2005, p. 127.

⑤ Bonoma, T. V. & Felder, L. C., "Nonverbal Communication in Marketing: Toward a Communicational Analysis", *Journal of Marketing Research*, No. 14, 1977, pp. 169–180.

释是：售货员具备更好的非言语技能则能赚取更高的薪水和销售更多的产品，因为他们善于售卖。假定非言语传播的情感识别功能使销售员更有效地沟通，并与他们的客户建立关系。这一观点与过去的研究结论比较一致，过去的研究发现非言语情感识别功能是更好的听众和交流伙伴。"[1]

既然非言语符号具有情感识别功能，"建议企业应考虑使用非言语情感识别测试，以评估其员工的发展需求。特别是对于有人际关系问题的售货员，使用非言语情感识别作为一个诊断工具，对于确定他们在解释他人非言语行为的不准确性方面有帮助"[2]。

在商业领域中，非言语传播在企业招聘时的作用，评估潜在雇员以及现在的员工的工作状况不单单要考虑他们的言语信息，同时也要考虑他们的非言语行为，如精神面貌、举止谈吐、情感思想等。

在商业谈判领域的交往中，言语行为并不是交流沟通的唯一手段，人们的一些非言语行为也在传达着信息。那么如何让非言语的作用更好地为商业交流活动服务呢？笔者提出如下建议。

第一，企业管理者要更加重视对企业员工的非言语行为的培养规范，如员工的举止行为、穿着打扮等，因为员工的这些非言语信息会向外界传达这个企业的精神面貌，有利于树立企业良好的公众形象。

第二，在商业谈判前，适当地了解对方企业的文化以及管理者的喜好，并且在谈判时加以运用，会使谈判过程更加愉快、成功。

第三，在商业谈判中，注意非言语行为的运用，如表情、手势、声音等。微笑会让人感到亲和舒适，手势会让谈话的内容更加生动，声音会表达出个人的看法观点。商业谈判的过程顺利，需要通过非言语的信息了解对方谈判人员的心理状态，以此调整对话的内容、方式。

非言语传播具有后天习得性，但是，"学习非言语传播是一个非常困难的任务，需要花费大量的时间和大量的练习。但这是保证商业成功的一个非常重要的步骤。如果一个人能解释非言语符号，他就能控制自己的肢体语言和情绪，这是成功的保证。不是每个人都能很好地进行语言交流，

---

[1] Noller, P., "Misunderstandings in Marital Communication: A Study of Couples' Nonverbal Communication", *Journal of Personality and Social Psychology*, No. 39, 1980, pp. 1135-1148.

[2] Nowicki, S., Jr. & Duke, M., *Will I Ever Fit in? The Breakthrough Program for Conquering Adult Dyssemia*, New York: Free Press, 2002.

但是每个人都能学习如何解释他人的非言语传播"①。其实，不仅是商业领域需要学习非言语传播，有非言语传播存在，且需要进行解读的领域都需要学习非言语传播的解读技巧，以提高解读的准确性。

第五节　跨文化传播领域的非言语传播研究

跨文化传播中的非言语传播的价值有多大？萨姆瓦等研究者认为，"我深信存在于我们和其他国家人民之间的困难，大都基于这样一种事实，即对于跨文化传通的漠然无知……进行语言、历史、政治和有关他国的风俗习惯的正规训练，仅仅是全部课程的第一步。对存在于世界各国及其国内团体之中的非言语语言作出介绍乃是同等重要的。而大多数美国人对这种无声的语言只有朦胧的了解，尽管他们每日都在使用它"②。当然，这种对于非言语传播"朦胧的了解"不只是美国，也凸显非言语传播研究的重要性和紧迫性。

人与人交流过程当中，除了靠语言来交流之外，还存在非言语交际。"只可意会，不可言传"正是反映着人与人之间非言语传播的重要性。隐蔽的非言语传播往往会被人忽略，国际化趋势使得不同国家之间，不同民族之间的人们交流更加频繁，跨民族、跨文化的交际越来越密切。尤其是在语言不通的情况下，非言语传播的功能和作用就会显现出来。

每个国家、每个民族的习惯和文化都会有所差异。霍尔在他的著作《超越文化》中提到，文化决定了人们对于时间和空间的理解，而不同的理解会造成人与人交往的困难。他在另一本专著《无声的语言》也提到：时间会说话，它比有声语言更坦率，它传达的信息响亮而清晰；人类的领土性（空间性）已变得极为复杂，而且因文化不同而有很大的差异。文化不是一种事物，而是多种事物③。而对于这些文化上的差异，可以概括

---

① Deepika Phutela, "The Importance of Non-Verbal Communication", *The IUP Journal of Soft Skills*, Vol. IX, No. 4, 2015.

② ［美］拉里·A. 萨姆瓦、理查德·E. 波特、雷米·C. 简恩：《跨文化传通》，陈南、龚光明译，生活·读书·新知三联书店1988年版，第200页。

③ ［美］爱德华·霍尔：《无声的语言》，何道宽译，北京大学出版社2010年版，第34—37页。

为时间上和空间上的差异。根据查找的资料以及个人的理解，在跨文化传播当中，非言语因素还有体态语和副语言等因素。

一　跨文化传播领域非言语传播研究的核心观点

第一，时间符号具有跨文化的差异性。每个民族、国家对于时间的定义，准确地说是每个时段所赋予的意义是不一样的，对于时间把握的准确尺度是不一样的。例如，宴会的宴请有一个"预定期"。在我国，婚宴邀请柬发出的时间可能要提前一个月左右；但在中东国家，他们认为过早的邀请是毫无意义的，因为他们把一个星期之后的事都归入了"未来"的范畴，但对于"未来"的事情，他们是很容易遗忘的。但对于这个"预定期"，没有哪个人能给它一个准确的规定，即规定发请柬或是邀人谈事就必须提前几天、几个小时，这是由这个国家的人们的习惯而形成的。久而久之，这个习惯就形成了一个"默契"，如果有人不小心违背了这个时间"约定"，那就有可能引起被邀请者的不满。

第二，空间符号的跨文化传播存在差异。不同文化中的人们对于"空间"概念有着不同的理解。爱德华·霍尔将"空间"定义为"领土"。如，美国女主人很忌讳他人进入自家的厨房帮忙，因为在美国人眼中"厨房是决定谁是女主人的场所"。但是，在中国厨房里帮忙却不受这样的制约，这就是跨文化中"空间"的差异。

第三，肢体语言存在跨文化的差异性。手势在交际领域的应用也非常广泛，而且，在不同的文化当中，意义相同，手势可能不一样。比如，叫别人过来时，中国的肢体语言：把手伸向被叫人，手心向下，几个手指同时弯曲几次。美国的肢体语言：把手伸向被叫人，手心向上，握拳用食指前后摆动，但若在中国，人们可能会反感这个手势。

第四，面部表情具有跨文化差异性。面部表情指的是通过眼部肌肉、颜面肌肉和口部肌肉的变化来表现各种情绪状态。面部表情是一种十分重要的非言语交往手段，在交际过程中也会常常用到，包括哭、笑、皱眉、面无表情等。一般来说，面部表情可以分为八类：感兴趣—兴奋；高兴—喜欢；惊奇—惊讶；伤心—痛苦；害怕—恐惧；害羞—羞辱；轻蔑—厌恶；生气—愤怒。在交际的过程中，一个人的面部表情往往能够反映这个人当时的状态，因此我们在与人的交往过程当中，要学会去捕捉一个人细微的面部表情，这样会使我们的交际更加轻松。

第五，副语言具有跨文化差异性。不同文化语境下，说话的语气、语调、音高等存在较大差异性。

二 跨文化传播领域非言语传播研究的理论反思

在跨文化交流当中，语言不通给交往带来了许多的不便，文化、习俗的冲突也是不可避免的，发挥非言语传播在跨文化交流中的作用是一项必不可缺的要素。在跨文化交流当中，一是要正确地把握"时间"和"空间"这两个概念，把握时间的度以及空间的私有性；二是要注意一些非言语的信息，比如一个民族的饮食习惯、手势、眼神、穿着等。在跨文化交流中，若能够良好地运用非言语传播的作用，能让我们在交流当中事半功倍。

既然非言语传播有人类的共性特征，又有不同文化的个性特征，跨文化传播就应该把握共性特征，促进跨文化传播的发展。同时，熟悉不同文化带来的非言语传播的个性特征，尊重文化差异性，减少跨文化传播的障碍。

第一，"高语境"和"低语境"文化的概念对于认识不同跨文化传播特点意义重大。霍尔提出"高语境"和"低语境"文化的概念，对于准确认知不同文化的总体特征意义重大。而中国属于"高语境"文化也凸显中国非言语传播研究的重要性。

第二，霍尔提出"空间关系学"（proxemics）的概念，提升空间符号内涵认知的准确性。即交流双方的空间差异及其传递的丰富意义。霍尔理解不同文化的方法是"时间和空间是相互作用的"。

第三，跨文化传播中的非言语传播现象的解读涉及多个学科的理论视角。1959年，霍尔出版《无声的语言》。1966年，他又出版《隐藏的维度》，这两本书都是促进和加深对跨文化传播理解的重大突破。1976年，霍尔出版《超越文化》，是在前两本书的基础上进一步深入探索的结晶，是一种更加具有多学科特性的探索，主要从文化人类学、语言学、动物行为学和弗洛伊德精神分析理论等视角的探索研究。

当然，跨文化传播过程中涉及的非言语传播现象丰富多彩，不同文化的差异性千变万化。而且，各个文化的非言语传播也存在自我调整与逐步进化的趋势。相关研究很难在一定时间内，系统而全面地总结所有跨文化传播的规律与特征。而更多是两个不同文化间非言语传播的比较研究。简言之，跨文化传播中的非言语传播现象案例丰富，值得深入研究的领域比较多。但是，目前的相关研究依然缺乏，造成跨文化传播障碍的现象比比皆是，相关研究的紧迫性可见一斑。

第六节　教育领域的非言语传播研究

早在 19 世纪，西方就开展了非言语传播在幼儿教育领域的研究。研究者有谢切诺夫、达尔文等人。其中最著名同时也是影响最深刻的是达尔文的经典著作《人类和动物的表情》（*The Expression Of The Emotions In Man And Animals*）。达尔文最先通过观察婴儿的面部表情，运用有用的联合性习惯原理（The Principle Of Serviceable Associated habits）、对立原理（The Principle Of Antithesis），以及神经系统一般刺激的直接影响原理来解释关于表情本能的认识。由于婴儿并没有言语能力，因而他们所想要表达的情感都是通过面部表情表达出来。[①]

除此之外，2012 年，珍妮·马加格纳出版专著《沉默的孩子，无声的交流》（*The Silent Child*：*Communication Without Words*）。作者撰写这本书的目的是帮助那些家长或者老师与那些"沉默的孩子"如何进行沟通交流，书中有一些章节是介绍父母怎样与他们"沉默的孩子"进行沟通交流的技巧，而大多数的章节是描写珍妮·马加格纳作为家庭治疗师和孩子的心理治疗师，如何使用非言语传播行为与"沉默的孩子"进行沟通与交流。对于没有言语能力的幼儿来说，一些非言语行为是他们表达情绪和思想最好的方法，非言语传播对于幼儿教育的影响是很大的，学会"察言观色"，捕捉幼儿的非言语行为，如他们的面部表情、肢体动作等，从中读懂幼儿的行为需求，这对于幼儿的教育具有很大的用处。其中在非言语因素当中，与幼儿教育有直接关系的因素主要有幼儿的表情、体势、场景等。

研究者还采用元分析（meta-analysis）统计方法，通过对现有实证文献的再次统计，探索非言语传播对于幼儿教育的影响。结果显示："教师非言语即时性与许多积极的学生结果密切相关：喜欢课程和教师，愿意

---

① ［英］达尔文：《人类和动物的表情》，周邦立译，科学出版社 1958 年版，第 34—36 页。

和老师一起上更多的课,以及学生在课堂上学到了很多的知识。"①

一 教育领域非言语传播的应用实践

第一,面部表情。在这里我们主要讲的是面部表情,一般指的是人的面部的一系列反映内心情感的动作,例如哭笑、脸红、吐舌、眨眼睛等。我们在交往中,可以从人的面部观察出他的感情变化。幼儿的面部表情一般都受他们的喜怒哀乐而支配,不会如成人一般知道隐藏自己的情绪状况,因此从幼儿的面部表情,我们就很容易地知道孩子当时的心理状态以及需求,一个孩子开心的话会笑,疼痛时会哭,懂得观察孩子的面部表情,是幼儿教育最基础的技能。

第二,身体姿势。在这里我们所说体势指的是以身体躯干为主体的肢体语言,对于没有言语能力的幼儿来说,体势也是他们表达情感的一种方法之一。一个幼儿对某件东西表示喜爱时,会把头转向那件物品,并且双手会伸向那个东西,手指不断地由外向内挠。相反,如果他的头侧向了另一个方向,说明他对这个东西不感兴趣,而在幼儿教育当中,读懂幼儿手势,同时推动幼儿手势的发展,如教授一些简单表达情感的手语,锻炼孩子想象力的手影等,能够提高幼儿的语言和思维的发展。

第三,场景因素。场景因素指的是所处的情景环境,接触到的景象。这包括了两个方面,一个是有形的场景,例如眼前的建筑,物品的布局摆放等;另一个是无形的场景,例如光线的强弱、声音的大小、颜色、温度、湿度等。在幼儿教育中,场景的选择也是一个重要的因素之一,例如,幼儿房的选择要放在较为安静的地区,以免影响孩子的学习、休息。而对于不同的年龄段的幼儿,就要根据不同的孩子的身心发展特点,设计不同的活动区域和活动材料,与此同时,区域学习内容的难度也应随着幼儿年龄的变化而不断变化,从而满足他们的成长和发展的多样化需要。而珍妮·马加格纳在《沉默的孩子,无声的交流》(*The Silent Child*:*Communication Without Words*)中提到:夫妻之间情感与孩子的联系至关重要。它不仅仅体现的是母亲的精神状态,每位夫妻之间的相互接受,创造一个良好的家庭氛围,也是孩子成长的摇篮。家庭的气氛也是属于场景的一种

---

① Ronald E. Riggio, Robert S. Feldman, *Applications of Nonverbal Communication*, Lawrence Erlbaum Associates, Mahwah, New Jersey London, 2005, p. 164.

表现形式，这种气氛也会潜移默化地影响着孩子的性格，一个好的家庭气氛，会使孩子变得更加活泼开朗，父母也能够更好地与孩子进行沟通教育；相反的，如果一个孩子长期处在一个气氛不好的家庭中，那么这个孩子可能会逐渐地封闭自己，不能够与父母敞开心扉，不会听从父母的意见，也许就会变成一个"坏孩子"。在幼儿教育中还存在许多非语言传播的因素。例如作息时间表的制定，潜移默化地影响督促着孩子，让孩子知道什么时候该学习，什么时候该吃饭，什么时候能玩耍，什么时候要休息睡觉等，这有助于让孩子养成良好的作息规律，培养幼儿的时间观念。

二 教育领域非言语传播的功能研究

非言语传播研究学派包括七类："环境因素、中介语、肢体动作、触摸行为、身体特征、副语言和人造物。概括了通识教育理论的特点和过程—产品范式，勾画出非言语传播研究与这些领域的关系。"[①] 教育领域的非言语传播与一般的非言语传播具有相似的功能。

第一，非言语传播促进师生建立交流关系的功能。印度马德拉斯大学（University of Madras）的研究员苏巴普里亚（K Subapriya）探讨非言语线索在课堂环境中的有效应用。教师需要巨大的能力来使用非言语符号与学生进行有效的互动，而学生反过来又需要使用非言语符号。研究各种非言语符号的策略性动作，使教师和学生都受益[②]。教学活动是师生互动，共同合作的结果。因此，非言语传播可以建立良好的师生关系，为教学活动奠定基础。

现代教学方法更鼓励互动式会话。只有通过有效的沟通，学生才能提高参与讨论的兴趣。教师在教学中使用非言语符号很容易地让学生参与对话。随着学生的积极参与，课堂变得更加活跃[③]。

第二，非言语传播本身就具有教育功能。研究者还强调："除了活跃的课程和积极的知识共享外，教师的沟通能力也为学生的就业能力打下了

---

① Howard A. Smith, "Nonverbal Communication in Teaching", *Review of Educational Research*, Vol. 49, No. 4 Autumn, 1979, pp. 631-672.

② K. Subapriya, "The Importance of Non-Verbal Cues", *The Icfai University Journal of Soft Skills*, Vol. Ⅲ, No. 2, 2009, pp. 37-42.

③ K. Subapriya, "The Importance of Non-Verbal Cues", *The Icfai University Journal of Soft Skills*, Vol. Ⅲ, No. 2, 2009, pp. 37-42.

基础。学生积极参加课堂活动。学生与教师之间的差距可以通过非言语线索来弥合,而非言语线索是加强沟通技巧的重要组成部分。"① 其实,中国文化强调言传身教是有道理的,所谓"言传"主要是言语传播的教育功能,而"身教"则强调非言语传播手段的教育功能。两者都是教育者对于教育对象的影响方式。

第三,非言语传播是师生交流感情的渠道。课堂上是师生交流的场所,非言语符号对于建立良好的师生关系,尤其是情感交流非常重要,"学生可以通过正确的姿势和身体姿势建立一种温暖的关系。个人应该避免僵硬的姿势或静止的姿势,也就是说,站立不动且表情严肃。在课堂上移动或稍微向前倾斜会告诉学生,老师是平易近人的,可靠的,乐于接受的和友好的"②。

第四,教学过程中的非言语传播可以塑造教师形象。教师使用和观察非言语线索的能力有以下好处:(1)学生和老师之间的距离感缩小了。这为反省学生的期望和行为铺平道路;(2)教学过程变得顺利。老师不是把这个科目强加给学生,而是成为一个引导者;(3)教师和学生都成为信息和主题的热心观察者和接受者③。教师以非言语传播塑造形象,以魅力征服学生、影响学生。

研究者认为,非言语暗示和言语符号比例恰当传播效果更好。"无论是口头还是书面形式,都是通过非言语线索来达到完美的。虽然非言语提示可能导致误解,但是文本的意义只有通过非言语信号才能完全传达给读者。错误不是因为使用了非言语暗示,而是使用它们的方式不恰当。如果言语符号承载了主体的内容,非言语符号增强了情感意义。刻板印象可以通过言语和非言语线索来避免"④。当然,所谓的比例恰当却不好把握,缺乏统一的尺度,只能依靠不同文化的感知和把握。

---

① K. Subapriya, "The Importance of Non‑Verbal Cues", *The Icfai University Journal of Soft Skills*, Vol. Ⅲ, No. 2, 2009, pp. 37–42.

② K. Subapriya, "The Importance of Non‑Verbal Cues", *The Icfai University Journal of Soft Skills*, Vol. Ⅲ, No. 2, 2009, pp. 37–42.

③ K. Subapriya, "The Importance of Non‑Verbal Cues", *The Icfai University Journal of Soft Skills*, Vol. Ⅲ, No. 2, 2009, pp. 37–42.

④ K. Subapriya, "The Importance of Non‑Verbal Cues", *The Icfai University Journal of Soft Skills*, Vol. Ⅲ, No. 2, 2009, pp. 37–42.

教学过程的非言语传播的意义容易被忽视。研究认为,"非言语暗示赋予了新的意义和附加价值,使教学变得非常有效"①。同时,"适当选择非言语线索,可以促进师生合作精神。非言语线索有助于营造良好、安全、舒适的课堂气氛"②。非言语传播助力师生关系。师生关系融洽,对于教学效果具有深远影响。

第五,教学过程中的非言语传播类型多样。教师为了有效地沟通,必须使用多种非言语符号:目光接触(Eye contacts)、姿势和身体方向(Posture and body orientation)、手势(Gestures)、面部表情(Facial expression)、副语言学(Paralinguistics)、空间关系(Proxemics)、幽默(Humor)③。另有研究者建议善于使用副语言、语用学(Proxemics)、时间学(Chronemics)④。教师结合特定语境,选用合适的非言语符号。

教室里的非言语传播主要是教师对于学生的观察。鉴于教师是一对多,在上课过程中,教师更多依靠非言语符号来判断学生的课堂表现。同时,教师自身也可以通过非言语传播塑造形象,与学生建立融洽关系等,都有助于教学活动的有效开展。

三 教育领域非言语传播研究的反思

非言语信息是父母、教师与幼儿交流的重要方式,因此现在的人们也开始重视培养与幼儿交流的非言语表达能力。很多学校、教育机构等也开展了非言语表达学习的课程,如说话的节奏、仪表仪容、言语举止、手势表情。优秀的非言语表达能力训练能够起到如下几点作用:一是能够引起孩子的注意力;二是让孩子能够接受信息的同时,通过表情、动作等非言语行为让孩子的印象更加深刻,同时也能锻炼孩子的想象力。但是,目前教育领域的非言语传播研究还存在一定的不足。

---

① K. Subapriya, "The Importance of Non-Verbal Cues", *The Icfai University Journal of Soft Skills*, Vol. Ⅲ, No. 2, 2009, pp. 37-42.

② K. Subapriya, "The Importance of Non-Verbal Cues", *The Icfai University Journal of Soft Skills*, Vol. Ⅲ, No. 2, 2009, pp. 37-42.

③ K. Subapriya, "The Importance of Non-Verbal Cues", *The Icfai University Journal of Soft Skills*, Vol. Ⅲ, No. 2, 2009, pp. 37-42.

④ K. Subapriya, "The Importance of Non-Verbal Cues", *The Icfai University Journal of Soft Skills*, Vol. Ⅲ, No. 2, 2009, pp. 37-42.

首先，关注教育手段的非言语传播，却容易忽视作为教学内容的非言语传播。忽视教师利用自身非言语传播手段进行"言传身教"，以及一般非言语传播技巧的教育。只将非言语传播作为教师观察学生的手段，却不是完整的师生交流的手段，更不是教育内容的有机构成部分。

其次，关注学生的非言语传播，却容易忽视师生利用非言语传播进行交流活动。很多研究者关注教育领域的非言语传播现象，包括学生的多种非言语传播行为，借以判断学生的学习状态。是从非言语传播视角观察学生的学习情况，却缺乏对于教育过程中非言语传播的整体研究，包括教师利用非言语传播进行自身形象塑造、师生利用非言语传播进行情感传播等。

综上所述，教育领域涉及的非言语传播现象丰富多彩，相关研究关注的话题还比较有限，而且深度相对不足。可以拓展的话题还比较多，比如，教育者利用非言语传播塑造自身形象、利用非言语传播传递对于学生的爱，进一步提升说服传播效果，让学生相信老师的观点；同时，教师的知识讲解也需要非言语传播与言语传播进行协同表意，增强知识讲解的传播效果；又如，师生之间的非言语传播也可以在一定程度上进行心理沟通，避免学生心理疾病的发生。学生成功时的眼神认可、失败时轻拍肩膀的鼓励等，这种精神上的沟通对于学生的成长无疑是一种积极影响。后续的相关研究可以将教育作为一个完整的传播过程，系统探索在此过程中涉及的非言语传播现象，借以推动教育活动的有序、有效地发展。

第七节 政治传播领域的非言语传播研究

非言语传播具有隐蔽性特征，而政治领域存在诸多敏感情境，不可直接言说，非言语传播则大有用武之地。

一 政治人物非言语传播的信息传递功能

威廉姆斯学院（Williams College）的乔治·R. 戈瑟斯（George R. Goethals）强调："领导者经常说话或写作，但他们的话语常常被他们的非言语行为所限定，并且他们的言语和非言语行为一起被解释得非常不同，这取决于语境信息。"① 语境信息对于非言语传播的解读尤其重要，因为，"非言语行为不是在真空中存在。而是与文字结合，创造一个整体印象或反应。这些印象和反应是塑造领导者和追随者形象的关键因素"②。这里既强调非言语传播的形象塑造功能，也说明非言语符号与言语符号协同表意的特性。

相关案例其实比较多，比如，在1960年的竞选活动中，一位记者反复强调减少联邦债务的说法。肯尼迪回答非常肯定，但脸上带着微笑："不，从来没有。不……"记者接受了肯尼迪的否认，以一种"友好—顺从"的方式作为回应③。肯尼迪在面对容易产生情绪波动的情况下，依然保持微笑，以避免双方交流的敌对态度。可见，政治传播中的非言语传播同样更多的是传递情感，而让传递信息的功能归于言语传播。借助非言语传播传递情感，建立融洽关系，并通过言语传播传递信息，更有效果。

二 政治人物非言语传播的权力展示功能

哈沃德·加德纳（Howard Gardner）的《领导智慧》（*Leading Minds*）认为："领导力主要是关于领导者讲述的'故事'。在大多数情况下，讲述故事与文字相关。但除了讲故事，领导也不同程度地通过非言语行为而不是言语诠释领导者自己对故事的理解。可能非言语传播与言语传播存在矛盾。"④ 简言之，领导的权力展现多借助非言语符号，而不仅仅是言语符号。

理查德·布鲁克斯（Richard Brookhiser）在《乔治·华盛顿传》写道："华盛顿在走路、讲话、身材和面容上都具有非同寻常的威严"，他"拥有最简单的身体权威，虽然他通过锻炼和装饰来增强它，但它们起到了补充作用，而不是替代作用"。"他的面部表情常常表现出高傲，但通

---

① Ronald E. Riggio, Robert S. Feldman, *Applications of Nonverbal Communication*, Lawrence Erlbaum Associates, Mahwah, New Jersey London, 2005, p. 95.

② Ronald E. Riggio, Robert S. Feldman, *Applications of Nonverbal Communication*, Lawrence Erlbaum Associates, Mahwah, New Jersey London, 2005, p. 95.

③ Ronald E. Riggio, Robert S. Feldman, *Applications of Nonverbal Communication*, Lawrence Erlbaum Associates, Mahwah, New Jersey London, 2005, pp. 96-97.

④ Ronald E. Riggio, Robert S. Feldman, *Applications of Nonverbal Communication*, Lawrence Erlbaum Associates, Mahwah, New Jersey London, 2005, p. 99.

第八章　转向：罗纳德·E. 雷吉奥等非言语传播的应用研究　　　　177

常是在严格的控制之下。华盛顿不是一个演说家，但他的非言语传播行为支持并增加了他的影响力和领导能力。"① 可见，政治人物非言语传播的功能已经引发广泛关注。

总而言之，"领导者对其追随者或潜在追随者的吸引力是基于领导者的言辞与其非言语行为的某种结合。在今天的政治中，我们关于候选人的大部分信息都是通过电视收看的。我们听到他们，我们也看到他们"②。政治人物借助于非言语传播展示自己的领导力，而如何展示领导力，则成为政治人物的一种素养。

三　政治人物非言语传播的形象塑造功能

麦克卢汉认为，"在电视上观看辩论的选民倾向于认为肯尼迪是赢家，而那些在电台上列出名单的选民则认为尼克松赢了。有一种可能是肯尼迪比尼克松好看。数据表明，形象好看是故事的一部分，但只是一部分"③。这种评价比较客观，一般认为肯尼迪赢了大选是由于其帅气的外表，却容易忽视其言语传播与非言语传播的有机组合与协同表意机制。在这种背景下，候选人的外表和非言语行为有值得探索的地方。

一方面，非言语传播塑造传播主体积极或消极的媒介形象。研究者认为，"首先，肯尼迪以一种放松、自信的方式点头，而尼克松则坐立不安，笨拙地移动双臂，并且以一种急促的方式朝肯尼迪点头。其次，在候选人 8 分钟的开场白中，肯尼迪演讲时的画面是尼克松，尼克松演讲时的画面是肯尼迪。尼克松讲话时肯尼迪在记笔记，写得非常迅速、专注、自信。当肯尼迪说话时，尼克松显得疲劳而又憔悴地看着肯尼迪。事实上，肯尼迪似乎更能控制自己，而且尼克松讲话时也并非如此，这让一些观察家开玩笑说：'摄影师是民主党人'。最后，在每次开场白结束时，摄影机都跟着候选人回到他们的椅子上。肯尼迪故意往后走，坐下来，双手交叉，交叉双腿，看起来很自满。相比之下，尼克松先向一个方向移动，然

---

①　Ronald E. Riggio, Robert S. Feldman, *Applications of Nonverbal Communication*, Lawrence Erlbaum Associates, Mahwah, New Jersey London, 2005, p. 100.

②　Ronald E. Riggio, Robert S. Feldman, *Applications of Nonverbal Communication*, Lawrence Erlbaum Associates, Mahwah, New Jersey London, 2005, p. 101.

③　Ronald E. Riggio, Robert S. Feldman, *Applications of Nonverbal Communication*, Lawrence Erlbaum Associates, Mahwah, New Jersey London, 2005, p. 102.

后向另一个方向移动,似乎不确定他应该去哪里,然后坐下来,看起来有些尴尬和困惑"①。

另一方面,媒介类型决定非言语传播类型,以及最终传播效果。研究发现,"在收音机里,肯尼迪的回答会有一个很简短但很明显的停顿。这可能意味着肯尼迪不确定该如何应对。在电视上,尼克松和史米斯看上去有点困惑和激动。肯尼迪却平静而优雅地回应事件的发展"②。原因在于,"电视辩论中传达的单词、音质、表情和动作"③。而广播只保留听觉非言语符号。广播与电视的传播媒介不同,暴露的非言语符号也存在差异,并最终影响传播效果。

研究者强调,"显然,我们对政治领袖的认知受到他们非言语行为的影响……像罗纳德·里根这样的技术高超的政治行为者精通非言语行为,并且知道如何利用它来增强自身的吸引力和影响力"④。所以,大卫·格根(David Gergen)提出,"非言语行为影响有抱负的领导者和潜在的追随者之间的关系,并影响领导者信息的含义和可信度"⑤。当然,相关研究需要进一步准确解读领导者和追随者之间的非言语行为特征。

四 政治人物非言语传播的观点说服功能

美国犹他州立大学(Utah State University)的约翰·塞特(John S. Seiter)等研究发现,在政治辩论过程中,当竞选对手发言时,不应该发出太多非言语符号表达分歧。研究表明,一些小的非言语上的分歧对于大多数听众还可以接受,但是频繁使用诸如摇头、叹息、眼珠转动等行为会降低听众对自己的可信度。甚至强烈且频繁的非言语分歧还可以增强听众对对手发言的可信度。这和以往的研究结果都表明,在电视政治辩论

---

① Ronald E. Riggio, Robert S. Feldman, *Applications of Nonverbal Communication*, Lawrence Erlbaum Associates, Mahwah, New Jersey London, 2005, p. 102.

② Ronald E. Riggio, Robert S. Feldman, *Applications of Nonverbal Communication*, Lawrence Erlbaum Associates, Mahwah, New Jersey London, 2005, p. 103.

③ Ronald E. Riggio, Robert S. Feldman, *Applications of Nonverbal Communication*, Lawrence Erlbaum Associates, Mahwah, New Jersey London, 2005, p. 108.

④ Ronald E. Riggio, Robert S. Feldman, *Applications of Nonverbal Communication*, Lawrence Erlbaum Associates, Mahwah, New Jersey London, 2005, p. 113.

⑤ Ronald E. Riggio, Robert S. Feldman, *Applications of Nonverbal Communication*, Lawrence Erlbaum Associates, Mahwah, New Jersey London, 2005, p. 113.

中，当对手说话时，保持中立立场是明智的，而不是试图以非言语行为方式进行反驳①。

研究者从尼克松与肯尼迪的总统竞选的电视辩论开始，讨论非言语传播对于政治传播与说服传播的重要性。为什么学者对于政治传播领域的非言语传播现象关注较少？研究者总结以下几个方面原因：首先，学者认为政治人物的非言语行为对于政治行为的影响不大。实际上，政治竞选过程中，即使言语辩论信息在竞选者的态度和行为方面没有太大差别，但是，在社会经济状况和公民立场等不同，却具有不同的解读意义。其次，既有文献已经提供政治传播中非言语符号的功能和效果。因此，该领域再进行理论探索，产生创新性成果的空间不大。最后，研究者很难区分不同非言语符号，以及言语符号在政治态度改变中功能的差异性，因此，论证不同非言语符号的功能举证乏力。鉴于此，建议学者系统梳理非言语传播研究，为政治人物非言语行为的政治效果研究寻找有用的研究方法②。

(一) 政治说服中非言语行为的重要性。

政治说服中非言语行为的重要性早就得到重视，理论关注与实践应用都非常广泛。

第一，人类早就熟悉非言语传播符号。研究认为，甚至是婴儿都能准确地理解面部表情（Field, Woodson, Greenberg, Cohen），服装、身体特征以及有效的触摸都是有效的传播方式（Segrin），非言语行为与言语符号不一致则是撒谎的信号（DePaulo, Zucherman, Rosenthal）。类似的研究观点表明，人类已经潜移默化地熟悉多种非言语符号。

第二，以前的政治说服依靠报纸传播，言语符号自然非常重要。而广播媒介的出现，让政治说服过程出现听觉非言语符号，包括语气、语调、语速、音高等非言语符号都在不同程度上影响政治说服效果。比较经典的案例包括罗斯福的"炉边谈话"等，都表明听觉非言语符号的强大功能。电视媒介的出现，则更丰富地展示政治说服者的非言语符号。研究认为，

---

① John S. Seiter, Harry Weger Jr. Andrea Jensen, Harold J. Kinzer, "The Role of Background Behavior in Televised Debates: Does Displaying Nonverbal Agreement and/or Disagreement Benefit Either Debater?", *The Journal of Social Psychology*, Vol. 150, No. 3, 2010, pp. 278-300.

② Maria A. Kopacz, "Nonverbal Communication as a Persuasion Tool: Current Status and Future Directions", *Rocky Moutain Communication Review*, Volume3: 1, Summer, 2006, pp. 1-19.

"电视作为竞选媒介,给观众提供竞选者的外貌、手势、姿势及其他非言语符号……印象信息和人际影响与政治立场或党派关系同样重要,甚至对于选举结果更具有预测性"[①]。

第三,政治说服过程中,信息缺乏的情况下,竞选者的外貌、动作,或者讲话都会快速提供可靠信息。同时,也需要注意可能只是视觉呈现的微小的变化(比如摄像机的拍摄角度的调整等),都可能影响观众对于政治竞选者演讲内容的可信度(Tiemens)。

第四,女性及少数族裔参与美国政治竞选,也凸显非言语传播研究的重要性。女性的身体特征及语言特征,少数族裔的肤色和面部特征存在偏见,影响传播效果[②]。这些也是电视媒介给政治说服传播带来的巨大变化。

当然,伴随网络媒体与自媒体的兴盛,非言语传播的类型也更趋丰富,政治说服的效果将更加有效。

(二) 精细加工可能性模型视角看政治说服过程中非言语传播的功能

精细加工可能性模型(The Elaboration Likelihood Model of Persuasion)也叫双路径模型,从中枢路径和边缘路径的双路径视角解释信息影响个人态度及行为变化的说服模式,而影响的路径是中枢路径还是边缘路径由具体环境而定(Chaiken, Duckworth & Darke)。在此理论语境下,政治说服的效果同样存在中枢路径和边缘路径,非言语符号的功能也具有更好的科学依据。政治人物的外貌、说话的语调传递温暖的感觉,或散发出权威性等,都在不同程度影响政治说服的效果。研究认为,人们一般假定选民都具有较高的动机和认知能力,都会认真研究竞选者的政治构想及演讲陈述,然而,美国的很多选民缺乏政治知识和热情,却有大量选民去投票。他们仅凭借竞选者的身份、信任度以及他们与选民的相似性做决定[③]。由此可见,非言语行为比言语符号更适合边缘路径。

研究者强调,面部表情、身体外形、副语言、注视等在政治说服传播

---

① Maria A. Kopacz, "Nonverbal Communication as a Persuasion Tool: Current Status and Future Directions", *Rocky Moutain Communication Review*, Volume3: 1, Summer, 2006, pp. 1-19.

② Maria A. Kopacz, "Nonverbal Communication as a Persuasion Tool: Current Status and Future Directions", *Rocky Moutain Communication Review*, Volume3: 1, Summer, 2006, pp. 1-19.

③ Maria A. Kopacz, "Nonverbal Communication as a Persuasion Tool: Current Status and Future Directions", *Rocky Moutain Communication Review*, Volume3: 1, Summer, 2006, pp. 1-19.

中更常用。如身体外形在政治说服过程中比较有用是因为它包含种族、性别、年龄、吸引力及其他引导选民的信息。竞选者外形的改变能够带来不同的情感反应，导致不同的选举结果①。

研究者开始关注政治传播领域的非言语传播现象，认为"非言语行为是一种重要的政治手段，而我们对于其在政治活动中的作用却远未得到重视"②。仍然需要进一步的系统研究，尤其是在针对庞大受众进行说服传播策略领域。

上述研究结论比较有启发意义，对于政治传播效果的影响因素探索具有一定的指引作用。同时，也应该清晰地认识到这样的研究主要是集中在美国等西方发达国家的政治说服传播活动，其研究结论更适合西方政治环境，在中国等其他政治环境下的适应性还需要进一步探索验证。

第八节　大众传播领域的非言语传播研究

随着时代的发展，非言语传播研究开始关注电视竞选、电视主持人等的非言语传播现象，研究领域开始涉入报纸、广播、电视以及网络等大众传播过程。如聚焦政治人物电视访谈的面部表情研究，对美国三大广播公司针对大选报道中候选人的面部表情传播展开研究。以及探索美国三大广播公司针对"9·11"事件报道时，主持人主观情感投入情况，利用统计分析法批判新闻专业主义的可靠性。③ 但是，只有部分科研论文研究大众传播中的非言语传播现象，缺乏系统研究的专著。

一　灾难报道中的非言语传播现象研究

大众传播过程中的非言语传播现象也受到学术界的关注，如得克萨斯

---

① Maria A. Kopacz, "Nonverbal Communication as a Persuasion Tool: Current Status and Future Directions", *Rocky Moutain Communication Review*, Volume3: 1, Summer, 2006, pp. 1–19.

② Maria A. Kopacz, "Nonverbal Communication as a Persuasion Tool: Current Status and Future Directions", *Rocky Moutain Communication Review*, Volume3: 1, Summer, 2006, pp. 1–19.

③ Renita Coleman and H. Denis Wu, "More Than Words Alone: Incorporating Broadcasters' Nonverbal Communication Into the Stages of Crisis Coverage Theory—Evidence From September 11th", *Journal of Broadcasting & Electronic Media*, Vol. 50, No. 1, 2006, pp. 1–17.

大学奥斯汀分校新闻学院（the School of Journalism at the University of Texas at Austin）的 Renita Coleman 和路易斯安那州立大学大众传播学院（the Manship School of Mass Communication at Louisiana State University）的丹尼斯·吴（H. Denis Wu）以"9·11"为例，研究灾难报道阶段播音员的非言语传播现象，《不仅仅是文字：灾难报道阶段理论下播音员的非言语传播——以9·11为例》(*More Than Words Alone：Incorporating Broadcasters' Nonverbal Communication Into the Stages of Crisis Coverage Theory—Evidence From September 11th*)[1]，探索灾难事件报道过程中播音员是否有个人情感的植入，由此判断西方新闻专业主义的客观性在灾难报道中的表现状态。美国三大广播公司针对"9·11"事件报道时，主持人主观情感植入情况研究，就是利用统计分析法得出结论的。

密苏里大学（University of Missouri）的雷尼塔·科尔曼（Renita Coleman）博士和北卡罗来纳大学——教堂山分校（University of North Carolina-Chapel Hill）的吴德尼（H. Denis Wu）博士通过阐述非言语交际的作用，推进了格雷伯（Graber）危机报道阶段的理论发展。研究结果支持危机报道三个不同阶段的观点，"即记者的非言语情感表达在第二阶段达到高峰"[2]。该研究的关键点在于，开始探索大众传播中记者的非言语传播行为。

研究认为，"尽管广播公司总体上可能没有完全成功地隐藏他们的非言语表达，但男女在情感隐藏方面的成功率（或失败率）大致相同"[3]。即女性广播员与男性广播员在非言语表达方面都暴露自己的情感状态。上述调查结果总体上支持危机报道三个不同阶段的观点，"9·11"的三个阶段，记者对情绪的非言语表达明显不同。记者的非言语情感表达呈曲线

---

[1] Renita Coleman and H. Denis Wu, "More Than Words Alone: Incorporating Broadcasters' Nonverbal Communication Into the Stages of Crisis Coverage Theory—Evidence From September 11th", *Journal of Broadcasting & Electronic Media*, Vol. 50, No. 1, 2006, pp. 1-17.

[2] Renita Coleman and H. Denis Wu, "More Than Words Alone: Incorporating Broadcasters' Nonverbal Communication Into the Stages of Crisis Coverage Theory—Evidence From September 11th", *Journal of Broadcasting & Electronic Media*, Vol. 50, No. 1, 2006, pp. 1-17.

[3] Renita Coleman and H. Denis Wu, "More Than Words Alone: Incorporating Broadcasters' Nonverbal Communication Into the Stages of Crisis Coverage Theory—Evidence From September 11th", *Journal of Broadcasting & Electronic Media*, Vol. 50, No. 1, 2006, pp. 1-17.

状,在第二阶段达到高峰,在第一阶段和最后一阶段较低①。

第一阶段,记者的非言语表达比较温和。这一阶段,他们的主要职责是收集信息,并迅速传达给观众,使他们能够集中注意力于一项任务,并分散他们注意力,使他们远离围绕他们展开的危机的恐怖。虽然人们可能直觉地预计,在"9·11"事件爆发前几小时会发现任何人比晚些时候更情绪化,但是记者的情况并非如此,与其他紧急救援人员类似。事实上,在危机初期,记者能够以较少的情绪和较少的非语言表现来履行职责。这反映了在替代性创伤方面的工作,发现急救专业人员最初能够以很少的情绪表现来履行职责,在可怕的灾难和可怕的场景中表现得好像没有什么不寻常的事情发生。在采访中,记者们还表明这样一种感觉,即通过集中精力收集信息和管控情绪,能够像往常一样继续工作。从他们相对受限的非言语情感表达来看,这种应对机制似乎有效②。

第二阶段,记者的非言语表达次数最多。在此阶段,"记者们的注意力从搜集新信息转移到试图理解和解释给听众。认知任务的这种转变也导致情感的转变,这种转变比其他任何阶段都明显地表现出更多的非言语信息。当记者们从收集数据转向理解数据时,他们开始理解事件的严重性。此外,随着事件的逐渐平息,迅速收集和传播新信息的压力开始减弱,给记者更多的时间思考,而不是简单地作出反应"③。

第三阶段,记者的非言语表达最少。这时候,他们重新恢复镇定和专业风度,"记者们再次集中精力履行他们的专业职责,此时,当没有什么新的信息要报道时,他们认为可以平息人们的恐惧,保持士气,安抚和缓解观众。平静、中性的非语言表达被用来实现这一目标。此外,广播记者们也意识到,当他们展现情感时,他们的可信度会受到影响,所以他们也

---

① Renita Coleman and H. Denis Wu, "More Than Words Alone: Incorporating Broadcasters' Nonverbal Communication Into the Stages of Crisis Coverage Theory—Evidence From September 11th", *Journal of Broadcasting & Electronic Media*, Vol. 50, No. 1, 2006, pp. 1-17.

② Renita Coleman and H. Denis Wu, "More Than Words Alone: Incorporating Broadcasters' Nonverbal Communication Into the Stages of Crisis Coverage Theory—Evidence From September 11th", *Journal of Broadcasting & Electronic Media*, Vol. 50, No. 1, 2006, pp. 1-17.

③ Renita Coleman and H. Denis Wu, "More Than Words Alone: Incorporating Broadcasters' Nonverbal Communication Into the Stages of Crisis Coverage Theory—Evidence From September 11th", *Journal of Broadcasting & Electronic Media*, Vol. 50, No. 1, 2006, pp. 1-17.

专注于掩盖自己有价值的非言语表达"①。此时展示的非言语符号已经不是自发的，而是经过职业传播者掩饰和包装后的非言语符号。

理论研究重视研究结论的适应性，具有推广价值的研究更具社会价值。"这一理论过程适用于记者对任何危机的报道，而不仅仅是9·11。无论是海啸、地震、毁灭性火灾等自然灾害，还是大规模枪击等人为灾害，甚至可怕的车祸，这三个阶段的非语言情感表达都应该成立。"② 也即，重大突发事件报道都可能存在上述现象，相关研究结论具有广泛解释力。

当然，研究与实践会存在一定的差距，实践中很难完全按照理论指引的方向发展。研究认为："尽管广播记者被告诫要注意控制他们的非言语行为，但很少有课程真正训练广播员面部管理技术，以帮助他们达到中性非言语行为的目标。这类研究的一个结果应该是让广播公司意识到这种背叛客观性的倾向。应鼓励广播组织将非言语传播纳入危机报道计划。"③

新闻学要求新闻记者客观地报道新闻事件。而对于灾难报道中的新闻记者需要一定的非言语传播培训。"心理学家呼吁对那些一线灾难工作者进行必要的准备和自我管理方面的培训。我们推断，给灾难报道的记者的建议是合适的，而且对于广播员来说，面部管理技巧的培训和准备也是合适的。格雷伯的危机理论承认，新闻机构，尤其是广播，有计划地处理危机报道的问题。像紧急救援人员一样，记者需要发展一种情绪中立的方式来解释他们所处理的事件。对处于危机第二阶段的记者来说尤其重要，因为这一阶段的一个重要方面是媒体试图缓和观众之间的紧张局势，提高民族士气。如果他们的非言语行为没有传达出这种令人安心的信息，那么他

---

① Renita Coleman and H. Denis Wu, "More Than Words Alone: Incorporating Broadcasters' Nonverbal Communication Into the Stages of Crisis Coverage Theory—Evidence From September 11th", *Journal of Broadcasting & Electronic Media*, Vol. 50, No. 1, 2006, pp. 1-17.

② Renita Coleman and H. Denis Wu, "More Than Words Alone: Incorporating Broadcasters' Nonverbal Communication Into the Stages of Crisis Coverage Theory—Evidence From September 11th", *Journal of Broadcasting & Electronic Media*, Vol. 50, No. 1, 2006, pp. 1-17.

③ Renita Coleman and H. Denis Wu, "More Than Words Alone: Incorporating Broadcasters' Nonverbal Communication Into the Stages of Crisis Coverage Theory—Evidence From September 11th", *Journal of Broadcasting & Electronic Media*, Vol. 50, No. 1, 2006, pp. 1-17.

们的话就不太可能达到预期的效果"①。

研究者关注的是,"对控制非言语表达是否是新闻工作者不可能达到的目标……这些情感表达对观众有什么影响,同时要牢记个体差异无疑在解释中起着作用。这项研究不能确定这样的结论,但是许多其他研究发现记者的非言语行为可以影响观众,激发观众的情绪,影响他们形成的观点,甚至影响他们的态度和行为"②。并建议相关研究应该把播音员的非言语信息与对受众的影响联系起来研究。

研究发现,"这种偏差可能会由非言语手段下意识地表达,而不是言语表达。在第二阶段中,记者开始跳出环境制约,纠正过去的错误,换个角度来看待这一问题"③。研究认为,"除了寻求信息,观众更需要媒体的解释"④。而记者"非言语沟通的潜在影响观众的解释。在第三阶段,媒体安抚惊魂未定的观众,还试图维持士气"⑤。

格雷伯认为,"介绍媒体信息如何可以减轻不确定性,可以保证共享他们的悲伤和恐惧的人,并能镇静人"⑥。同时,"维持士气,缓解,令人欣慰的,和镇定的作用,是所有非言语行为是善于在影响情绪组件"⑦。非言语传播在情感传播过程中的独特作用需要发挥好,推动传播实践的效果。所以,比较理想的传播模式应该是言语符号与非言语符号的协同表

---

① Renita Coleman and H. Denis Wu, "More Than Words Alone: Incorporating Broadcasters' Nonverbal Communication Into the Stages of Crisis Coverage Theory—Evidence From September 11th", *Journal of Broadcasting & Electronic Media*, Vol. 50, No. 1, 2006, pp. 1-17.

② Renita Coleman and H. Denis Wu, "More Than Words Alone: Incorporating Broadcasters' Nonverbal Communication Into the Stages of Crisis Coverage Theory—Evidence From September 11th", *Journal of Broadcasting & Electronic Media*, Vol. 50, No. 1, 2006, pp. 1-17.

③ Renita Coleman and H. Denis Wu, "More Than Words Alone: Incorporating Broadcasters' Nonverbal Communication Into the Stages of Crisis Coverage Theory—Evidence From September 11th", *Journal of Broadcasting & Electronic Media*, Vol. 50, No. 1, 2006, pp. 1-17.

④ Renita Coleman and H. Denis Wu, "More Than Words Alone: Incorporating Broadcasters' Nonverbal Communication Into the Stages of Crisis Coverage Theory—Evidence From September 11th", *Journal of Broadcasting & Electronic Media*, Vol. 50, No. 1, 2006, pp. 1-17.

⑤ Renita Coleman and H. Denis Wu, "More Than Words Alone: Incorporating Broadcasters' Nonverbal Communication Into the Stages of Crisis Coverage Theory—Evidence From September 11th", *Journal of Broadcasting & Electronic Media*, Vol. 50, No. 1, 2006, pp. 1-17.

⑥ Graber, D., *Mass Media and American Politics*, Washington, DC: CQ Press, 2002.

⑦ Graber, D., *Mass Media and American Politics*, Washington, DC: CQ Press, 2002.

意,协调发展。言语与非言语各司其职,各有优势,"事实论据的言语交际更有说服力,但非言语表达更容易形成印象和情感"①。当然,灾难报道中非言语传播的功能还比较丰富,需要系统研究不同符号之间如何协同表意?以及非言语传播具有哪些传播功能?类似研究还有待继续。

二 电视辩论中的非言语传播现象研究

美国犹他州立大学(Utah State University)的约翰·塞特等探讨电视辩论中,通过非言语行为,以削弱对手的辩论效果。研究者通过让学生观看四个版本的电视辩论,并判断谁赢得了辩论,还对辩论者的可信度、恰当性、客观性和辩论技巧等进行评分。分析表明,"背景中的非言语行为影响听众对辩论者的可信度、恰当性、客观性、辩论技巧以及辩论获胜程度的感知。这些结果表明,在对方讲话中,在表达非言语分歧时增加非言语上的一致并不会减少非言语表达分歧的负面影响,反而会进一步降低听众对辩论者可信度和爱好的感知"②。

三 大众传播中非言语传播的主要特点

大众传播中的非言语传播与人际传播中的非言语传播既存在共性,但在传者特征、符号特征、渠道特征等方面也具有自身的个性特征③。

首先,大众传播者具有深厚的专业素养,比人际传播中的非言语传播者更加理性地控制非言语传播行为。大众传播者更多的是意识控制下的理性行为,而不仅仅是人际传播中的非言语传播的"下意识"或者"潜意识"行为。所以,通常情况下,其可信度不及人际传播中的非言语传播程度高。

其次,大众媒介对于非言语传播的影响具有双面性。一方面,大众媒介扩大了部分人际传播中的非言语传播的时空范围。如广播媒介延伸了口

---

① Burgoon, J. K., Birk, T. & Pfau, M., "Nonverbal Behaviors, Persuasion, and Credibility", *Human Communication Research*, No. 17, 1990, pp. 140-169.

② John S. Seiter, Harry Weger Jr. Andrea Jensen, Harold J. Kinzer, "The Role of Background Behavior in Televised Debates: Does Displaying Nonverbal Agreement and/or Disagreement Benefit Either Debater?", *The Journal of Social Psychology*, Vol. 150, No. 3, 2010, pp. 278-300.

③ 参见王亿本、蒋晓丽《媒介进化视野下的非言语传播:肖似与扭曲、延伸与遮蔽、补救与乏力》,《现代传播(中国传媒大学学报)》2012年第9期。

语传播的听觉非言语符号,电视、网络媒介延伸视听非言语传播范围。另一方面,大众媒介也制约了很多非言语传播。非言语传播因其所具有的"在场"性而不容易媒介化,所以,大众媒介不同程度地制约了一些非言语传播。如印刷媒介制约了所有听觉非言语传播和视觉动态的非言语传播,广播无力进行视觉非言语传播,电视媒介及网络媒介无法进行诸如体味、体触等非言语传播。

最后,大众传播媒介技术试图补救人际传播中非言语传播符号的缺失,回归人际传播中非言语传播的丰富性。如印刷媒介演变出包括版面语言、字号、色彩等非言语传播符号。广播媒介增加了音乐、音响等非言语传播符号。电视媒介演化出包括景别、色彩、镜头、构图、蒙太奇手法等非言语传播方式。都试图弥补既有媒介对非言语传播的不足,帮助受众构建更具真实感的"拟态环境"。

广播伦理规范要求记者以中立的方式播报新闻,不管记者的个人信念、态度或情感[1]。鉴于此,"无论是播报政治竞选,例行的市议会会议,危险的突发新闻,或情感活动,广播记者要显得平静,超脱,冷静"[2]。政治报道研究强调报道需要中立,并且往往关注口语传播,包括电视的口语播报。

新闻记者的非言语传播与言语传播存在协同表意的现象,认为:"记者用文字和图片沟通,但也通过非言语传播。因为面部表情提供人们情感状态的信息。"[3] 两者分工协作,实现信息传播与情感沟通的有序组合。

四 大众传播领域的非言语传播现象研究的思考

大众传播中的非言语传播是人际传播中非言语传播的延伸、媒介化的结果。同时,大众传播过程中也产生新的非言语传播现象。

首先,大众媒介对于人际传播中非言语传播的反映与媒介化。如出镜记者的微笑由摄像机拍摄,在电视台放映。采访对象的服饰拍成新闻照片

---

[1] Cohen, A., *The Television News Interview*, Newbury Park, CA: Sage, 1987.

[2] Renita Coleman and H. Denis Wu, "More Than Words Alone: Incorporating Broadcasters' Nonverbal Communication Into the Stages of Crisis Coverage Theory—Evidence From September 11th", *Journal of Broadcasting & Electronic Media*, Vol. 50, No. 1, 2006, pp. 1-17.

[3] Burgoon, J. K., Birk, T. & Pfau, M., "Nonverbal Behaviors, Persuasion, and Credibility", *Human Communication Research*, No. 17, 1990, pp. 140-169.

刊登在报纸上，类似的人际传播中的非言语传播被大众媒介所反映，进行媒介化呈现。类似的现象与人际传播中的非言语传播现象基本一致。

其次，大众传播产生新的非言语传播现象。大众媒介自身也会产生新的非言语传播现象，如报纸版面、版位、版序等是由报纸编排产生的空间符号，传递编辑的立场、观点或情感等信息。又如，新闻事件爆发后，报道的时效性属于时间符号，传递新闻人的态度和立场等信息。其他的拍摄角度，增加的音乐、音响、色彩等非言语符号，也都在传播大众传播主体的丰富信息。

第九章

借鉴：西方非言语传播研究方法的本土适应

借鉴西方非言语传播研究，不仅是理论本身的批判性引入，其理论获取的方法同样值得国内相关研究借鉴。

第一节 西方非言语传播研究方法的借鉴

研究方法的规范性和匹配性决定研究结论的可靠性。非言语传播研究从早期简单的观察，到近期逐渐借助多种技术手段，一直探索用最科学的方法准确探索其最本质的传播规律。

一 田野观察的朴素探索

（一）观察法的早期运用

达尔文、霍尔等都是采用观察法，观察婴儿的非言语传播现象及跨文化传播的非言语传播现象等。但是，早期观察就是普通的用人眼直接观察，精确程度不够。

早在1838年，达尔文在阅读贝尔爵士作品的时候，认为"人类好像是连带着那些特别适应于他的表情的一定的肌肉而被创造出来的这种见解，就使我感到极其不满意。我觉得，习惯用一定的动作来表现出我们的感情，虽然现在它已经成为天生的，但是很可能当时是靠了某种方法而逐渐获得的。可是，要去确定这些习惯以前怎样被获得，——这是困难透顶的事情。应当从新的角度去考察全部问题，而且对每种表情都要作合理的解释，这种信念就使我尝试来写诉现在这个著作，可是它终究还是写得不完善的"①。1839年12月27日,达尔文的长子出生,他马上开始记录他所表现的各种表情的开端,并随时去进行关于人类和我们所家养的动物的表情这个主题的研究工作。如火车上观察老年妇女哭泣表情。还多次书信采访专家,多地分别派人观察多地、不同人群的非言语表现状况。

19世纪60年代末和70年代初,达尔文与法国内科医生和生理学家杜乡就通过直接对面部肌肉施加电流电刺激,对人类面部表情的实验性操纵进行交流。他制作了一套60多张照片来说明他的观点,即人脸上有不同的肌肉,它们分别负责每个人的情绪。达尔文非常仔细地研究了这一材料,并于1871年获得杜乡的许可,以"人"和"动物"的"情感"的"表情"复制了其中的几幅图像。达尔文怀疑杜乡的观点,即有个别的肌肉群引发了几十种可分离的情绪的表达,他想知道是否会有一组核心的情绪,这些情绪在世界各地和不同文化中表现出极大的稳定性。由于对杜乡模型的真实性存有疑问,达尔文进行了可能是第一次对人类面部表情识别的单盲研究。这个单一的实验是一个鲜为人知的先行者,在整个现代研究领域具有当代临床相关性。此外,他关于跨文化认识主要面部情感的具体问题正在积极研究,希望开发新的生物标志物,以帮助发现治疗精神分裂症、孤独症的新疗法。以及其他神经精神疾病。②

(二) 观察法的局限性

第一,表情不易察觉。研究者强调,"因为表情动作时常极其细微,而且具有一种迅速消失的性质,所以就很难去研究表情"③。这样,对于观察法造成较大的阻碍,如何有效地实现对非言语符号的准确观察?有研究者对观察法进行改进,演化后的观察法更具有准确性,"影片用有声放映机放出来,先用正常速度,再用每秒16格的低速度,反复看"④。这样,就在较大程度上提升观察效果。

当然,这样的观察也存在不足,如"我们主要集中分析头、躯干、

---

① [英] 达尔文:《人类和动物的表情》,周邦立译,科学出版社1958年版,第33页。
② Snyder, Peter J., Kaufman, Rebecca, Harrison, John, Maruff, Paul, "Charles Darwin's Emotional Expression 'Experiment' and His Contribution to Modern Neuropharmacology", *Journal of the History of the Neurosciences*, Vol. 19, Issue 2, Apr-Jun, 2010, p. 158.
③ [英] 达尔文:《人类和动物的表情》,周邦立译,科学出版社1958年版,第30页。
④ [英] 亚当·肯顿:《行为互动:小范围相遇中的行为模式》,张凯译,社会科学文献出版社2001年版,第99页。

胳膊和手的动作、表情的变化和细节，如眼睛的动作，在大多数情况下就忽略了，因为影片质量不允许我们做精确的转写"①。进一步精确的研究方法可以尝试更为精密的器材。

第二，很难探究各种表情表征的深层次原因。观察只是把握非言语传播的表现形式，"可以清楚地看出表情差异的事情本身；可是，却不能够去确定这种差异是由于什么原因而来"②。观察只是获取研究素材的第一步，而对于观察结果的思考尤其重要。

第三，受观察者情绪影响，限制观察效果。研究认为："当我们亲自遇到某一种深刻的情绪时候，我们的同情心就这样强烈地激发起来，以致使我们当时或者完全不能够去精密地观察，或者几乎不可能去作这种观察；我已经获得了很多关于这个事实方面的有趣的证据。"③ 学术研究需要客观冷静，需要规避个人情感的影响。

第四，容易掺入观察者的想象。研究者的想象也是影响研究偏差的错误来源，"如果我们盼望要从环境的性质方面去看出一定的表情来，那么我们就会容易把它当作好像是存在的"④。如达尔文认为，杜乡博士虽然经验丰富，但是，"他曾经长期以为，在某些情绪发生的时候，就有几种肌肉收缩；最后他方才完全相信，这种动作只限于一种肌肉参加"⑤。

（三）观察法的改善

综上分析，达尔文建议研究者"为了要尽可能获得更加牢固的基础，而且不顾一般流行的意见，要去确定面部特点和姿态的特定动作实际上表现出一定的精神状态"⑥，建议采用下面的研究方法。

第一，观察婴孩，探索非言语传播特征。达尔文研究认为，非言语传播研究第一是去观察婴儿，因为"婴儿表现出很多'具有特殊力量'的情绪来；可是在以后的年龄里，我们有几种表情就'丧失去它们在婴孩

---

① ［英］亚当·肯顿：《行为互动：小范围相遇中的行为模式》，张凯译，社会科学文献出版社 2001 年版，第 101 页。

② ［英］达尔文：《人类和动物的表情》，周邦立译，科学出版社 1958 年版，第 30 页。

③ ［英］达尔文：《人类和动物的表情》，周邦立译，科学出版社 1958 年版，第 30 页。

④ ［英］达尔文：《人类和动物的表情》，周邦立译，科学出版社 1958 年版，第 30 页。

⑤ ［英］达尔文：《人类和动物的表情》，周邦立译，科学出版社 1958 年版，第 30 页。

⑥ ［英］达尔文：《人类和动物的表情》，周邦立译，科学出版社 1958 年版，第 30 页。

时代所涌现出来的那种纯粹而单纯的泉源'"①。婴儿的非言语传播行为具有独特性，研究结论具有很重要参考价值。

第二，研究精神病患者，探索非言语传播特征。选择精神病患者是"因为他们很容易发生最强烈的激情，并且使它们毫无控制地暴露出来"②。这种"毫无控制地暴露出来"的非言语行为更具有真实性，也更具有研究价值。

第三，将观察对象固化成照片，进行细致研究。研究者把这些表情拍摄成放大的照片。交给二十多位年龄不同的有学识的男女人士察看。在没有写上说明文字的情况下，询问他们推测这是哪一种情绪或者感情③。将动态的表情固定下来，细致观察，辨别不同微表情的传播特征。

第四，观察著名照片和雕刻画，却少有收获。原因在于："在美术作品里，最主要的对象是美，而剧烈收缩的面部肌肉就破坏了美。美术作品的构想，通常是靠了巧妙选取附属景物的方法而用惊人的力量和真实性被传达出来的"④。这种失败的教训值得引以为戒。

第五，观察不同人种的表情，增强观察结果的说服力。"特别是那些和欧洲民族很少来往的人种，是不是也像大家时常毫无确实证据而去肯定的情形那样，具有相同的表情和姿态。要是证实有几个不同的人种的面貌或者身体的同样的动作真的表达相同的感情，那么我们就会以极大的可能性来断定说，这些表情是真正的表情，也就是天生的或者本能的表情。"⑤

第六，察看几种普通动物不同激情的表达情形，探索非言语传播特征。"这并不是因为它会使人去解决关于人的某些表情能够成为一定的精神状态的特征到怎样程度的问题，而是因为它曾经提出最可靠的根据，而使人去对各种不同的表情动作的原因或者起源做出概括来。我们在观察动物的时候，不应该这样轻易地去偏信自己的想象。"⑥ 这样的观察仍然是从进化论视角探索人类和动物非言语传播的相似性或延续性。

---

① ［英］达尔文：《人类和动物的表情》，周邦立译，科学出版社1958年版，第30页。
② ［英］达尔文：《人类和动物的表情》，周邦立译，科学出版社1958年版，第30页。
③ ［英］达尔文：《人类和动物的表情》，周邦立译，科学出版社1958年版，第31页。
④ ［英］达尔文：《人类和动物的表情》，周邦立译，科学出版社1958年版，第31页。
⑤ ［英］达尔文：《人类和动物的表情》，周邦立译，科学出版社1958年版，第31页。
⑥ ［英］达尔文：《人类和动物的表情》，周邦立译，科学出版社1958年版，第32页。

（四）电影摄影技术助推观察法

针对非言语传播转瞬即逝的特点，很多非言语传播学者都尝试不同的方法，以求更慢速度地、仔细地观察相关非言语传播符号。肯顿在20世纪60年代就利用电影拍摄技术探索人际交往过程中神态和视线的作用，由此提出了"F—组合"系统等概念。"这种研究手段本来只在心理学领域得到运用，经过肯顿等人的推广，在其他社会学科也产生了巨大的影响。……目前在社会科学的很多领域利用音像技术研究非言语交际成为一个趋势。"[①] 可见，研究方法的科学性得到众多学者的认可，对于学术研究也具有重要推动作用。

为了获取相关数据，瓦赫特尔（Wachtel）对医患交流的场景进行录像，随时调取研究，可以自由调整播放速度与进度，试图捕捉细节信息。体态语是病人有意或无意地与医生交流的方式[②]。当然，拍摄记录下来的材料有些时候不一定就客观真实，"照片和影片并不能提供如贝特森和米德所相信的那样客观的记录，不仅拍下来的材料是需要解释的，就是拍照或摄影本身，也是一种解释性的活动，因为这种活动必定是有选择的。当把行为记录到胶片上时，由于研究者一定要确定拍摄些什么及什么时候开始拍，无论他意识到与否，他的理论偏见不可避免地会进入他所创造的行为标本里去"[③]。这样的观点是对视觉分析的科学性进行反思，对于科学实施视觉材料分析具有重要指导性。

当然，在用电影摄影技术改善实地观察法的局限性，其实，"电影摄影技术有其局限，也有主观性，但通过在这种局限里工作，你仍然能够找到某种方法克服这些局限，得到对分析有用的标本，可这不是唾手可得的。尽管贝特森有在巴厘岛使用电影技术的经验，但当你今天再看他为研究家庭中的互动而制作的片子时，拍摄的高度随意性是明显可见的"[④]。由于电影摄影技术拍摄的角度、光线等也会制约其选择样本的质

---

① ［英］亚当·肯顿：《行为互动：小范围相遇中的行为模式》，张凯译，社会科学文献出版社2001年版，第5页。

② Julius Fast, *Body Language*, Pan Books Ltd., 1971, p.120.

③ ［英］亚当·肯顿：《行为互动：小范围相遇中的行为模式》，张凯译，社会科学文献出版社2001年版，第33页。

④ ［英］亚当·肯顿：《行为互动：小范围相遇中的行为模式》，张凯译，社会科学文献出版社2001年版，第34页。

量，收集到的研究样本本身也存在主观性，削弱了研究样本的客观性和真实性。

二 人脸检测的科学介入

人脸检测（Face detection）是一种新技术应用，也是非言语传播的一种研究方法。美国莱特州立大学计算机科学与工程系（Department of Computer Science and Engineering, Wright State University）的研究者认为，"人脸检测是建立人机交互系统的首要任务，特别是在人脸识别（face recognition）、人脸辨识（face identification）、人脸跟踪（face tracking）、表情识别（expression recognition）和图像内容检索（content based image retrieval）等应用中"。一个健全的人脸检测系统必须能够检测人脸，而不考虑光照、阴影、杂乱的背景、面部姿态、方向和面部表情等。为此，尝试过许多人脸检测方法。研究者提出"局部—全局图"（Local-GlobalGraph, LGG）方法，用于在室内和室外、各种光照（阴影、高光、非白光）和杂乱背景中识别真实世界中的面部表情。

首先，提出一种基于皮肤检测程序（skin detection procedure）检测恒定神经颜色的皮肤检测算法，用于复杂现实图像中的皮肤检测。

其次，提出了从皮肤分割图像（skin segmented images）中检测具有最大置信度的人脸和面部表情的"局部—全局图"（Local-Global Graph, LGG）方法。LG图嵌入局部信息（面部特征的形状存储在每个节点的局部图中）和全局信息（面部的局部解剖学）。"一般来说，人类首先提取最重要的面部特征，如眼睛、鼻子、嘴巴等，然后将它们相互关联用于人脸和面部表情表示。通过将LG表情图与LGG数据库中现有的表情模型进行比较，从检测到的人脸图像中识别人脸表情。该方法对于数据库中存在的表达模型是准确的。"[①]

对于人脸检测的许多方法，假设面部被简单地分割或者被背景包围，并且图像正面照明良好，但是，很多时候很难做到。所以，"这些方法的稳定性受到许多因素的挑战，例如场景中的光照变化、阴影、杂乱的背

---

① Kakumanu P., Bourbakis N., *Detection of Faces and Recognition of Facial Expressions*, See Fundamentals of Verbal and Nonverbal Communication and the Biometric Issue A, Esposito et al., (Eds.), IOS Press, 2007, pp.261-274.

景、图像尺度、面部姿态、方向和面部表情"①。这样对相关研究方法的反思也有助于提高研究的科学性和规范性。

三 统计分析的精准识别

早期的非言语传播研究主要是观察法，研究过程不够精确，研究结论可行度不管。于是，研究者开始借用各种统计手段精确分析研究对象。比如，研究者分别向三个地区的 605 名路人询问前往当地著名地标的路线。当地标清晰可见时，大多数受访者都用食指指向地标，而且只指向一下，很少有受访者多次指示。相比之下，当地标不在视野中时，受访者先用食指指，然后还会用整只手指。研究者秘密地拍摄了 157 名路人的反应，研究结论同样如此②。研究者用一定数量的统计数据得出相应结论，研究结论更具有说服力。

非言语交际作为最可靠、最有力的交际方式，在招聘整个过程中发挥着非常重要的作用。研究者聚焦面试过程中的非言语传播现象，统计分析认为，面试官评估候选人的言语和非言语情况决定面试结果，学生的成功率取决于其在面试过程中表现的完美程度和沟通的自信程度。这项研究还试图了解招聘人员阅读非言语线索的能力③。类似研究是通过针对研究对象相关非言语行为的统计分析，归纳研究结论。进一步研究可以提供非言语线索在面试过程中的重要作用，并且可以通过引导学生理解和展示这些非言语线索来提高面试的成功率。

类似的借助统计分析的方法研究非言语传播行为是一种趋势，伴随研究技术手段的发展，研究过程越来越精细化，研究结论也越来越具有可信度。

四 控制实验的对比探索

很多表情转瞬即逝，不易观察，就需要通过实验法帮助研究。杜乡博

---

① Kakumanu P., Bourbakis N, *Detection of Faces and Recognition of Facial Expressions*, See Fundamentals of Verbal and Nonverbal Communication and the Biometric Issue A, Esposito et al., (Eds.), IOS Press, 2007, pp. 261-274.

② Zoe M. Flack, Martha Naylor, David A. Leavens. Pointing to Visible and Invisible Targets [J]. Journal of Nonverbal Behavior, 2018 (42): 221-236.

③ Sonali Ganguly. Understanding Nonverbal Cues: A Key to Success in Interviews [J]. The IUP Journal of Soft Skills, 2017 (2): 62-72.

士曾经把电流通到一个老年人面部的某些肌肉上，用这种方法引起了各种不同的表情，并把这些表情拍摄成放大的照片。达尔文将这些照片交给二十多位性别、年龄不同的有学识的人士看，在没有文字说明的情况下，让他们推测这些表情的类型。差不多每个人都能够立刻辨认出当中的几种表情，却也对另外几种表情做出极不相同的判断。这种实验表明：我们容易被自己的想象所迷惑。别赫且列夫对动物进行试验，"把这些动物的脑子的各个不同部分摘除或者加以刺激，同时去观察动物所特有的那些表情动作的变化情形"[1]。

美国犹他州立大学的学者探讨电视辩论中的非言语行为。"在观看辩论之后，学生除了判断谁赢得了辩论外，还对辩论者的可信度、恰当性、客观性和辩论技巧进行评分。分析表明，非言语行为背景影响听众对辩论者的可信度、恰当性、客观性、辩论技巧以及辩论获胜程度的感知。这些结果表明，在对方讲话中，在表达非言语分歧时增加非言语上的一致性并不会减少非言语表达分歧的负面影响，反而会进一步降低听众对辩论者可信度和整体形象的感知。"[2]

美国南佛罗里达州大学（University of South Florida, Tampa, FL USA）的研究者"从年轻和年长的阅读段落中选择两个文本独立的声音样本。重复大约一半的句子以获得可靠性（平均评分一致性＝85%）。然后对这些句子进行拟人化处理，形成一个48项听力任务，包括真实和模拟的年龄语音。提供四个没有实验者反馈的实践样本，以帮助听众开发此任务的响应集。整个听力过程持续了大约35分钟"[3]。通过这种控制实验检验非言语符号在传播过程中的影响情况。

研究者将实验对象安排在一个半圆形的安静的房间里，这样每个人离发言系统都是等距离的。在完成简短的听力筛选和实践试验之后，要求他

---

[1] ［苏联］C. T. 格列尔斯坦：《达尔文的著作人类和动物的表情的历史意义》，参见［英］达尔文《人类和动物的表情》，周邦立译，科学出版社1958年版，第15页。

[2] John S. Seiter, Harry Weger Jr. Andrea Jensen, Harold J. Kinzer, "The Role of Background Behavior in Televised Debates: Does Displaying Nonverbal Agreement and/or Disagreement Benefit Either Debater?", *The Journal of Social Psychology*, Vol. 150, No. 3, 2010, pp. 278-300.

[3] Ruth Huntley Bahr, *Age as a Disguise in a Voice Identification Task. Ruth Huntley BAHR*, A. Esposito et al., (Eds.), Fundamentals of Verbal and Nonverbal Communication and the Biometric Issue. IOS Press, 2007, pp. 129-139.

们对呈现给他们的声音进行直接的年龄估计①。通过这样的实验，检验不同听觉非言语符号对于听者年龄判断的影响。

五　结构语言学的系统思考

非言语传播是传播的一种方式或渠道，而言语传播同样是人类的传播方式和渠道，因此，两者应该有共同之处，甚至是协同表意的机制。因此，言语符号与非言语符号共同作为表达的结构系统，应该共同研究。

用结构语言学方法研究运用于交谈行为，"因为行为的规范和语言的规范是类似的……使用类似于分析语言结构的技术来弄清楚这些模式的性质。在非言语行为用结构分析方面，萨丕尔本人没有做任何工作，他的几个学生和年轻同事这样做了，然后又影响了其他一些人。例如，特雷格（Trager）把语言学方法扩展到音质分析和口语的其他方面，用他的话说这叫副语言学（paralinguistic）的研究（这个术语从此流行起来）。与特雷格合作的一位人类学家爱德华·霍尔用语言学方法分析了空间关系学（proxemics）常规下交谈空间的作用。雷·博德惠斯特尔也是在特雷格的影响下，用这个观点分析了身势语行为（body motion behavior），提出了举止神态学（kinesics）概念；还有肯奈斯·派克（Kenneth Pike），他把语言分析方法用于整个互动结构的研究"②。

康顿和奥古斯顿的发现，"是从一个非常细致的有声影片研究中得出的，有声影片把人们互动时的行为记录下来，影片用一台计时分析仪，也就是一台投影仪来分析，投影仪的好处是影片可以手动放映，向前向后都行，速度任意。小的连续场景可以反复看，然后可以对紧接着的镜头进行比较。分析动作时，身体的每个部位都一一仔细检查，身体部位只要出现运动方向上可觉察的变化，就在时间图上做一个标记。时间图上的一个间隔对应于影片的一格……按照这种方法画成图，其结果就是一个流程图，表示动作方向发生变化的那些点，身体每个部位的变化都标出来。随后处理说话声音的语音片段，这些片段写进时间图里，言语和身体动作之间的

---

① Ruth Huntley Bahr, *Age as a Disguise in a Voice Identification Task. Ruth Huntley BAHR*, A. Esposito et al., (Eds.), Fundamentals of Verbal and Nonverbal Communication and the Biometric Issue, IOS Press, 2007, pp.129–139.

② ［英］亚当·肯顿：《行为互动：小范围相遇中的行为模式》，张凯译，社会科学文献出版社2001年版，第37页。

关系就一目了然了"①。

艾克曼和弗雷森多次介绍他们的面部动作编码系统（Facial Action Coding System-FACS），"在这个系统里，面部表情都按动作单位画成符号，分布在面部各区域的这些最小可辨认的表情，用造成不同表情的面部肌肉组来定义。这个系统使详细地分析描写面部行为成为可能"②。

有些人研究了问候的某些特殊手势。麦肯耐尔（Mac Cannal）曾经讨论过"轻触帽檐"（hat tipping）在美国社会中的符号学（semiotic）意义和仪式作用，而斯基夫林和霍尔讨论过在美国社会问候中包括握手、拥抱和接吻等接触，格林保姆（Greenbaum）和罗森菲尔德及琼斯（Jones）、雅布罗（Yarborough）也研究过握手、拥抱和接吻等。埃贝尔—埃拜斯菲尔德描述挑动眉毛作为一个问候动作③。这些研究对于非言语传播研究都从不同角度起到推动作用。但是，这些研究都只是从特定角度，针对特定研究对象进行探索，却容易忽视其他非言语传播符号，更是缺乏对于言语的关注。而实际上，多种非言语符号之间存在协同表意的情况，非言语符号与言语符号也存在协同表意的现象。倘若能够将言语符号与非言语符号进行系统分析，从结构语言学角度探索其整体语言结构特征，以及不同符号之间的相互关联性，这样的探索更符合人类的表意特征。

1973年以来，有语言学家关注有声问候模式，凯顿（Caton）研究也门高地居民招呼用语的构成④。福根森（Ferguson）对比叙利亚阿拉伯人的口头招呼与美国英语的实例⑤。

通过观察法研究问候，其功能是相互塑造特定的社会角色。"古迪比较过贡雅人（Gonjaa）人和拉多加人的问候、厄尔文关于西菲洛夫人的研究、考门尼希（Kommenich）对南斯拉夫塞尔维亚（Serbians）和门的内

---

① ［英］亚当·肯顿：《行为互动：小范围相遇中的行为模式》，张凯译，社会科学文献出版社2001年版，第97—98页。

② ［英］亚当·肯顿：《行为互动：小范围相遇中的行为模式》，张凯译，社会科学文献出版社2001年版，第130页。

③ ［英］亚当·肯顿：《行为互动：小范围相遇中的行为模式》，张凯译，社会科学文献出版社2001年版，第219页。

④ ［英］亚当·肯顿：《行为互动：小范围相遇中的行为模式》，张凯译，社会科学文献出版社2001年版，第219页。

⑤ ［英］亚当·肯顿：《行为互动：小范围相遇中的行为模式》，张凯译，社会科学文献出版社2001年版，第220页。

哥罗人（Montenegrins）问候的研究、可莱特对莫西人（Mossi）的研究，以及凯顿对也门高地'部落'居民和'村落'居民问候的观察研究等。"① 观察原始部落人群的非言语传播现象是非言语传播及文化人类学研究者的常用方法，目的就是探索不同文化族群的非言语传播作为语言的传播效果与特征。

还有几位学者提到了问候仪式和分手仪式之间的关系。戈夫曼提出"会面仪式"（access ritual），无论什么时候，人们要改变相互间的社会会面（social access）关系，都要举行某种仪式，会面仪式就是这些仪式②。

简言之，由于非言语传播具有模糊性、隐蔽性和含蓄性等特点，非言语传播研究方法也在不断演化，以提高研究的效果。而非言语符号作为语言符号的一类，同样作为人类语言的重要组成部分。作为特殊的语言符号，语言学视角探索非言语传播应该是一个不错的研究话题。

六　元分析法的深度研究

研究者还采用元分析（meta-analysis）统计方法，通过对现有实证文献的再次统计，探索非言语传播对于幼儿教育的影响。结果显示"教师非言语即时性与许多积极的学生结果密切相关：喜欢课程和教师，愿意和老师一起上更多的课，以及学生在课堂上学到了很多的知识"③。统计方法得到国内学者的广泛使用，"对针对同一问题的大量研究结果进行综合分析与评价，从而概括出其研究结果所反映的共同效应，即普遍性的结论"④。

当然，元分析自身也存在局限，格拉斯（Glass）等人在研究认为，元分析主要存在如下问题：第一，由于不同的研究所采用的研究方法和研

---

① ［英］亚当·肯顿：《行为互动：小范围相遇中的行为模式》，张凯译，社会科学文献出版社2001年版，第220页。

② ［英］亚当·肯顿：《行为互动：小范围相遇中的行为模式》，张凯译，社会科学文献出版社2001年版，第220页。

③ Ronald E. Riggio, Robert S. Feldman, *Applications of Nonverbal Communication*, Lawrence Erlbaum Associates, Mahwah, New Jersey London, 2005, p.164.

④ 毛良斌、郑全全：《元分析的特点、方法及其应用的现状分析》，《应用心理学》2005年第4期。

究实验材料可能存在不一致，制约元分析研究结论的科学性；第二，元分析可能引入低质量的研究，制约其结果的可靠性；第三，元分析引入可能存在偏见的问题，制约研究结论的科学性；第四，某些研究在计算效果量时可能会存在多个效果量，如果这些效果量来自同一个样本，那么对这些效果量的整合就会不适合①。这也给元分析使用提供值得注意的风险点，以科学规避，提高研究的科学性。

第二节 非言语传播研究方法的反思

研究方法决定研究成果的科学性，研究方法的变化紧随研究对象的变化以及研究者的反思。针对此前研究方法的思考，本书建议非言语传播研究可尝试以下三种主要方法。

一 行为主义的研究方法

非言语传播研究需要在实际传播与交流环境下进行研究，将非言语传播看成是由传者、受众的一系列非言语行为构成的，注重从社会心理学角度研究传受双方的心理特征与行为模式。也正是在此种研究路径下，才催生诸多心理学角度探索不同非言语行为的心理特征。包括电击刺激、到原始部落的实地观察、照片的静态观察、影像资料的慢镜头观察等，其根本目的就是观察各种行为及其深层次的心理特征。实际应用领域也多数是行为主义特征的研究思路，包括亲子交流、司法审判、教育过程等多个场景的非言语行为及其表达的信息等。

该研究方法的优点在于，深度观察不同非言语行为隐含的深层心理特征，认为不同的非言语符号与其所代表的信息具有绝对统一性，却容易忽视非言语传播受环境因素影响、受不同人的个性特征的影响、受不同文化氛围的影响等，是对非言语传播的一种片面的、简单化的认知。

二 结构主义的研究方法

将言语符号与非言语符号看成是传播系统的两个子系统，研究言语符

---

① Chambers, E. A., "An Introduction to Meta-analysis with Articles from the Journal of Educational Research (1992-2002)", *Journal of Educational Research*, Vol. 98, No. 1, 2004, pp. 35-44.

号与非言语符号，以及不同非言语符号之间的协同表意机制，而不是仅仅孤立地研究单一的非言语符号的表意机制与表意功能。

针对言语传播与非言语传播时常共同存在的现象，相关研究也开始关注两者之间的关系。于是，出现多模态话语。所谓多模态话语，是指包括文字、图像、音乐、表情、手势、姿势等各种符号的复合话语，或者说是以任何一种以上的符号编码实现意义的文本①。实际上，相关研究将言语与非言语协同起来进行研究的不多。迄今为止的话语分析基本上局限于语言本身，即只注意语言系统和语义结构本身及其与社会文化和心理认知之间的关系，忽视了诸如图像、声音、颜色等其他意义表现形式。这就使得话语分析带有较大的局限性②。

要弄清文字和图像之间的关系。罗兰·巴特（Roland Barthes）认为，图像和文字说明是关联的，然而由于图像本身的意义飘忽不定，必须借助文字说明才能确定③。文字的准确性与图像符号的直观性相互结合，更有助于提升传播效果。

有鉴于此，将言语传播与非言语传播进行协同研究是一种比较科学的研究趋势。两者很难截然分开，也很难确定孰优孰劣。而将两者作为传播的有机组成部分，协同起来进行研究更符合传播实际。

西方非言语传播研究主要是行为主义视角，通过多种观察法，探索非言语行为背后隐含的真实意图，将非言语行为与心理与生理机能相结合，认为不同的非言语行为与特定的意义直接相连，这种简单的一一对应关系容易忽视非言语符号表意机制的复杂性。而如果从结构主义视角审视非言语行为，将非言语行为与言语行为一样，作为一种传播符号，同样具有符号的意指关系。这样，同一非言语符号在不同文化语境下，或者与不同的言语符号一起，可能代表不同的"所指"内涵。所以，将非言语符号与其他非言语符号以及言语符号共同作为表意符号的结构系统，可以更准确地解读非言语符号。当前的非言语传播研究存在局限性如下。

第一，更多的是探索非言语符号的能指与所指的关联性，认为两者之

---

① 吴瑛、李欣然、王曦雁：《多模态话语传播：概念、内容与方法》，《对外传播》2016年第6期。

② 朱永生：《多模态话语分析的理论基础与研究方法》，《外语学刊》2007年第5期。

③ Roland Barthes, *Elements of Semiology*, London: Cape, 1967.

间一旦建立关系就会恒久不变，却忽略这种意指关系的复杂性。比如，通过肌肉或脉搏特征判断情绪特征，却容易忽视其他因素的干扰。同时，忽视同一能指的多个所指，以及一个所指与多个能指的关联性，即不应简单地将不同非言语符号与特定的意义简单对等。

第二，忽视不同非言语符号之间，以及非言语符号与言语符号的协调表意机制。作为人类交流语言的一种，非言语传播与言语传播理应共同表意，满足人类的交流的需求。相关研究容易将两者割裂开来，或者只谈其中一个方面。现在比较认可多模态话语模式，人们表意很少单纯依靠一种符号或渠道，而可能借助于多种渠道与多类型符号协同表意，孤立地审视非言语符号很容易导致判断失误。

研究认为："在日常的交流中，尤其是面对面交流中，音响（vocal）和可见行为（visible behaviors）通常以相互协调的方式发出信息。当人们交谈时，他们也会调整身体，摆出各种姿势，直视眼睛，或许会移动手指，所有这些行为都构成了一个互动系统。然而，在历史上，言语信息和非言语信息是分别研究的，好像它们是独立的，而不是共同发生和相互关联的现象。"① 鉴于此，研究者呼吁对言语和非言语传播研究采取综合的方法，以便对社会互动有更全面的理解。

传播学相关领域的学者都认识到有必要采用综合的方法来研究言语和非言语行为，而孤立地研究言语和非言语行为受到质疑。亚当·肯登（Adam Kendon）"批判语言学理论只从言语研究中得出语言学理论应该被看作特殊的语言学理论。而一般的语言学理论将包括传播行为的不同方面（可见的和可听的，visible and audible）共同作用的结果"②。而玛格丽特·米德批评"非言语研究忽视了言语现象③。也即，语言学研究应同时包括言语和非言语才更科学。米德认为，表情是普遍存在的，文化成员通过把面部表情与特定语境联系起来，包括言语和非言语行为，从而从面部

---

① Stanley E. Jones and Curtis D. LeBaron, "Research on the Relationship Between Verbal and Nonverbal Communication: Emerging Integrations", *Journal of Communication*, September 2002.

② Stanley E. Jones and Curtis D. LeBaron, "Research on the Relationship Between Verbal and Nonverbal Communication: Emerging Integrations", *Journal of Communication*, September 2002.

③ Stanley E. Jones and Curtis D. LeBaron, "Research on the Relationship Between Verbal and Nonverbal Communication: Emerging Integrations", *Journal of Communication*, September 2002.

表情中获得意义"①。上述两种批判都是强调一个问题,即研究言语传播与非言语传播都应该相互结合,注重两者协同表意现象的整体研究。

20世纪60年代,学界开始了言语与非言语信息之间的关系研究。早期研究是基于"信道求和"模型(channel summation model),"首先,该模型假设言语和非言语行为通常是具有不同含义和潜在功能(效果)的不同种类的信息。因此,各种言语和非言语信息分别被编码为传达不同的含义。其次,该模型假设在不同信道中传递的消息的总意义或影响可以从跨渠道求和的频率、强度或相对加权中导出。"② 这些观点都在强调言语与非言语之间的协同表意。

近年来,伴随科技进步,非言语传播研究引入更复杂的研究方法,推动研究的深入与精确化。"当前的主要趋势是强调相互的或共同的影响。尽管在定量研究中,将言语和非言语行为编码为假定具有不同含义的单独信息仍然很常见,但是一些研究人员正在关注交互者之间的信息交互,而不仅仅是一个人的行为或反应。"③

总体而言,将非言语符号与言语符号作为不同类型的语言符号进行系统研究,探索两者在表意过程中的各自优缺点,以及相互协作关系等研究比较缺乏。在各自研究领域也许会涉及另一方面的特征,但是,经常容易出现顾此失彼、轻重失衡、协调不够等现象,整体表意机制研究不多。

三 文化主义的研究方法

非言语传播具有明显的文化特征,而且早先的非言语传播研究已经有很多是从跨文化传播视角进行的非言语传播研究。所以,我们需要接受各文化领域存在共同的几种非言语符号,更应该关注不同文化领域独有的非言语传播现象。这些具有不同文化印记的非言语传播现象尤其值得探索与总结,推动跨文化传播的理论与实践发展,以减少跨文化传播的误读。

达尔文的研究试图将人类与动物的表情做比较,其潜台词是人类与动

---

① Stanley E. Jones and Curtis D. LeBaron, "Research on the Relationship Between Verbal and Nonverbal Communication: Emerging Integrations", *Journal of Communication*, September 2002.

② Stanley E. Jones and Curtis D. LeBaron, "Research on the Relationship Between Verbal and Nonverbal Communication: Emerging Integrations", *Journal of Communication*, September 2002.

③ Stanley E. Jones and Curtis D. LeBaron, "Research on the Relationship Between Verbal and Nonverbal Communication: Emerging Integrations", *Journal of Communication*, September 2002.

物的表情具有共通性，但未考虑文化的差异对于非言语传播带来的影响。此时，只是在比较人类与动物的情绪表达的关系，是从进化论角度的探索。

另有研究认为，所有的人类交流都存在六种基本情绪（快乐、惊讶、恐惧、厌恶、愤怒和悲伤），都使用相同的面部运动。研究者通过对 30 名东方人和西方人进行对比试验，驳斥表情具有普遍性的假设[①]。从而说明文化在塑造人的基本行为方面具有强大影响力，文化主义研究方法值得关注。这样的研究强调人类六种基本情绪具有相似性，同时，也说明其他一些非言语行为具有文化差异性。

霍尔对跨文化传播视域下的时间符号、空间符号等研究比较系统。是对于非言语符号跨文化传播特征的进一步探索，而其他非言语符号的跨文化传播现象值得继续深入探索。

中华文化具有浓厚的高语境文化特征，其非言语行为的含蓄表意比比皆是。同时，中国有 56 个民族，不同民族之间的言语存在差异性，而限于生活环境的差异性，也带来非言语传播行为的不同。这些因素都带来中国非言语传播现象的丰富性，且中国非言语传播现象与其他国家相比，具有自身的独特性。立足本土文化，深耕本土的非言语传播现象将会产生具有创新性的研究成果。

研究方法不一定具有优劣之分，却存在适应性特征。不同的研究对象需要不同的研究方法。本书梳理常见非言语传播研究方法，是基于传统的研究对象与研究目的的分析。伴随新媒体技术的发展，以及非言语传播研究的逐步深入，非言语传播研究也应适应研究方式的转变，适当采用新的研究手段，提高研究的实际效果。

四　研究方法的本土借鉴与时代发展

西方非言语传播研究历史悠久，研究方法也在逐步改进，从早期的现场观察、照片观察、影像观察，到后来的多种仪器设备的参与，复杂控制实验的开展，逐步提升研究的精确性。中国非言语传播研究可以借鉴其研究方法，以提高本土非言语传播研究的科学性。当然，西方学界的相关研

---

① Rachael E. Jack, Oliver G. B. Garrod, Hui Yu, Roberto Caldara and Philippe G. Schyns, "Facial Expressions of Emotion are not Culturally Universal", *Proceedings of the National Academy of Sciences of the United States of America*, Vol. 109, No. 19, May 8, 2012, pp. 7241-7244.

究方法至少存在以下两点不足。

其一，注重实地观察，却忽视网络民族志研究。网络传播与自媒体传播带来诸多非言语传播现象，非言语符号的媒介化，以及新媒介带来新的非言语符号类型，新传播功能，新表意机制等，都有重要研究价值。类似研究需要网络民族志的深入观察与系统思考。

其二，偏重微观，研究却疏于宏观把握。诸如总体非言语符号的科学分类，涵盖人际传播、大众传播、网络自媒体传播等，具有广泛解释力的非言语传播概念界定等宏观问题有待研究。

本土学界后续研究可以借助于文献分析法梳理西方非言语传播思想，提炼中国文化的非言语传播思想，实地观察国内不同民族、不同地域非言语传播的差异性和独特性。

第十章

本土非言语传播研究的思考

西方非言语传播研究是来自多个学科的学者围绕一个共同问题,并经过多年探索汇集而成的研究领域,相关研究借鉴生理解剖学、生物进化论、修辞学、动物行为学、社会互动理论、艺术学、文化人类学、精神分析理论、语言学等多个学科的理论和方法,经过几代学者的接力探索,历经滥觞期、萌芽期、发展期、深化期和拓展期等阶段,逐渐发展成一个相对成熟的理论体系。针对西方非言语传播研究之研究不应该是一个孤立的、静态的研究话题,而应该与建构"华夏传播学"呼应,通过充分发掘、研究、批判、吸取西方非言语传播研究成果,以推动"华夏传播学"的学术发展。

中国学术界尤其是传播学研究早期呈现"西方中心主义"的格局,用西方传播理论解读中国实践。后来强调"去西方中心主义",探索具有本土特色的传播学研究。当然,本土化传播学研究并不是完全无视西方研究成果,而是要客观对待西方研究成果,批判性借鉴西方传播理论。赵月枝强调,"我们中国所走的不是'西方理论,本土实践'的西方中心主义学术老套路,而是'跨文化传播政治经济学'视野下的创新"[①]。非言语传播本身具有文化差异性,西方非言语传播研究理论对中国文化环境不完全适应。中国非言语传播研究在引入西方理论时,要厘清两者的共通性和差异性,这样对于中国非言语传播理论研究与应用实践都更有意义。

一 借鉴西方非言语传播理论

西方非言语传播研究有 100 年的历史,积累了一定的理论成果可以作为我们理论批判与理论重构的素材,以及继续研究的基础,相关理论的科

---

① 赵月枝:《重构国际传播体系的中国贡献》,《中国社会科学报》2015 年 4 月 1 日。

学借鉴与本土化创新具有必要性。

第一，理论引入的必要性在于，避免低水平重复建设。中国学者不应无视西方相关研究成果，而重复相关研究。这种低水平的重复研究浪费学术资源，也浪费学术研究的机会。而辩证地借鉴西方研究成果，并进行更深层次的探索则更有助于学术水平的提升。

第二，理论引入的风险性在于，审视其适用范围与适应程度。西方非言语传播研究更多是人际传播领域的非言语传播研究，而中国相关研究则更多是大众传播领域的非言语传播研究。有些是人际传播领域非言语传播现象的大众媒介呈现，或者大众传播产生新的非言语传播现象。简单照搬西方非言语传播理论，不一定适应中国的非言语传播实际。随着时代的发展，非言语传播研究开始关注电视竞选、电视主持人等的非言语传播现象，研究领域开始涉入报纸、广播、电视以及网络等大众传播过程。但是，只有部分科研论文研究大众传播中的非言语传播现象，缺乏系统研究的专著。西方非言语传播研究多数集中在人际传播中的非言语传播研究，大众传播不是人际传播中非言语传播的简单反映，传播过程中也会产生新的、丰富的非言语传播现象。相关研究没有将人际传播与大众传播在非言语传播中的差异性做清晰的区分，导致大众传播中的非言语传播现象未受到足够重视，这也是后续研究的重要领域。

第三，横向向外国相关学者学习，借鉴国外非言语传播思想。辩证地对待西方非言语传播思想，建构具有本土特色的理论体系，探索适合本土实践的研究方法。西方非言语传播研究主要是行为主义特征的研究模式。主要通过研究者观察研究对象的日常非言语传播行为（主要是人际传播行为中的非言语传播现象）进行总结和思考，建构一系列研究观点。中国学者需要结合中国本土文化特色，批判性建构符合本土特色的理论体系。

第四，西方非言语传播研究方法的批判借鉴。观察法以及后续的改进都具有较强的适应性。但是，中国是高语境性文化，其非言语传播的含蓄性特征更加明显，或者非言语传播的应用范围更广，原因在于较西方的非言语传播更具张扬性，而中国文化更加低调和内敛，观察的难度更大。

二 挖掘本土非言语传播思想

西方非言语传播研究历史悠久，而中国非言语传播思想也比较悠久，需要系统研究。推动中国非言语传播研究的有效路径是：借鉴西方研究理论，并探索中国本土非言语传播思想，理性地审视当下中国的非言语传播实践，最终构建具有广泛解释力的非言语传播理论，以推动非言语传播实践的科学发展。

纵向向古人学习，挖掘本土文化的非言语传播思想。中国传统文化涉及非言语传播思想的地方非常多，如，讨论言语符号与非言语符号的协同表意机制问题，认为"书不尽言、言不尽意"和"立象以尽意"①，"言源自象，而象生于意"②。又如，苏东坡评论王维诗画的关系认为，"味摩诘之诗，诗中有画；观摩诘之画，画中有诗"③。吴龙翰所言"画难画之景，以诗凑成；吟难吟之诗，以画补足"④。这些是在比较言语符号与非言语符号之间的异同点，以及诗、画之间的表意关系等。其他还有很多，如"沉默是金""此时无声胜有声""眉目传情"等涉及非言语符号的多种类型，这些话语虽然没有直接提到非言语传播，而且不是学术专著，但是，其讨论的非言语传播思想却具有启发性。这些表述是古人在日常生活中观察所得，系统梳理这些非言语传播思想，对于非言语传播研究具有较好的启发和思考价值。

三 聚焦当下非言语传播实践

理论探索都是需要在实践中检验才更有效。鉴于此，将中国古人的非言语传播思想与西方非言语传播思想与当下的非言语传播实践相结合，检验与修正，最终形成具有中国当下特色的非言语传播理论体系，并进一步指导中国非言语传播实践，这样的思路更具有现实意义。

西方非言语传播研究是人类文化传播中不可或缺的一种传播方式，非言语的传播方式也在不断地经过演变和升级，并且其发展离不开自然与社

---

① 王弼：《周易略例》，载叶朗总主编《中国历代美学文库》（魏晋南北朝卷）（上卷），高等教育出版社2003年版，第132页。转引自周宪《视觉文化的转变》，北京大学出版社2008年版，第188页。

② 王弼：《周易略例》，载叶朗总主编《中国历代美学文库》（魏晋南北朝卷）（上卷），高等教育出版社2003年版，第132页。转引自周宪《视觉文化的转变》，北京大学出版社2008年版，第188页。

③ 周宪：《视觉文化的转变》，北京大学出版社2008年版，第189页。

④ 钱锺书：《七缀集》，上海古籍出版社1985年版，第6页。转引自周宪《视觉文化的转变》，北京大学出版社2008年版，第189页。

会提供的客观现实基础，我们需要不断地对于非言语应用领域的发展进行研究，才能掌握非言语应用领域的最新成果。非言语传播伴随人类传播方式与传播技术的演变也具备不同时期的特征，而技术进步也给非言语传播研究带来不同程度的变化。5G时代视频传播等媒介技术催生非言语传播的广泛应用。同时，大数据等精确研究方法提高非言语传播研究的精确性。

第一，视觉传播时代，视觉非言语符号的应用广泛。研究认为："可视化会议中，与会者所接收到的信息83%都来自眼睛。只有11%来自耳朵。还有6%来自其他器官（嗅觉3%，触觉2%，味觉1%）。"① 视觉非言语传播的实践价值将日渐凸显。

第二，媒介技术学派强调"媒介即信息"，其实是强调不同的媒介类型具有不同的信息，也可以理解为，不同的媒介类型附加不同的非言语传播信息。如报纸的时间符号具有滞后性特征，是一种缺点，却也有更多时间做深度调研，在深度上有优势。网络新媒体传播范围更广，凸显空间符号传播优势。同时，信息传播时效性强，虽然具有时间符号的优势，却也暴露出深度的缺陷。

第三，视觉传播时代，人际传播中非言语传播媒介化更全面、更真实。文字对于人的表情、服饰等的描述难免存在偏差，而视觉传播手段对于各种非言语符号的媒介化程度更深、更具有真实感。新媒介作为"人体的延伸"，对于人的非言语传播延伸得更充分、延伸的效果更好。

鉴于此，新媒体环境下，非言语传播实务发生了巨大变化，也给非言语传播研究带来诸多新鲜话题，助力非言语传播研究的持续发展。

四　构建本土学术研究共同体

穆雷在讨论媒介环境学的发展问题时强调："地理上的分散对团队的形成未必是致命的打击，可是学科力量的分散却是一种致命的打击。跨学科的状态使学术团队难以形成，因为学术进步和威望是由学科内部来决定的，而且教育和专业分工也主要是由学科内部决定的。"② 中国非言语传

---

① ［澳］亚伦·皮斯、芭芭拉·皮斯：《身体语言密码》，王甜甜、黄佼译，中国城市出版社2007年版，第151—152页。

② 参见［美］林文刚编《媒介环境学：思想沿革与多维视野》，何道宽译，北京大学出版社2007年版，第25页。

播学研究同样面临类似困境，缺乏稳定的研究团队、规范的研究问题以及延续的学术传承。借鉴相关学科的发展经验，本书作如下建议。

第一，组建稳定的学术研究团队。1998 年，媒介环境学会（MEA）成立。1999 年，成为美国传播学会（NCA）的分会。2003 年，成为国际传播学会的团体会员。在广阔的范围内，参加大型研讨会，展示并推动媒介环境学的学术研究[①]。中国非言语传播的发展需要一批专注该领域研究的学者，凝聚成多个学术团队，在主流学术场合推广非言语传播研究成果，吸引更多学者关注并投入相关研究打造稳定的学术团队。

第二，打造专业的学术成果推广平台。1977 年，《非言语行为杂志》（*Journal of Nonverbal Behavior*）创刊，专注发表非言语传播研究文章，是非言语传播研究领域具有较大影响力的学术期刊。2002 年，著名非言语传播研究学者霍华德·弗里德曼（Howard S. Friedman）开始担任《非言语行为杂志》编辑，对于非言语传播研究具有重要推动作用。中国缺乏专注发表非言语传播研究成果的学术期刊，甚至没有相关学术期刊专栏，制约非言语传播研究成果的学术化和广泛推广。

第三，构建系统的学术理论体系。威尔伯·施拉姆（Wilbur Lang Schramm）建立了第一个传播学研究机构，他在前人研究的基础上，把新闻学与社会学、心理学、政治学等多学科综合研究归纳、总结、修正并使之系统化、结构化，形成系统的学术理论并创立传播学，借此编撰了第一本传播学教科书《大众传播学》，并培养第一批传播学博士，形成连续的学术思想传承。中国非言语传播研究同样需要系统的理论基础，包括西方非言语传播理论的系统化，中国传统文化中非言语传播思想的挖掘整理，建构符合中国本土传播实践的基础理论。

第四，规划规范的学术传承。特定研究领域的持久发展，需要规范的教育来传承其学术思想。威尔伯·施拉姆培养第一批传播学博士，形成连续的学术思想传承。同理，尼斯特罗姆、波斯曼和莫兰等"三驾马车"在纽约大学开设媒介环境学相关课程、成立博士点、论文研究授予学位等，使得媒介环境学的学术合法性有了制度保障。反观中国非言语传播远未达到类似程度，只是外语教学或跨文化传播研究学者部分地关注非言语

[①] 参见［美］林文刚编《媒介环境学：思想沿革与多维视野》，何道宽译，北京大学出版社 2007 年版，第 298 页。

传播现象，毕继万的《跨文化非语言交际》以及《中国和英国国家非语言交际的对比》等有些理论梳理，却并未形成连贯性的学术传承。宋昭勋的《非言语传播学》（新版）是比较系统的非言语传播理论，可惜并未开设连续的相关课程。综观中国本土的非言语传播只能在"传播学"课程中捎带一点非言语传播理论，仍然缺乏规范的学术传承。

第五，瞄准前瞻性的学术旨趣。前文述及西方非言语传播理论与中国传统文化中的非言语传播思想，借以建构系统的非言语传播理论体系，由此建构成熟的中国非言语传播学。同时，一个学科的发展不仅仅需要厚重的理论基础，更需要有前瞻性的学术旨趣，形成持续研究的氛围。如研究认为："我们难以构想因特网这种实体的准确概念，因为它一部分是文字、一部分是（静态和动态）图像、一部分是声音、一部分是电脑、一部分是电话，如此等等事实上，它是一个独特的符号环境。"[①] 同样，类似于社交媒体、短视频等新兴传播类型，富含丰富的非言语传播形态，这些问题比较新颖，引发中西方诸多学者的关注，中国非言语传播学学者可以通过弯道超车的方式，聚焦前沿问题，与世界学术前沿对话，建构本土非言语传播研究的影响力。

综上所述，一个学科的成立与发展是一个系统的过程，需要一定时间的积淀。需要稳定的学术团队，建构系统的理论体系，借助专业的学术推广平台实现广泛推广，并形成规范的学术传承，关注前瞻性的学术旨趣，最终形成完整的学术发展系统。中国非言语传播学的形成与发展需要几代学人的协同努力，但是，现实需求的紧迫性与中国传统文化中丰富的非言语传播思想，内因与外因相结合，中国非言语传播学的形成与发展未来可期。

---

① 参见［美］林文刚编《媒介环境学：思想沿革与多维视野》，何道宽译，北京大学出版社 2007 年版，第 29 页。

参考文献

一 中文文献

(一) 中文著作

毕继万：《跨文化非语言交际》，外语教学与研究出版社1999年版。
胡文仲：《跨文化交际学概论》，外语教学与研究出版社1999年版。
李杰群主编：《非言语交际概论》，北京大学出版社2002年版。
刘双、于文秀：《跨文化传播——拆解文化的围墙》，黑龙江人民出版社2000年版。
宋昭勋：《非言语传播学》（新版），复旦大学出版社2008年版。
孙春英：《跨文化传播学导论》，北京大学出版社2008年版。
王亿本：《大众非言语传播的功能研究》，中国社会科学出版社2016年版。

(二) 中文论文

郭珊、彭伟：《刍议非言语交际形式的分类》，《湖北社会科学》2011年第11期。
胡超：《高语境与低语境交际的文化渊源》，《宁波大学学报》（人文科学版）2009年第4期。
黄春平、彭铁祥：《当前网络人际传播研究述略——从网络言语传播与非言语传播谈起》，《辽东学院学报》（社会科学版）2005年第6期。
金惠敏：《"图像—娱乐化"或"审美—娱乐化"——波兹曼社会"审美化"思想评论》，《外国文学》2010年第6期。
金重建：《论电视播音主持副语言创作的功能与规律》，《现代传播（中国传媒大学学报）》2014年第9期。
康庄：《论禅宗副语言及其交际功能》，《西北大学学报》（哲学社会科学版）2010年第3期。

李彬:《传播符号的分类及功能》,《中国青年政治学院学报》2000年第2期。

李朝辉:《沉默——日本人的非语言交流》,《思想战线》2006年第1期。

李庆祥、魏晓艳:《日语体态语的特征、功能及应用》,《外语研究》2007年第2期。

李威:《体语符号的文化意蕴》,《贵州社会科学》2009年第2期。

李文静、孔钰钦:《出镜记者的信息传递渠道探究——电视新闻出镜记者对信息的非语言传达》,《电视研究》2014年第1期。

梁静、李开云、曲方炳、陈宥辛、颜文靖、傅小兰:《说谎的非言语视觉线索》,《心理科学进展》2014年第6期。

林皓:《副语言的手势层面分析——以摊手为例》,《当代修辞学》2019年第2期。

刘超:《电视新闻节目主持人的体态语分析》,《新闻界》2012年第9期。

刘红、刘湘武:《高校思想政治理论课教师适宜体态语的缺失原因及运用》,《湖南社会科学》2011年第2期。

刘丽芬、黄忠廉:《"语言""言语"与"话语"三分》,《中国科技术语》2008年第5期。

刘星:《萨皮尔-沃尔夫语言相对论与语言文化对比研究》,《甘肃科技纵横》2008年第1期。

彭敏:《大众传播中非语言符号的特点与运用》,《传媒》2011年第11期。

孙卉:《论电视节目主持人的非语言传播手段》,《新闻界》2007年第6期。

孙雁雁:《体态语在对外汉语教学中的意义及运用》,《语言教学与研究》2004年第2期。

唐英:《非语言传播缺失下的网络人际传播》,《当代传播》2009年第2期。

田华、宋秀莲:《副语言交际概述》,《东北师大学报》(哲学社会科学版)2007年第1期。

王军、段春云:《Nonverbal——"非语言"抑或"非言语"?》,《外语教学》1999 年第 4 期。

王亿本、蒋晓丽：《从非言语传播视角反思尼尔·波兹曼的批判理论》，《新闻界》2014 年第 23 期。

王亿本、蒋晓丽：《媒介进化视野下的非言语传播：肖似与扭曲、延伸与遮蔽、补救与乏力》，《现代传播（中国传媒大学学报）》2012 年第 9 期。

王跃平：《非语言符号在电视新闻制作中的运用》，《当代传播》2012 年第 5 期。

谢伦浩、杨多：《播音主持副语言的学理定位》，《现代传播（中国传媒大学学报）》2016 年第 5 期。

徐小明：《跨文化非言语交际论析》，《贵州师范大学学报》（社会科学版）2010 年第 4 期。

许名央：《非言语性反馈：话轮转换中的"非语言交际"》，《外语学刊》2015 年第 2 期。

杨平：《非语言交际述评》，《外语教学与研究》1994 年第 3 期。

张宗久：《体态语在非言语交际中的文化差异》，《郑州大学学报》（哲学社会科学版）2005 年第 6 期。

赵胤伶、曾绪：《高语境文化与低语境文化中的交际差异比较》，《西南科技大学学报》（哲学社会科学版）2009 年第 2 期。

赵月枝：《重构国际传播体系的中国贡献》，《中国社会科学报》2015 年 4 月 1 日。

（三）中文译著

［斯洛文尼亚］阿莱斯·艾尔雅维茨：《图像时代》，胡菊兰、张云鹏译，吉林人民出版社 2003 年版。

［美］爱德华·霍尔：《无声的语言》，刘建荣译，上海人民出版社 1991 年版。

［法］保罗·利科：《活的隐喻》，汪堂家译，上海译文出版社 2004 年版。

［美］保罗·埃克曼：《说谎——揭穿商界、政治与婚姻中的骗局》，邓伯宸译，生活·读书·新知三联书店 2008 年版。

［美］保罗·艾克曼、华莱士·V. 弗里森：《心理学家的读脸术：解读微表情之下的人际交往情绪密码》，宾国澍译，当代中国出版社

2014年版。

［美］保罗·艾克曼：《情绪的解析》，杨旭译，南海出版公司2008年版。

［美］保罗·梅萨里：《视觉说服：形象在广告中的作用》，王波译，新华出版社2004年版。

［英］彼得·卡雷特：《体态秘语：肢体语言手册》，季广茂、邱娟、丁洁如译，首都师范大学出版社2006年版。

［英］达尔文：《人类和动物的表情》，周邦立译，科学出版社1958年版。

［法］蒂费纳·萨莫瓦约：《互文性研究》，邵炜译，天津人民出版社2003年版。

［美］E. M. 罗杰斯：《传播学史——一种传记式的方法》，殷晓蓉译，上海译文出版社2005年版。

［美］菲利普·津巴多、迈克尔·利佩：《态度改变与社会影响》，邓羽、肖莉、唐小艳译，人民邮电出版社2007年版。

［美］克特·W. 巴克：《社会心理学》，南开大学社会学系译，南开大学出版社1984年版。

［美］拉里·A. 萨默瓦、理查德·E. 波特：《跨文化传播》（第四版），闵惠泉、王纬、徐培喜等译，中国人民大学出版社2010年版。

［美］拉里·A. 萨姆瓦、理查德·E. 波特、雷米·C. 简恩：《跨文化传通》，陈南、龚光明译，生活·读书·新知三联书店1988年版。

［美］莱杰·布罗斯纳安：《中国和英语国家非语言交际对比》，毕继万译，北京语言学院出版社1991年版。

［美］林文刚编：《媒介环境学思维沿革与多维视野》，何道宽译，北京大学出版社2007年版。

［美］罗宾·洛克夫：《语言的战争》，刘丰海等译，新华出版社2001年版。

［美］洛雷塔·A. 马兰德罗、拉里·巴克：《言语交流》，孟小平等译，北京语言学院出版社1991年版。

［美］尼尔·波兹曼：《娱乐至死》，章艳译，广西师范大学出版社2011年第2版。

［日］滝本孝雄、藤沢英昭：《色彩心理学》，成同社译，科学技术文

献出版社 1989 年版。

［美］斯蒂芬·李特约翰：《人类传播理论》（第七版），史安斌译，清华大学出版社 2004 年版。

［美］威尔伯·施拉姆、威廉·波特：《传播学概论》，何道宽译，中国人民大学出版社 2010 年版。

［澳］亚伦·皮斯、芭芭拉·皮斯：《身体语言密码》，王甜甜、黄佼译，中国城市出版社 2007 年版。

［古希腊］亚里士多德：《修辞学》，罗念生译，上海人民出版社 2006 年版。

［英］亚当·肯顿：《行为互动：小范围相遇中的行为模式》，张凯译，社会科学文献出版社 2001 年版。

二 英文文献

（一）专著

A. Esposito, M. Bratanić, E. Keller, M. Marinaro, *Fundamentals of Verbal and Nonverbal Communication and the Biometric Issue*, A. Esposito et al., (Eds.), IOS Press, 2007.

Carol Kinsey Goman, *The Nonverbal Advantage Secrets and Science of Body Language at Work*, Wiley-Blackwell, 2010.

Condon Join, *An Introduction to Intercultural Communication*, Bobbs-Merrill, 1975.

Dale Leathers, *Successful Nonverbal Communication*, New York: Macmillan, 1986.

Edward T. Hall, *The Hidden Dimension*, N.Y.: Doubleday & Company, 1966.

Edward T. Hall, *The Silent Language*, N.Y.: Doubleday & Company, 1959.

Ekman, P. & Friesen, W. V., *Unmasking the Face: A Guide to Recognizing Emotions from Facial Clues*, Englewood Cliffs, NJ: Prentice Hall, 1975.

Ekman, P., *Darwin and Facial Expression: A Century of Research in Review*, New York: Academic Press, 1973.

Elisabeth André, Elisabetta Bevacqua, Dirk Heylen, Radoslaw Niewiadomski, Catherine Pelachaud, Christopher Peters, Isabella Poggi, and Matthias Rehm, "Non-verbal Persuasion and Communication in an Affective Agent", P. Petta et al. (eds.), *Emotion-Oriented Systems*, *Cognitive Technologies*, Springer-Verlag Berlin Heidelberg, 2011.

Eugene D. Jaffe, Israel D. Nebenzah, *National Image and Competitive Advantage: The Theory and Practice of Country-Of-Origin Effect*, Copenhagen: Copenhagen Business School Press, 2001.

Fernando Poyatos, *Nonverbal Communication across Disciplines: Volume II: Paralanguage, Kinesics, Silence, Personal and Environmental Interaction*, John Benjamins Publishing Company, 2002.

George Lakoff, Mark Johnson, *Metaphor We Live By*, Chicago: Univercity of Chicago Press, 1980.

John Fiske & John Hartley, *Reading Television*, New York: Routledge, 2003.

John Stewart, *Bridges Not Walls A Book about Interpersonal Communication*, New York: McGraw-Hill Education, 2011.

John Stewart and Carole Logan, *Together: Communicating Interpersonally*, New York: McGraw-Hill, 1998.

Julius Fast, *Body Language*, Pan Books Ltd., 1971.

Kretschmer, Ernst, *Physique and Character: An Investigation of the Nature of Constitution and of the Theory of Temperament*, London: K. Paul, Trench, Trubner & Co., Ltd., New York: Harcourt, Brace & Company, Inc., 1936.

Malandro, Barker, et al., *Nonverbal Communication*, 2nd ed., Newbery Award Records, 1989.

Marianne Dainton, Elaine Zelley, *Applying Communication Theory for Professional Life: A Practical Introduction*, (2nd ed.), United States of America, Library of Cataloging-in-Publication Data, 2005.

Marita Sturken and Lisa Cartwright, *Practices of Looking: An Introduction to Visual Culture*, Oxford: Oxford University Press, 2001.

Miller, G. R., "On being Persuaded: Some Basic Distinctions", In

M. Roloff & G. R. Miller (Eds.), *Persuasion: New Directions in Theory and Research*, Beverly Hills, 1980.

M. L. Knapp, J. A. Hall, *Nonverbal Communication in Human Interaction* (8 Edition), Wadsworth Publishing, 2013.

Paul Ekman, Wallace V. Friesen, *Unmasking the Face: A Guide to Recognizing Emotions From Facial Expressions*, Malor Books Cambridge MA+, 2003.

Randall Harrison, *Beyond Word: An Intruduction to Nonverbal Communication*, Engle wood Cliffs, NJ: Prentice-Hall, 1974.

Ray Birdwhistell, *Introduction to Kinesics: An Annotation System for Analysis of Body Motion and Gesture*, Louisville: University of Louisville, 1979.

Ray Birdwhistell, *Kinesics and Context*, University of Pennsylvania Press, 1970.

Richard Jackson Harris, *A Cognitive Psychology of Mass Communication* (Fourth Edition), Lawrence Erlbaum Associates, New Jersey London, 2004.

Ronald E. Riggio, Robert S. Feldman, *Applications of Nonverbal Communication*, Lawrence Erlbaum Associates, Mahwah, New Jersey London, 2005.

Ruesch, J. and Kees, W. Berkeley, *Nonverbal Communication: Notes on the Visual Perception of Human Relations*, University of California Press, 1956.

Samovar, L. A., et al., Communication between Cultures, 7th Edition, Cengage Learning, 2009.

Samovar L. et al., *Understanding Intercultural Communication*, Wadsworth, 1981.

(二) 论文

Ahmet Benzer, "Teachers' Opinions about The Use of Body Language", *Education*, No. 3, 2012.

Alice Mado Proverbio, Marta Calbi, Mirella Manfredi, Alberto Zani, "Comprehending Body Language and Mimics: An ERP and Neuroimaging Study on Italian Actors and Viewers", *Plos One*, No. 3, 2014.

Barrett, Lisa Feldman, "Was Darwin Wrong About Emotional Expressions?" *Current Directions in Psychological Science*, Vol. 20, No. 6, 2011.

Booher, Dianna, "Body Talk: A Message Heard, not Seen is only Half

Communicated", *Business Press*, Vol. 11, No. 25, 1998.

Brodsky, S. L., Neal, T., Cramer, R. J., and Ziemke, M. H., "Credibility in the Court Room: How Likeable should an Expert Witness be?", *J. Am Acad Psychiatry and Law*, No. 12, 2009.

Creed, Barbara, "Films, Gestures, Species", *Journal for Cultural Research*, Vol. 19, No. 1, 2015.

David Matsumoto, Paul Ekman, "American – Japanese Cultural Differences in Intensity Ratings of Facial Expressions of Emotion", *Motivation and Emotion*, Vol. 13, No. 2, 1989.

Deepika Phutela, "The Importance of Non-Verbal Communication", *The IUP Journal of Soft Skills*, Vol. IX, No. 4, 2015.

De Gelder, B., "Towards the Neurobiology of Emotional Body Language", *Nature Reviews: Neuroscience*, No. 7, 2006.

Ekman, P. & Friesen, W. V., "A New Pan-Cultural Facial Expression of Emotion", *Motivation and Emotion*, No. 10, 1986.

Ekman, R. & Friesen, W. V., "Hand Movements", *Journal of Communication*, No. 22, 1972.

Fiske, S. T., "Controlling Other People: The Impact of Power on Stereotyping", *American Psychologist*, No. 48, 1993.

Gunzburg, Darrelyn, Philip Jackson, "The Body Language of Sculpture", *Art Book*, No. 17, 2010.

Hornikx, J., "A Review of Experimental Research on the Relative Persuasiveness of Anecdotal, Statistical, Causal and Expert Evidence", *Studies in Communication Sciences*, No. 5, 2005.

Howard A. Smith, "Nonverbal Communication in Teaching", *Review of Educational Research*, Vol. 49, No. 4, 1979.

Hurn, Brian J., "Body Language-A Minefield for International Business People", *Industrial & Commercial Training*, No. 4, 2014.

Jay A. Conger, "The Necessary Art of Persuasion", *Harvard Business Review*, No. May-June, 1998.

K. Subapriya, "The Importance of Non – Verbal Cues", *The Icfai University Journal of Soft Skills*, Vol. III, No. 2, 2009.

Marco Tamietto; Geminiani, G.; Genero, R.; de Gelder, Beatrice, "Seeing Fearful Body Language Overcomes Attentional Deficits in Patients with Neglect", *Journal of Cognitive Neuroscience*, No. 3, 2007.

Maria A. Kopacz, "Nonverbal Communication as a Persuasion Tool: Current Staus and Future Directions", *Rocky Mountain Communication Review*, Vol. 3, 2006.

N Caliskan, "The Body Language Behaviors of the Charis of the Disputes According to the Disputes", *Education*, No. 3, 2009.

Paul Ekman, "Darwin and Facial Expression: A Century of Research in Review", *Malor Books*, Vol. 23, No. 4, 1973.

Paul Ekman, "Emotional and Conversational Nonverbal Signals", *the Series Philosophical Studies Series*, No. 99, 2004.

Paul Ekman, "Lying and Nonverbal Behavior: Theoretical Issues and New Findings", *Journal of Nonverbal Behavior*, Vol. 12, No. 3, 1988.

Paul Ekman, Maureen O'Sullivan, Wallace V. Friesen, Klaus R. Scherer, "Face, Voice, and Body in Detectintg Deceit", *Journal of Nonverbal Behavior*, Vol. 15, No. 2, 1991.

Paul Ekman, Wallace V. Friesen, "Measuring Facial", *Environmental Psychology End Nonverbal Behavior*, No. 3. 1976.

P. Bull, "State of the Art: Nonverbal Communication", *Psychologist*, Vol. 14, No. 12, 2001.

Rao, M. S., "Tools and Techniques to Boost the Eloquence of Your Body Language in Public Speaking", *Industrial & Commercial Training*, No. 2, 2017.

Renita Coleman and H. Denis Wu, "More Than Words Alone: Incorporating Broadcasters' Nonverbal Communication Into the Stages of Crisis Coverage Theory—Evidence From September 11th", *Journal of Broadcasting & Electronic Media*, No. 1, 2006.

Sarah Winter, "Darwin's Saussure: Biosemiotics and Race in Expression", *Representations*, Vol. 107, No. 1, 2009.

Stanley E. Jones and Curtis D. LeBaron, "Research on the Relationship Between Verbal and Nonverbal Communication: Emerging Integrations",

Journal of Communication, No. 9, 2002.

Stephen Jolly, "Understanding Body Language: Birdwhistell's Theory of Kinesics", *Corporate Communications: An International Journal*, No. 3, 2000.

Susan Goldin-Meadow and Susan M. Wagner, "How Our Hands Help Us Learn", *Trends in Cognitive Sciences*, Vol. 9, No. 5, 2005.

Thomas Suslow, KlasIhme, Markus Quirin, Vladimr Lichev, "Personality and Social Psychology Implicit Affectivity and Rapid Processing of Affective Body Language: An fmri Study", *Scandinavian Journal of Psychology*, No. 56, 2015.

Wallace V. Friesen, Paul Ekman, "Harald Wallbott, Measuring Hand Movements", *Journal of Nonverbal Behavior*, Vol. 2, No. 4, 1979.

后　记

　　读博期间，我就开始关注非言语传播研究。我在撰写博士学位论文过程中，我收集了大量非言语传播研究的文献资料。写作期间，我感叹相关研究文献的丰硕，也感到相关知识体系的庞杂。不同时期的研究文献关注重点不同，行文风格迥异，学科背景多元，给后来的研究者带来诸多困惑。厘清前人研究的知识图谱是进一步深入研究的基础。如何在较短的时间内厘清非言语传播的核心概念、基本类型、主要功能、研究方法、学术思想传承关系等基本问题？我试图找到一个能够帮助我实现上述功能的相关文献，却未能如愿。于是，我想抽出一段时间来细读这些文献，抽取其学术精华，梳理其最具学术价值的信息，尤其是后续研究者对先前研究者学术思想的评价，以建构一个符合当下学术研究需求，比较清晰的非言语传播研究知识图谱。本书力图梳理西方非言语传播研究的思想精髓，为本土非言语传播研究提供借鉴。

　　但仍然存在遗憾，尚有不少最新研究成果未能涵盖，具体表述及体例也有待优化。后续研究将继续探索西方非言语传播研究的新进展，关注本土非言语传播研究领域的现实问题，建构具有本土特色的、符合本土实际的非言语传播研究理论体系，以推动本土非言语传播实践的发展。

　　感谢南昌大学新闻与传播学院的领导和同事们的关心和照顾！也感谢我的家人帮忙分担家务，让我有足够的写作时间！

　　本书写作过程中参考了大量学术成果，并尽量通过脚注和参考文献的形式规范引用，但难免有遗漏之处，在此一并致谢。更希望诸君不吝赐教，以期日后修订时标明。

　　感谢出版社编辑郭如玥老师的悉心指导和专业把关，保障本书的出版质量。

王亿本

2023 年 6 月